Gewidmet meiner verstorbenen
Zwillingsschwester Hilde

Verlag: Liss-Verlag Leonberg

Autorin: Inge Keiner

Copyright: Alle Rechte vorbehalten
Nachdruck, auch auszugsweise, nur mit Genehmigung des Verlages

Herstellung: Printsystem GmbH, 71296 Heimsheim

Erschienen: 2006

ISBN-10: 3-00-020123-8 / ISBN-13: 978-3-00-020123-3

Inge Keiner

Em Nau
Ich habe es geschafft!

Liss-Verlag Leonberg

In Kürze

„Em Nau!" beschreibt die Geschichte einer Frau, die acht Jahre lang auf Papua Neuguinea lebte und die sich auf das einfache Leben im Busch einlässt, die das Leben der Tolais und der Bainings, Stämme auf East New Britain, hautnah miterlebt und es doch aus der Sicht und mit der Distanz einer Weißen beobachtet. Es ist die Geschichte einer Frau, die anpackt, wo ihre Hilfe gebraucht wird und die vor Unrecht und Grausamkeiten nicht die Augen verschließt.

„Em Nau!" ist eine Geschichte, die von Mut erzählt, vom Respekt vor fremden Kulturen und Bräuchen, von Toleranz und einem Leben zwischen Steinzeit und Fünf-Sterne-Hotel. „Em Nau!" ist aber auch eine Geschichte, die aus der Sicht einer Frau zwischenmenschliche Beziehungen sensibel beleuchtet, und – oft mit einem Augenzwinkern – immer wieder Grenzerfahrungen beschreibt.

„Em Nau!" ist eine Geschichte, die den Leser hinter die Kulissen einer fremden Kultur blicken lässt und die Faszination und das Entsetzen gleichermaßen zulässt.

Zum Inhalt

Inge Reder folgt ihrem Mann, der für die deutsche Regierung arbeitet, nach Papua Neuguinea. Das Ehepaar lebt zunächst in Kokopo, einem Ort, der den Vorstellungen von der Südsee in vielem entspricht. Abseits der Zivilisation und an der Seite eines Mannes, der mehr und mehr dem Alkohol verfällt, ist Inge Reder weitgehend auf sich allein gestellt. Hinzu kommt, dass sie ihre Kinder Petra und Thorsten im Internat in Deutschland zurücklassen musste. In der Fremde plagen sie schwere Gewissensbisse. Auch ihr Sohn leidet sehr unter der Trennung von den Eltern und flieht aus dem Internat. Schließlich lässt ihn die Mutter für ein Jahr von der Schule freistellen und holt ihn nach East New Britain. Gemeinsam reisen Mutter und Sohn ins Landesinnere und bestehen so manches Abenteuer. Als Thorsten die Familie wieder verlässt, wird Inge Reder die Einsamkeit noch schmerzlicher bewusst. Die Entfremdung von ihrem Mann gipfelt schließlich in einem Selbstmordversuch.

Die Familiengeschichte ist aber nur ein Teil der Erzählung. Denn die Jahre auf Papua Neuguinea sind geprägt von zahlreichen Begegnungen mit Einheimischen, die Inge Reder willkommen heißen und an ihrem Alltag teilnehmen lassen. Sie erlebt Festlichkeiten von der Taufe bis zum Begräbnis, sie beschreibt die berühmten Sing Sings und typische Erscheinungsformen des Schamanismus sowie Riten, Bräuche und Lebensformen der verschiedenen Stämme. Missverständnisse, die ihre Ursache sowohl in der Sprache als auch in den unterschiedlichen Lebensauffassungen haben, sind an der Tagesordnung und bieten so manche Gelegenheit zum Schmunzeln.
Manchmal darf der Leser auch den „Atem anhalten", wenn Inge Reder zum Beispiel beschreibt, wie sie Schiffbruch erleidet, eine Nacht und einen Tag lang auf dem Meer treibt und von Einheimischen schließlich gerettet wird. Oder wenn sie auf einem Ausflug im Meer plötzlich von Haien umzingelt ist und um ihr Leben schwimmt.
Zahlreiche Erlebnisse auf Reisen ins Hochland und ins Landesinnere,

die sehr persönliche Freundschaft zum Prime Minister des Landes und dessen Frau oder die Arbeit der Missionsstationen vor Ort – die sie auch kritisch beschreibt – lassen ein facettenreiches Bild vor dem Auge des Lesers entstehen, das nie vollkommen sein kann.

Inge Reder lässt den Leser hinter die Kulissen einer Kultur blicken, die manchmal grausam – die Eingeborenen verspeisen zum Beispiel am Weihnachtsabend ihren Hund –, manchmal liebenswert scheint und trotzdem fremd bleibt. Denn gerade im Kontakt mit fremden Kulturen gibt es nicht für alles eine Erklärung, und Toleranz und Respekt vor der fremden Lebensweise sind die notwendigen Voraussetzungen für ein Zusammenleben. „Man irrt, wenn man glaubt, die Menschen hier zu kennen. Man weiß nie, was in ihren Köpfen vorgeht", schreibt Inge Reder noch nach Jahren.

Eine besondere Würdigung Ihres Engagements und ihres Einsatzes für bessere Lebensbedingungen für die Landbevölkerung in Papua Neuguinea erfuhr Inge Reder im September 1995. Ihr wurde von der Regierung des Landes die Unabhängigkeitsmedaille, die höchste Auszeichnung in Papua Neuguinea, verliehen.

Lebensdaten

Inge Keiner wurde am 3. April 1938 in Siegen geboren. Sie wuchs zusammen mit ihrem zwei Jahre älteren Bruder und ihrer Zwillingsschwester hauptsächlich bei ihrer Mutter auf, denn der Vater war lange Zeit in russischer Gefangenschaft und starb als Spätheimkehrer mit 39 Jahren an einem Herzinfarkt.
Im August 1959 heiratete sie ihren Mann Wolfgang, der für eine deutsche Stiftung Projekte im Ausland betreute. Am 26. September 1961 wurde Tochter Petra geboren, acht Monate später zog das Ehepaar für drei Jahre nach Wien. Am 28. August 1965 kam Sohn Thorsten zur Welt. Von 1970 bis 1972 lebte die Familie in Bagdad, von 1972 bis 1976 auf Barbados, von 1976 bis 1979 in Saudi Arabien und von 1980 bis 1989 auf Papua Neuguinea. Heute wohnt die Autorin in der Nähe von München.

Reise ins Paradies

Monotones Brummen der Triebwerke macht mich müde, und doch finde ich keinen Schlaf. Das unangenehme Kribbeln beginnt in den Füßen, zieht sich über die Waden hoch bis in die Oberschenkel; ein Gefühl, als würden ganze Ameisenvölker an meinen Beinen hoch krabbeln. Obwohl ich erste Klasse fliege und die Sessel entsprechend breit und bequem sind, tut mir alles weh. Ich meine, nicht mehr sitzen zu können. Die Minuten ziehen sich zäh zu Stunden, der Flug scheint kein Ende zu nehmen. Als ich in Manila in das Flugzeug der Air Niugini stieg, um die letzte Etappe meiner Reise nach Papua Neuguinea anzutreten, war ich bereits mehrere Tage und Nächte unterwegs: Von München startete eine Maschine nach Frankfurt, von dort aus ging es weiter Richtung Philippinen. Neben mir saß ein netter Herr, der sich als Henry vorstellte; er ist Engländer und reist ebenfalls nach Papua Neuguinea. Wir unterhielten uns angeregt. Als wir in Manila ankamen, fiel der Anschlussflug nach Papua wegen eines technischen Defekts aus, stattdessen wurden Hotelgutscheine ausgegeben und wir wurden in das Peninsula Hotel gebracht. Der unerwartete Zwischenstopp tat meinen angespannten Nerven gut; ich genoss das Plätschern des Wasserfalls in der Halle, die exklusive Atmosphäre des Hauses, mein großzügiges Zimmer. Irgendwie hatte ich das Gefühl, hier mal wieder richtig auf- und durchatmen zu können. Ich fühlte mich unternehmungslustig und nahm den Lift nach unten ins Restaurant. Ein livrierter Page wies mir freundlich lächelnd den Weg. Die Luft war erfüllt von tropisch süßen Düften und ungewöhnlichen Geräuschen, und Henry, mein neuer Reisebegleiter, erwartete mich bereits.
Ich schnappte einige Wörter in meiner Muttersprache auf und erfuhr, dass ein deutsches Ehepaar mit Kind anwesend war, das als Entwicklungshelfer nach Papua gehen wird. Ein Förster möchte ins Hochland, ein Opernsänger und dessen Frau wollen einen Priester besuchen. Und alle kamen aus München. Wir machten uns bekannt, schoben Tische und Stühle zusammen und verbrachten einen angeregten Abend miteinander.

Fünf Tage mussten wir auf unseren Weiterflug warten, weil das Ersatzteil der Maschine erst aus London eingeflogen wurde. Fünf herrliche, geschenkte Tage! Die Deutschen, Henry und ich streiften jeden Tag durch Manilas City. Wir stöberten in den Läden, schlenderten über die Märkte und besichtigten die eine oder andere Sehenswürdigkeit. Sehr beeindruckt bin ich vom Chinesischen Friedhof: Neben den Gräbern stehen überall Bänke, denn die Chinesen kommen hierher, um mit ihren Toten zu frühstücken und sie so in ihr Leben einzubeziehen. Die Gräber sind mit wehenden Stoffstreifen geschmückt, kleine Glöckchen schicken zarte Töne durch die Luft, die die Seelen der Verstorbenen erreichen sollen.
In Erinnerung an die angenehmen Tage in Manila kuschle ich mich etwas tiefer in den Sessel. Die Stewardess kommt vorbei und serviert einen Drink. Höflich fragt sie nach, ob ich noch einen Wunsch habe. Es tut gut, so umsorgt zu werden.

Morgen erst werde ich mein Ziel, den Ort Kokopo, wo mein Mann die nächsten Jahre arbeiten wird, erreichen. Kokopo – schon der Name klingt in meinen Ohren nach Südsee und zart schmelzenden Kokosflocken.
Wolfgang arbeitet im Ausland für die deutsche Regierung; alle paar Jahre wird er in ein anderes Land versetzt, und wir, seine Familie, begleiten ihn, egal wohin. Sicher führen wir ein spannendes Leben: Wir lernen die unterschiedlichsten Länder und Kulturen kennen, genießen einen hohen Lebensstandard. Auf der anderen Seite ist es nicht immer einfach, sich in einem neuen Land zurecht zu finden, anfangs sind die Bedingungen, unter denen man sich einrichten muss, oft katastrophal. Strom, fließendes Wasser, die tägliche Dusche, ein Telefon – Dinge, die in Deutschland alltäglich scheinen, können im Ausland, vor allem in Entwicklungsländern, zu Luxusgütern werden, und erst wenn man sie vermisst, erkennt man, wie selbstverständlich sie einem geworden sind. Ganz zu schweigen von den Freunden, die man immer wieder suchen und finden und schließlich doch wieder zurücklassen muss, um irgendwo aufs Neue anzufangen.

Wir hatten als Familie jahrelang in Bagdad gelebt und wurden von vielen beneidet, als wir dem Ruf nach Barbados folgten. Petra und Thorsten, unsere beiden Kinder, wurden dort eingeschult, ohne ein Wort Englisch zu sprechen. Nach einem halben Jahr spielten und lernten sie mit den „Bajans", und waren sprachlich nicht mehr von ihnen zu unterscheiden. Wie glücklich waren wir gewesen... Ich bin ein ausgesprochener Familienmensch, liebe meine Kinder und genieße jede Minute, die ich sie um mich habe. Umso schwerer fiel mir natürlich die Entscheidung, als ich erfuhr, dass Wolfgang nach Papua Neuguinea versetzt werden sollte.

Ich wusste über dieses Land am anderen Ende der Welt kaum mehr, als dass es sich als Inselgruppe zwischen dem Norden Australiens und dem Osten Indonesiens ausbreitet. Mein erster Gang führte mich, wie immer, wenn uns ein neues Ziel genannt wurde, in die Buchhandlung. Dort wurde ich erst einmal enttäuscht: Es gibt keinen deutschsprachigen Reiseführer zu diesem Land. Folglich musste ich mich mit englischsprachiger Literatur zufrieden geben. Ich besorgte mir alles, was ich an Unterlagen bekommen konnte, und begann zu lesen. Aus Büchern erfuhr ich, dass der Dichter Karl Shapiro Papua Neuguinea als „die letzte Unbekannte" bezeichnet hatte.
Kaum mehr als fünf Millionen Menschen verteilen sich auf knapp 50.000 Quadratkilometer, die meisten von ihnen leben in unwegsamem Bergland und zum Teil in steinzeitlichen Verhältnissen. In Papua Neuguinea werden mehr als 700 verschiedene Sprachen gesprochen, das sind 25 Prozent aller Sprachen dieser Welt, dazu noch mehrere hundert Dialekte. Manchmal kann man die Angehörigen eines Stammes, die sich problemlos miteinander verständigen und eine Sprache sprechen, an einer Hand abzählen.

Die Insel Neuguinea wird von einer zentralen Gebirgskette durchzogen, die zu den Küsten hin steil abfällt. Bis zu 20 Kilometer weite Täler und mehrere hundert Meter tiefe Schluchten liegen zu Füßen mächtiger Berge, der höchste unter ihnen der 4509 Meter hohe

Mount Wilhelm. Die Berge dominieren nicht nur das landschaftliche Bild dieser Inselwelt sondern auch das Leben ihrer Bewohner.

In meiner Vorstellungskraft sehe ich wilde, dramatische Landschaften, durchzogen von Gegensätzen:
Die Stille der Berge, die hin und wieder von herabdonnernden Massen eines Wasserfalls unterbrochen wird, die unendliche Weite des Urwalds, das Rauschen der Blätter im Wind, die Schreie des Paradiesvogels und dazwischen zahlreiche ungewohnte, ja für die Ohren eines Europäers fremde, undefinierbare Laute. Von gefährlichen Tieren wie Krokodilen, Wölfen und Wildkatzen habe ich gelesen, und von nicht weniger wilden Menschen gehört.

Die Hauptstadt, Port Moresby, ist Sitz der Regierung und größte Stadt des Landes. 360 000 Menschen leben hier. Doch für mich wird sie nur Durchgangsstation sein, denn mein Weg führt mich weiter nach East New Britain, einer Inselgruppe im Nordosten Papua Neuguineas. In der dortigen Provinzhauptstadt Rabaul hatten sich bereits vor dem Weltkrieg zahlreiche Deutsche angesiedelt. Wir würden unser Domizil allerdings noch einige Kilometer weiter südlich in Kokopo haben, in der Nähe eines Stützpunktes der Mission. Insgeheim bin ich auf ein Leben abseits jeglicher Zivilisation vorbereitet.

Das Land reizt mich, ohne Zweifel. Und Wolfgang reizt die Aufgabe. Für Petra und Thorsten aber ist es unmöglich, dort eine adäquate Schulausbildung zu erhalten. Beide Kinder besuchen inzwischen das Gymnasium, und Petra wird in zwei Jahren mit dem Studium beginnen. Schweren Herzens entschieden wir uns für die Internatslösung. Arbeitskollegen, die vor ähnlichen Entscheidungen standen, hatten uns zugeredet.

Petra ist siebzehn. Sie spricht nur selten über ihre Gefühle. Ich hoffe von ganzem Herzen, dass sie sich in dieses Internatsleben eingewöhnen, ihren Freundeskreis finden wird. In letzter Zeit ist sie noch verschlossener als sonst, und auch beim Abschied hatte ich keinen Zugang zu ihr gefunden.

Thorsten ist erst zwölf Jahre alt. Er leidet furchtbar unter der Trennung, vor allem aber quält ihn die Situation in Salem. „Stell dich nicht so an", hatte mein Mann meine Bedenken wegzuwischen versucht. „Die Kinder sind doch alt genug, um auf eigenen Beinen zu stehen! Pass lieber auf, dass du aus dem Jungen kein Muttersöhnchen machst. Bist du weg, kommt er auch alleine klar!" Mich aber quälen die Gedanken an meinen Sohn, und jeder Kilometer, den ich von ihm wegfliege, schmerzt mich.

Wir hatten die Osterferien noch zusammen in München verbracht. Ich holte Thorsten am Hauptbahnhof ab. Bereits zwei Stunden vor Ankunft des Zuges lief ich ungeduldig auf dem Bahnsteig auf und ab. Und endlich stand er vor mir und strahlte mich an: „Hallo Mutti!" Groß kam er mir vor, und sehr, sehr dünn. Ich nahm ihn fest in die Arme und hakte mich bei ihm unter, und gemeinsam schlenderten wir zu Mövenpick, um uns einen Freundschaftsbecher zu teilen. Anfangs berichtete er noch aufgeregt von einem Skiurlaub in Österreich, doch dann wurde er immer stiller, wirkte geistesabwesend und irgendwie erschöpft. Ich sah ihn an und machte mir Sorgen. Schließlich fuhren wir nach Hause, in unsere damalige Wohnung im Olympiazentrum. Das Appartement liegt im 10. Stock, man genießt einen herrlichen Blick über die Stadt, aber wohl gefühlt hatte ich mich hier nie. Es war unser Urlaubsdomizil gewesen, funktionell, aber kaum gemütlich – eben nur wenige Wochen im Jahr bewohnt. Noch vor meiner Abreise hatte ich das Appartement verkauft und die Möbel in unsere neue, größere Wohnung in Bad Tölz gebracht. Zukünftig würden wir unseren Heimaturlaub näher an den Bergen verbringen, die wir, Wolfgang und ich, so sehr lieben.

Thorsten war müde und fror. Ich legte ihm eine Decke um und kochte ihm eine Hühnersuppe, die er mit Genuss löffelte. „Du kochst die beste Hühnersuppe der Welt", sagte er, und seine Stimme klang belegt. Als ich mich neben ihn auf die Couch setze, brach es plötzlich aus ihm heraus. Er weinte bitterlich und erzählte unter Schluchzen von dem, was ihn so sehr belastete. Es war das Leben im Internat. Ich war entsetzt, als ich hörte, wie es in diesem angeblichen „Edelinternat" am Bodensee zuging: Schüler, so berichtete Thorsten, bestimmten ihre Zimmergenossen zu „Negern". Sie seien die Schwachen, die „Sklaven", müssten alle anderen bedienen und dürften nach Lust und Laune gedemütigt werden. Eine Schülerin jüdischen Glaubens würde völlig ignoriert, niemand spreche mit ihr. Die Internatsleitung habe sich ebenfalls einige „Zuchtmaßnahmen" einfallen lassen: Man verteile „Rumis", Minuspunkte für Ruhestörung, „Ormis" für Unordnung, „Zamis" für ungenügendes Zähneputzen, und so weiter. Bei fünf Minuspunkten müsse der „Schuldige" die Regenrinne säubern, den Hof fegen, das Treppenhaus putzen oder vor dem Unterricht fünf Kilometer joggen. Und es würden gerade die Schwachen – oft auch zu Unrecht – von den Mitschülern angeschwärzt. Würde ich meinen Sohn nicht so gut kennen, ich würde alles als Phantasterei abtun.

Thorsten, der die vergangenen Jahre – bildlich gesprochen – auf Barbados barfuß laufend am Strand verbracht hatte, sind diese Gemeinheiten untereinander, aber auch die Formen von Züchtigung durch Erwachsene, völlig fremd. Und ich bin immer noch der Meinung, dass Erziehung sehr viel mehr mit Liebe zu tun haben sollte als mit Strafe.

Thorsten redete sich an diesem Abend seinen ganzen Kummer von der Seele. Mit gequältem Lächeln sah er mich an und wirkte plötzlich so müde. Ich brachte ihn zu Bett und blieb bei ihm sitzen, bis er eingeschlafen war. Selbst da hielt er meine Hand noch ganz fest. Wie einsam musste er sein!

In dieser Nacht dachte ich auch lange über Petra nach. Wie es ihr wohl gehen mochte? Ich hätte sie so gerne bei mir gehabt, sie vor meiner Abreise noch einmal gesehen. Sie aber wollte die Ferien mit einer Freundin verbringen… Hatte sie sich schon so weit von mir entfernt? Oder handelte sie von sich aus so, um sich selbst zu schützen, um nicht wieder und wieder einen Abschied erleben zu müssen? So oder so: Ich muss akzeptieren lernen, dass sie ihren eigenen Weg zu gehen beginnt, auch wenn es sehr schmerzt, ein Kind los zu lassen.

Die Osterferien vergingen wie im Flug. Wir bummelten durch die City, gingen ins Deutsche Museum und ins Haus der Kunst, tranken im Restaurant des Olympiaturms Kaffee und aßen im Donisl die weltberühmten Weißwürste. Viel zu schnell nahte der Abreisetag, an dem Thorsten ins Internat zurückkehren musste. Eine Bekannte, deren Sohn ebenfalls in Salem ist, wollte Thorsten abholen und mitnehmen, weil ich kein Auto mehr hatte. Sie stammt aus einer alteingesessenen Adelsfamilie, und wir nennen sie scherzhaft „die Gnädige", da wir einmal gehört haben, dass das Personal sie so anspricht.
Am Tag der Abreise stand Thorsten morgens auf und war kreidebleich im Gesicht. Schweißperlen sammelten sich auf seiner Stirn, und er lief mehrmals zur Toilette, weil er sich übergeben musste. Als ich diesem Häufchen Elend über die Stirn strich, bemerkte ich, dass er Fieber hatte. „Bitte Mutti, fahr' du mich doch zurück", flehte er. „Ich möchte dich so lange wie möglich bei mir haben." Ich nahm ihn in die Arme und spürte, wie sehr er meine Nähe brauchte. Also nickte ich – was sollte ich anderes tun? – obwohl der Winter noch einmal zurückgekehrt war und es draußen stürmte und schneite. Der Nachrichtensprecher berichtete von umgestürzten Bäumen und auf der Straße liegenden Stromleitungen, auch Unfalltote waren zu beklagen. Trotzdem wollte ich Thorsten in seiner Verzweiflung nicht alleine lassen. Aber zunächst einmal packte ich ihn wieder ins Bett und versorgte ihn mit fiebersenkenden Mitteln.

Unseren Mercedes hatte ich erst vergangene Woche an eine gute Freundin verkauft; sie wiederum hatte ihn ihrer Tochter geschenkt. In meiner Ratlosigkeit wandte ich mich an sie und fragte telefonisch an, ob ich mir den Wagen noch einmal für einen Tag ausleihen könnte. „Monika, es tut mir leid, dass ich jetzt noch einmal anklingle, aber es handelt sich wirklich um einen Notfall, und ich zahle auch gerne dafür", erklärte ich ihr. Sie versprach, mit ihrem Schwiegersohn zu reden und rief wenig später zurück: Es klappte, ich konnte den Wagen haben. Sie wollte ihn noch am gleichen Abend vorbeibringen, und ich würde ihn morgen Abend um zehn Uhr an einem verabredeten Treffpunkt vor einer Gastwirtschaft im Olympiazentrum wieder zurück geben.

Ich weckte Thorsten am Montag sehr früh, denn wir wollten spätestens um acht Uhr los fahren. Es ging ihm immer noch sehr schlecht; mit gesenktem Kopf und hängenden Schultern schlich er durch die Wohnung und erinnerte mich an ein Lamm, das ahnungsvoll zur Schlachtbank geführt wird. Er tat mir so unendlich leid. Schließlich holte ich das Flugticket, das ich heimlich für ihn und für Petra gekauft hatte, aus der Handtasche und legte es ihm auf den Frühstücksteller: „Ich lasse dich nicht einfach so zurück. Wenn du es gar nicht mehr ertragen kannst, dann komm einfach nach!", schlug ich ihm vor, um ihn zu trösten.

Es war fast Mittag, als wir endlich aufbrachen. Thorsten kauerte blass auf dem Rücksitz, und mir zeriss es fast das Herz. Im Schritttempo quälten wir uns aus München heraus auf die Autobahn. Plötzlich hörte ich ein würgendes Geräusch hinter mir. Es war zu spät, um rechts auszuscheren und am Straßenrand zu halten. Thorsten hatte sich übergeben und alles über die Sitze und den Fahrzeugboden verteilt. Er weinte hemmungslos und ich rang um Fassung. Trotzdem mussten wir weiter; wir waren sowieso schon viel zu spät dran, und ich musste ja heute wieder zurück fahren.
Gegen vierzehn Uhr kamen wir im Internat an. Ich brachte Thorsten auf sein Zimmer. Als ich die Tür öffnete, schlug mir ein penetranter Geruch entgegen. Angewidert wich ich einen Schritt zurück. Das konnte unmöglich normal sein, wo kam nur dieser Gestank her? Ich schnupperte durch das Zimmer. Das Fenster zeigte nach Norden, und nur wenig Licht erhellte den karg möblierten Raum. Relativ schnell hatte ich die Ursache georted: Der penetrante Geruch kam

aus Thorstens Bett. Ich riss die Bettdecke weg und dann wurde mir übel: Irgend jemand hatte einen ganzen Eimer Abfall, darunter auch modernde und schimmelnde Essensreste, die in einer undefinierbaren Brühe schwammen, über das Laken gekippt. Instinktiv drehte ich mich um. Fünf Jugendliche standen in der Tür, ein provozierend hämisches Grinsen im Gesicht. Ich musste an mich halten, denn am liebsten hätte ich sie einzeln zum Direktor geschleppt, doch Thorsten flehte mich an: „Bitte Mutti, lass es, du machst alles nur noch schlimmer."

Ich hatte kein gutes Gefühl, als ich mich von ihm verabschiedete. Warum mussten Kinder unter einander nur so grausam sein? Wie würde es Thorsten ergehen, wenn ich tausende Kilometer weit weg sein würde? Würde er sich hier einleben, würde er sich durchbeißen können? Wir heulten beide, als wir auseinander gingen. Es dämmerte bereits, als ich mit tränennassen Augen zurück zum Parkplatz lief. Ich fühlte die Kälte, die sich in meinem Körper ausbreitete, und als ich aufblickte, hingen die Wolken schwer und steingrau am Himmel. Es würde noch einmal Schnee geben.

Mit einem schlechten Gewissen machte ich mich auf den Heimweg. Dunkelheit, Schneegestöber und Tränen nahmen mir die Sicht. An einer Tankstelle versuchte ich so gut es ging, den Wagen zu säubern. Zwei Stunden lang kämpfte ich mich durch dieses Chaos, dann sah ich ein Schild, auf dem stand „Ulm". Ich hatte mich verfahren. Verzweifelt wendete ich. Und würde ich noch so schnell fahren, ich würde nie im Leben zum vereinbarten Zeitpunkt pünktlich vor Ort sein.
Ich suchte am Straßenrand nach einer Telefonzelle, um in der Gastwirtschaft eine Nachricht zu hinterlassen. Meine Augen brannten, und ich versuchte mich auf meinen Weg zu konzentrieren. Die wild durcheinander wirbelnden Schneeflocken machten mich müde. Endlich fand ich ein Telefon und sogar Kleingeld in meinem Portemonnaie. Ich rief die Auskunft an und ließ mich mit der Wirtschaft im Olympiazentrum verbinden. Doch am anderen Ende war nur das Besetztzeichen zu hören. Nach zehn Minuten und mehr als fünfzehn

vergeblichen Versuchen gab ich es auf. Ich musste weiter, wenn ich irgendwann ankommen wollte.

Es war zwei Uhr morgens, als ich endlich München erreichte. In der Gastwirtschaft, in der wir uns verabredet hatten, brannte kein Licht mehr, aber Monikas Schwiegersohn stand, in Hut, Schal und Wintermantel eingehüllt, im dichten Schneegestöber. Die Situation kam mir unwirklich vor. Warum stand er noch dort? Wieso war er nicht längst nach Hause gegangen? Wütend riss er die Wagentür auf und beschimpfte mich aufs Übelste. Ich konnte es ihm nicht verdenken, dass er mich hinter dem Steuer hervorzog, ins Auto sprang und mit dem Mercedes davonbrauste. Ich selbst konnte mich kaum bewegen, ich zitterte, die Zähne schlugen aufeinander. Wie in Trance lief ich nach Hause und legte mich ins Bett. Doch einschlafen konnte ich nicht. Ich musste an Thorsten denken, daran, wie es ihm wohl gehen mochte.

Am nächsten Morgen riss mich ein energisches Klingeln aus meiner Lethargie. Monika stand vor der Tür. Wütend schrie sie los, beschimpfte mich, wie denn das Auto aussehe, und wie ich ihren Schwiegersohn so lange hätte warten lassen können. Wie Recht sie hatte. Ich versuchte zu erklären, was geschehen war, entschuldigte mich immer wieder und beschwor sie: „Bitte, lass das Auto reinigen, ich bezahle alles! Es war eine Verquickung unglücklicher Umstände, es war doch keine Absicht!" Sie drehte sich um, knallte die Tür zu und verschwand.

Noch am gleichen Tag stellte ich einen Scheck über 1000.- Mark für die Reinigung aus und brachte ihn in einem Umschlag zur Post. Ein Leihwagen, ja vermutlich sogar ein Taxi, wäre billiger gewesen.

Ich versuche, meinen Körper etwas zu dehnen, strecke die Füße aus. In meinen Beinen kribbelt es immer noch. Mittlerweile ist Ruhe im Flugzeug eingekehrt, die meisten Passagiere schlafen. Ich spüre die Müdigkeit, komme aber nicht zur Ruhe. Wie oft habe ich mich in den letzten vier Wochen, wenn mich zuhause die körperliche Erschöpfung übermannt hatte, zusammengerissen, und mich immer wieder damit getröstet, dass ich auf dem langen Flug noch genügend schlafen könnte.

Wolfgang ist bereits vor drei Monaten nach Papua abgereist. In seinem letzten Brief schrieb mein Mann: „Ich wohne im Busch, außerhalb einer kleinen Ortschaft. Es gibt keinen Strom, das Haus ist primitiv, und ich fühle mich ohne dich sehr einsam. Komme bald, mit dir lassen sich die Anfangsschwierigkeiten besser überwinden."
Täglich kamen Telegramme mit neuen Wünschen und Anweisungen: Wir brauchen noch dieses, erledige noch jenes, denke an dein Visum, besorge noch Medikamente. Dann der Umzug von München nach Bad Tölz – es war der vierunddreißigste, den ich allein bewerkstelligen musste – und der Verkauf unseres Autos. Jeden Abend brummte mir der Kopf, und doch musste ich am nächsten Morgen aufs Neue funktionieren, um die letzten Dinge zu erledigen.

Zum abendlichen Ritual gehörte der Telefonanruf bei meinen Kindern. Ich weiß, dass beide sehnsüchtig auf meinen Anruf warteten, und obwohl ich oft völlig erschöpft war, lief ich bei Wind und Wetter, egal ob es stürmte, wie aus Kübeln schüttete oder schneite, oft mehrmals am Abend zur Telefonzelle und versuchte, Thorsten und Petra zu erreichen. Bei sechshundert Schülern ist das fast so etwas wie ein Lottogewinn, und ich bin jedes Mal erleichtert, wenn kein Besetztzeichen ertönt und ich die beiden sprechen kann. Am Telefon spürte ich Thorstens Verzweiflung, ich fühlte, wie er nach Worten rang, doch sie kamen nur spärlich und stockend über seine Lippen. Oft liefen mir die Tränen über das Gesicht, während ich in der kalten und ungemütlichen Telefonzelle kauerte, und ich wünschte mir, bei ihm zu sein und ihn einfach nur in den Arm nehmen zu können. Die Anrufe werden mir mein Leben lang im Gedächtnis bleiben, und ich weiß nicht, wie oft ich meinen Mann verwünschte, weil er seiner Familie gegenüber einen fast krankhaften Geiz an den Tag legte, und der Meinung war, wir bräuchten kein Telefon, weil wir kaum zuhause seien; ein öffentlicher Fernsprecher erfülle auch seinen Zweck.

Ich muss doch eingenickt sein, denn ich werde von der Stimme der Stewardess geweckt, die uns auffordert, uns für die Landung in Port Moresby, der Hauptstadt Papuas, anzuschnallen.
Mit zittrigen Beinen steige ich aus der Maschine. Wolfgang war vor fünf Tagen nach Port Moresby geflogen, um mich abzuholen. Als er hörte, dass ich in Manila festsaß, tobte er. Unverrichteter Dinge kehrte er wieder nach Kokopo zurück. Heute werde ich stattdessen von Frau von Sänger, der Gattin des deutschen Botschafters, empfangen, denn mein Anschlussflug nach Rabaul auf East New Britain, der zweitgrößten Insel Papua Neuguineas, geht erst am nächsten Tag.

Frau von Sänger empfängt mich überaus herzlich: „Schön, dass Sie unser Gast sind!", begrüßt sie mich und hilft mir mit dem Gepäck. Sicher steuert sie den Wagen durch den brodelnden Linksverkehr dieser schmutzigen Stadt und macht mich auf einige Sehenswürdigkeiten aufmerksam. Ich versuche, so viele Eindrücke wie möglich zu erhaschen, bin aber zu müde, um wirklich etwas aufnehmen zu können. Nach kurzer Zeit fahren wir eine Auffahrt hoch, die vor einem weißen Haus endet. Bedienstete huschen herbei, tragen mein Gepäck ins Haus und reichen mir einen kühlen Drink. Dankbar falle ich im Gästezimmer in das mit hellblauer Seide überzogene Bett und schlafe auch augenblicklich ein.

Irgendwann wache ich wieder auf. Wie viel Zeit mag wohl vergangen sein? Ich fühle mich erholt, springe aus dem Bett und ziehe die schweren Damastvorhänge zur Seite. Frau von Sänger winkt vom Swimmingpool, ich möge zu ihr kommen. Auf einem kleinen Sessel liegt ein Sarong bereit, ich hole den Badeanzug aus meinem Koffer und gehe in den Garten. Dort ist ein kleiner Frühstückstisch gedeckt. Das Personal steht bereit, um zu servieren, doch ich möchte erst ein paar Runden schwimmen.
Kurz darauf lerne ich auch den deutschen Botschafter kennen. Ein Mann von Welt mit großem Charisma. Als wir zusammen am Frühstückstisch sitzen, wird ein europäisches Frühstück, garniert mit

exotischen Früchten, serviert. Das Porzellan ist vom Feinsten, die Bediensteten von zurückhaltender Höflichkeit. Anschließend starten wir zu einer kleinen Stadtrundfahrt. Welch ein Schmutz überall! Ich bitte Frau von Sänger, nicht durch die Armenviertel zu fahren. Mir sitzt die Zeitumstellung noch in den Gliedern, und diesen Anblick könnte ich heute nicht ertragen. Die feuchte Hitze, die fremden Gerüche und die vielen bunten Farben machen mich benommen, fasziniert versuche ich, das Durcheinander um mich herum zu ordnen.

Schon im Flugzeug war mir aufgefallen, dass viele Papuaner eher klein und stämmig sind, durch die breite Nase wirken ihre Gesichtszüge hart, die Füße scheinen viel zu groß. Die Hautfarben reichen von Hellbraun bis hin zu einem dunklen, fast schwarzen Schokoladeton. Vor allem hier, im Gewimmel der Straßen von Port Moresby, zeigt sich die Vielfalt der Stämme und Volksgruppen.
Die meisten Frauen haben farbenprächtige Tücher um die Hüften geschlungen, darüber tragen sie sehr weite Blusen. „Die Blusen nennt man Mary Blusen, das Tuch heißt Lapp Lapp", klärt mich Frau von Sänger auf. „Es soll vom Wort Lappen abgeleitet sein, ein Überbleibsel aus deutscher Kolonialzeit." Am Straßenrand steht eine Frau, deren Gesicht über und über tätowiert ist. Einige Meter weiter läuft ein Mann, der durch seine Nase einen riesigen Wildschweinzahn gezogen hat. Eine Gruppe Männer hat sich lange Stäbe durch die Nasenlöcher geschoben; ein anderer, wohl im Trend der Moderne, gar einen Kugelschreiber. Und fast alle Einheimischen tragen kleine Täschchen aus Palmblättern bei sich. „Diese Täschchen beinhalten drei Dinge", erklärt Frau von Sänger. „Betelnüsse, eine kleine Dose mit Pulver aus gestampfter Koralle und ein fingerdickes Gemüse, Daka genannt. Die Eingeborenen stecken zuerst die Betelnuss in den Mund, dann das Daka, das sie tief in Korallenpulver getaucht haben, und kauen das Ganze stundenlang durch. Korallenpulver enthält zahlreiche Mineralstoffe, während Daka euphorisierend wirkt. Es ist so etwas wie eine weit verbreitete legale Droge hier in Papua. Und

das ganze Gemisch ergibt eine dicke rote Soße, die die Zähne färbt und oft in winzigen Bächen aus ihren Mundwinkeln läuft", klärt Frau von Sänger mich auf und lacht, als sie in mein angewidertes Gesicht schaut: „Sie werden sich daran gewöhnen müssen." Ekel macht sich in mir breit. Es sieht aus, als ob den Eingeborenen das Blut aus dem Mund tropft, und erinnert mich daran, dass der Kannibalismus auf Papua erst in den 50er Jahren offiziell verboten worden ist.

Frau von Sänger biegt links ab, und plötzlich wandelt sich das Straßenbild schlagartig. Das gepflegte Regierungsviertel Boroko besticht mit repräsentativen Bauten, exklusiven Villen und wunderbar angelegten Gärten. Es überrascht mich immer wieder, wie dicht Arm und Reich in Entwicklungsländern nebeneinander existieren. „Hüten Sie sich davor, nach Einbruch der Dämmerung noch auf die Straße zu gehen", warnt Frau von Sänger mich in diesem Moment. „Es kann sehr gefährlich werden, ganz egal, in welcher Gegend Sie sind."

Als wir aus der Stadt zurück kehren, wird Tee gereicht. Ich fühle mich sehr wohl und entspannt und empfinde es fast als störend, als mir ein zauberhaftes Mädchen mit unendlich sanften Augen das Telefon reicht: Mein Mann ruft an. Ich höre seine Stimme und fühle mein Herz klopfen. In diesem Moment merke ich, wie sehr ich ihn immer noch liebe, trotz aller Schwierigkeiten, die es in unserer Ehe immer wieder zu bewältigen gilt. „Bis morgen, und bleib' mir nicht wieder auf der Strecke! Ich vermisse dich!", verabschiedet er sich.

Frau von Sänger bringt mich zum Flughafen. Hier herrscht ein wildes Durcheinander. Vor der riesigen Fensterscheibe, die die Hitze des Sonnenlichts vervielfacht, stehen weinende Frauen, in der Mitte ein Mann in kurzen Hosen mit einem viel zu großen Hemd, das ihm bis zu den Knien hängt. Es muss ein dramatischer Abschied sein. Wieder fallen mir die weiten Blusen und die farbenprächtigen Tücher auf, die die Frauen kunstvoll um die Hüften geschlungen haben. Irgendwie erinnert mich das alles an ein riesiges Zirkuszelt. Dieser Wirbel, die

Farben, die fremden Gerüche – schon als Kind hatte mich das immer stark beeindruckt.

Vor mir steht eine junge Frau, die ein kleines Kind in einem Netz auf dem Rücken trägt. Den Tragegurt hat sie wie ein Stirnband um den Kopf geschlungen. Ich bewundere das Kleine; farbige Babys üben eine besondere Faszination auf mich aus. Die schwarzen Augen werden noch größer, es verzieht das Gesicht und brüllt los. Jetzt stehe ich ungewollt im Mittelpunkt. Die Leute um uns herum lachen, ich schaue in ihre zahnlosen Münder und lächle zurück.

Als mein Flug aufgerufen wird, bin ich froh, dass sich meine lange Reise endlich dem Ende zuneigt. Wir fliegen von Port Moresby in Richtung Nordosten nach Neubritannien, einer Insel, die zum Bismarck Archipel gehört. Bereits 1887, so habe ich gelesen, hatten sich hier die Deutschen niedergelassen, weil sie das Klima auf der Hauptinsel nicht so gut vertrugen. Die so genannte „Cazelle Pininsula", die Gazellenhalbinsel im Osten rund um die Bezirkshauptstadt Rabaul, soll meine neue Heimat werden. Nachdem wir das Meer hinter uns gelassen haben, fliegt die Maschine über scheinbar endlosen Urwald, und ich staune, welche Fülle an Grüntönen die Farbpalette der Natur zu bieten hat. Dann tauchen Kokospalmenhaine auf, wir setzen zur Landung an, die Maschine rollt aus, ich bin am Ziel.

Ein sanfter, milder Lufthauch umschmeichelt mich, als ich auf die Rolltreppe trete. Ringsum Kokospalmen, die sich im Wind wiegen. Ich atme Papua tief ein. So habe ich mir die Südsee immer erträumt. Ich gehe über das Rollfeld. Auf die Koffer muss ich nicht lange warten. Ein Wagen wird herangeschoben, jeder nimmt sich die Gepäckstücke herunter, die ihm gehören. Freundlich lächelnde, aber desinteressiert scheinende Zollbeamte werfen nur einen kurzen Blick in meinen Reisepass. Vor dem Flughafengebäude steht mein Mann Wolfgang. Er hat Tränen in den Augen vor Freude, mich endlich wieder bei sich zu haben.

Kokopo

Die Straße nach Kokopo ist in gutem Zustand. Buntbemalte kleine Häuser säumen den Straßenrand, dazwischen Bananen- und Papayastauden, Mango- und Brotfruchtbäume, Bougainvillea in Rosa-, Flieder- und Violetttönen, der Feuerbaum in roter Blütenpracht. Es ist ein kleines Paradies auf Erden. Als auch noch eine Muttersau mit ihren kleinen Ferkeln unseren Weg kreuzt, nehme ich das als gutes Omen.

Wolfgang erzählt mir während der Fahrt, dass wir nicht allein in unserem Haus leben würden. Ein Deutscher, dessen Eltern noch vor Beginn des Zweiten Weltkriegs nach Australien ausgewandert waren, sei unser Mitbewohner. Er sei vor einigen Jahren als Krokodiljäger nach Papua gekommen. Als die Tiere dann nicht mehr gejagt werden durften, wurde er von der Regierung als „Streitschlichter" angestellt. In den Dörfern sorgt er für Ruhe und Ordnung, wenn erhitzte Köpfe aneinander geraten. In europäischen Gefilden würde man ihn als Polizist oder Richter bezeichnen. Er sei mit vier einheimischen Frauen verheiratet. Seine legal Angetraute sei eine Häuptlingstochter, die mit den gemeinsamen Kindern irgendwo im Busch lebe. „Und die anderen drei?", frage ich nach. Wolfgang zuckt mit den Schultern. „Einfach mal abwarten, was sich da so alles abspielen wird", denke ich mich mir. Ich habe keine Lust, mir jetzt schon Gedanken darüber zu machen, denn der Weg führt uns jetzt direkt am türkisblauen Meer entlang. Hier weißer Sand, dort Mangrovenbäume, deren bizarres Astwerk ins Wasser ragt. Vor uns liegt eine Bucht, eingerahmt von zwei Vulkanen. 1937, erzählt Wolfgang, war einer der beiden das letzte Mal ausgebrochen und hatte Rabaul in Schutt und Asche gelegt.

Zunächst fahren wir in das Büro meines Mannes. Er hat sich in einem ehemaligen Schulgebäude eingemietet, das abgelegen und einsam auf einer Anhöhe liegt. Vor uns breitet sich der Golfplatz von Rabaul aus, ein Traum in üppiger Farbenpracht. Das türkisblaue Meer leuchtet uns entgegen. In der Nähe des Gebäudes stehen Menschen, die uns freundlich zuwinken. Es ist wie im Märchen.

Als ich Richtung Meer wandere, entdecke ich verwitterte Treppenstufen, die direkt ins Wasser führen. Um diese Stufen rankt sich eine Geschichte, wie mir Wolfgang erzählt: Um die Jahrhundertwende hatte hier eine sagenhaft schöne und vor allem außerordentlich intelligente Frau gelebt. Ihr Vater war Amerikaner, ihre Mutter Samoanerin. Sie baute im Laufe der Jahre nicht nur einen prunkvollen Besitz, sondern auch eine riesige Handelsflotte auf, deren Reichweite sich über den ganzen Ozean, ja sogar bis nach Europa erstreckte. Sie gelangte zu so großer Berühmtheit, dass ihr die Bewohner des Südpazifik den Spitznamen „Queen Emma" verliehen.
Ihre regelmäßig veranstalteten, rauschenden Feste boten genügend Gesprächsstoff, denn sie scheute sich nicht, sich Liebhaber zu nehmen, wie es ihr gerade in den Sinn kam. Auch ein Deutscher, dem sie besondere Liebesfähigkeit und Zärtlichkeit nachsagte, soll darunter gewesen sein. Könige lagen ihr zu Füßen, sogar Kaiser Wilhelm II soll in ihren Armen glücklich gewesen sein. Queen Emma starb 1913 in Monte Carlo eines mysteriösen Todes. Ihr letzter Wille wurde aber erfüllt, sie wurde hier in Kokopo beigesetzt. Allerdings wurde nach ihrem Ableben auch der Hass offensichtlich, mit dem die hiesige Bevölkerung der Frau von Welt begegnet war: Ihr gesamter Besitz wurde von Brandstiftern in Asche gelegt. Lediglich die Stufen, die ins Meer führen, zeugen noch heute von der einstigen Pracht alter Zeiten.

Ich habe Wolfgang aufmerksam zugehört, jetzt aber dränge ich darauf, endlich unser neues Zuhause kennen zu lernen. Warum nur zögert er unsere Weiterfahrt so offensichtlich hinaus? Hier muss er noch einen Brief schreiben, dort noch ein Telefonat führen, dann auch noch den Schreibtisch aufräumen. Auf meine direkte Frage antwortet er jedoch sehr ehrlich: „Ich habe Angst, das Haus gefällt dir nicht. Wir wohnen

ziemlich abseits jeglicher Zivilisation, sind nicht an das Stromnetz angeschlossen... alles ist sehr primitiv."
„Was soll's, jetzt bin ich hier. Also fahren wir weiter", ermuntere ich ihn.

Kokopo entpuppt sich als kleines Dörfchen mit chinesischen Geschäften, auf den Straßen Gesichter in allen Hautfarben. Rechts ein Schild: „Vunapope", was soviel heißt wie „Platz des Papstes". Hier hat sich die katholische Mission niedergelassen, mit Krankenhaus und einem Altenheim für Nonnen und Priester. Links der Straße führt ein kleiner Weg zu einem Eingeborenendorf, in der Ferne erkenne ich Hütten, aus Palmblättern gebaut. Umso überraschter bin ich, als mein Mann plötzlich den Wagen stoppt. Vor uns liegen einige verrottete Gebäude, dahinter das Meer: „Herzlich willkommen, hier wohnen wir."
Ungläubig schaue ich auf die Baracken. Es kann nicht sein Ernst sein. Dann hebe ich den Blick, sehe das silbern glitzernde Meer in den Strahlen der Abendsonne vor mir. „Nimm die Dinge, wie sie sind", sage ich in Gedanken zu mir selbst, hole den Badeanzug aus dem Koffer, schlüpfe hinein und springe in das samtweiche warme Wasser, schwimme, bis ich nach Luft schnappen muss und lasse mich dann auf dem Rücken treiben, den Himmel der Südsee über mir. Leicht wiegen mich die Wellen. Ich empfinde Glück. Als ich aus dem Meer steige, fühle ich mich stark genug, dieses Haus zu betreten.
Im Wohnzimmer ein zusammengeschusterter Tisch, ein altes Sofa, dem man ansieht, dass es ganzen Generationen an Mäusefamilien zur Aufzucht gedient hat, dazu fünf verschiedene Stühle, sperrmülltauglich. In der Küche ein alter Herd mit zwei Platten, ein Regal mit wenigen Gewürzgläsern. Im offenen Zuckertopf Mäusekot, daneben im Mehl fühlen sich zwei Käfer wohl. Auf dem Fußboden huschen Kakerlaken in die Ritzen. Stirnrunzelnd beschließe ich, erst einmal sauber zu machen.
„Ich muss dir noch jemanden vorstellen", sagt Wolfgang und ruft Torawas, unseren Hausboy. Seine grauen Haare passen zu den

buschigen Augenbrauen und erinnern mich an feste Grashalme. Die lang gezogenen Ohren haben große Löcher, er trägt ein viel zu großes Hemd von Wolfgang, hat einen Lapp Lapp um die Hüften geschlungen und ist barfuß, seine Füße sind schmutzig. Als er lächelt, sehe ich einen einzigen Zahn. „Wie schafft er es nur, damit die obligatorische Betelnuss zu kauen?", schießt es mir durch den Kopf.

„Mary belong to you?", fragt er meinen Mann. Als Wolfgang bejahend nickt, strahlt er mich an. Ich reiche ihm die Hand, er aber ergreift sie nur zögernd. Liegt es daran, dass er überrascht ist, dass ich ihm als Weiße die Hand zur Begrüßung reiche? Oder zögert er, weil Papua eine patriarchalische Gesellschaft ist, und eine Frau bei der Begrüßung nicht die Initiative ergreift? Auf jeden Fall macht Torawas kehrt, geht vor die Tür und spuckt die rote Betelnussbrühe in den Garten. Vor Ekel dreht sich mir fast der Magen um. Ich ahne, dass dies nicht die letzte Überraschung war, die der neue Ort für mich bereit hält. Noch steht mir die Begegnung mit unserem „Mitbewohner" bevor. Irgendwie habe ich beim Gedanken an ihn ein flaues Gefühl im Magen...

Mein Mann ist schlank geworden. Er gehört zu der Spezies, die vor der offenen Kühlschranktür verhungern würde, wenn niemand etwas Essbares auf den Tisch stellt. Also mache ich mich auf die Suche nach Nahrungsmitteln, die man verarbeiten könnte. Ich entdecke Kartoffeln und Öl. Damit schaffe ich noch kein Fünf-Gänge-Menue, aber ich habe eine Reibe im Gepäck und kann Siegerländer Reibekuchen zaubern. Meinem Mann läuft bei diesem Duft das Wasser im Mund zusammen. Und noch jemand wird magisch davon angezogen: Es ist Willi, unser neuer Mitbewohner. Ein einziger Blick genügt, und ich weiß: Ich mag ihn nicht. Er wirkt nicht nur ungepflegt, sondern auch unsympathisch auf mich, wobei dies zwei Eigenschaften sind, die für mich nah beieinander liegen. Sein aufgedunsenes Gesicht ist mit Bartstoppeln übersät, seine tiefen Augenhöhlen wirken bedrohlich auf mich, der Blick scheint stumpf und gierig. Er wandert von den

Reibekuchen zu mir und dann wieder zurück. Die viel zu kurze Hose vermag nicht die baumstarken Oberschenkel zu verdecken, Schuhe trägt er überhaupt nicht. Ich versuche freundlich zu sein, grüße und fordere ihn auf, Platz zu nehmen. Mit einem lauten Stöhnen wuchtet er seinen massigen Körper auf den Stuhl mir gegenüber. Seine dreckverschmierten Finger – unter den Nägeln zeichnen sich schwarze Ränder ab – greifen in die Schüssel, und schmatzend verschlingt er einen Reibekuchen nach dem anderen. Meinen Mann scheint das alles nicht zu stören.
Nach beendetem Mahl lehnt Willi sich mit lautem Rülpsen zurück. Ich warte darauf, dass der Stuhl unter seiner Last bricht, aber nichts dergleichen geschieht. Stattdessen spreizt er demonstrativ die Beine, und ich muss feststellen, dass er keine Unterwäsche trägt und seine Männlichkeit fast offen zur Schau stellt. Wolfgang bemerkt meinen Blick und schaut mich grinsend an.

Es ist dunkel geworden. Endlich erhebt sich Willi von seinem Stuhl und schlurft nach draußen, um die Lichtmaschine anzuwerfen. Als die Tür hinter ihm ins Schloss fällt, kann ich meinem Zorn endlich Luft machen: „Ich bin wütend darüber, was du mir so alles zumutest! Ich will mit diesem primitiven Menschen nicht unter einem Dach wohnen!", fahre ich Wolfgang an. „Dann bring ihm halt Benehmen bei", grinst mein Mann lakonisch.
Ich bin müde und mag nicht streiten. Der heutige Tag hat viele neue Eindrücke gebracht, die ich erst einmal wirken lassen muss. Noch bevor Willi zurück kommt, verschwinde ich ins Schlafzimmer. „Das wenigstens müssen wir nicht mit ihm teilen!", denke ich noch voller Galgenhumor. Dann falle ich ins Bett und schlafe sofort ein.

In der Nacht spüre ich Wolfgangs Hände, nach denen ich mich wochenlang so gesehnt habe. Jetzt aber bin ich viel zu müde um zu reagieren. Ich empfinde die Berührungen als unangenehm, möchte sie abschütteln, aber mein Mann holt sich das, was er lange entbehren musste. Er versucht gar nicht erst, mit Küssen und zärtlichem

Streicheln meine Lust zu wecken, sondern dringt gleich in mich ein. Im Halbschlaf vernehme ich sein Stöhnen. Ich fühle mich benutzt, so entsetzlich benutzt.

Als ich am nächsten Morgen erwache, bin ich allein im Haus. Wolfgang hat im Wohnzimmer einen Zettel mit der Nachricht hinterlassen, dass er ein Meeting beim Erziehungsminister hat und erst Mittags zurück sein wird. „Es ist gut zu wissen, dass Du da bist. Kuss, Wolfgang", steht da.
Ich gehe nach draußen und bleibe, überwältigt vom schweren, süßen Duft eines lilablühenden Bougainvilleabaumes, stehen. Auf einem Zweig sitzt ein silbern bis kräftig türkis schillerndes, etwa zwanzig Zentimeter großes Etwas. Staunend reibe ich mir die Augen, als ich realisiere, dass ein fantastischer Schmetterling seine Flügel vor mir entfaltet. Welch ein Wunder der Natur! Die Bewohner auf East New Britain glauben, dass Schmetterlinge die Seelen der Verstorbenen seien. Welcher König mich hier wohl in Form dieses Falters willkommen heißt?
Erschrocken zucke ich zusammen, als mich eine Stimme aus meinen Gedanken reißt: „Guten Morgen, bayerisches Dirndl, herzlich willkommen in Papua Neuguinea!" Ich fahre herum. Hinter mir steht ein Mann mit fröhlich strahlenden Augen, grauen Haaren und einem langen Bart. Unwillkürlich muss ich über seine Erscheinung lachen, mir ist, als kenne ich ihn bereits aus einem früheren Leben, so viel Wärme und Sympathie geht von ihm aus. Und obwohl ich sonst eher zurückhaltend bin, strecke ich ihm beide Hände zur Begrüßung entgegen. Er nimmt sie, zieht mich an sich heran, umarmt mich.
„Ich bin Franz Wagner aus Bayern, hier in Papua besser bekannt als Father Franz, katholischer Priester aus Vunapope."
„Welch eine Verschwendung!", entfährt es mir, und erschrocken halte ich mir im gleichen Moment die Hand vor den Mund. Doch er lacht so herzlich, dass ich gleich einstimme, und in diesem Moment beginnt eine ehrliche Freundschaft.
Ich lade Father Franz ein, einen Kaffee mit mir zu trinken, doch meine

Suche bleibt erfolglos. In der Küche ist kein Körnchen Kaffeepulver zu finden. „Komm, wir gehen zusammen einkaufen", schlägt er vor. „Ich zeige dir, wo du das Nötigste besorgen kannst."

Nach zehnminütiger Fahrt durch Kokosplantagen hält er vor einem winzigen Laden. Durch die offene Tür tritt ein spindeldürrer, freundlich lächelnder Chinese. „So you are Misses Reder", empfängt er mich, und ich habe das Gefühl, dass mich hier schon einige erwartet haben. Im Laden bekomme ich Mehl, Eier, Butter, Kaffee, Käse, Zucker Anschließend lade ich Franz nicht nur zum Kaffee, sondern gleich zu knusprig frischen Waffeln ein, denn ein Waffeleisen habe ich immer im Gepäck, wenn wir irgendwo unsere Zelte aufschlagen.
„Das ist ja wie Weihnachten!", schwärmt Father Franz, und Torawas, dem ich ebenfalls etwas anbiete, eilt zu meiner Freude gleich zu seiner Frau damit, um auch sie kosten zu lassen.
Ich finde es sehr beruhigend, Father Franz neben mir zu wissen und genieße seine Nähe. „Nun", fragt er mich, „was ist dein erster Eindruck von Papua Neuguinea?" Ich muss nur kurz überlegen: „Es gibt hier wohl tuende katholische Priester, liebenswerte Eingeborene, aber auch unkultivierte Australier." Dann erzähle ich offen, welche Bedenken ich habe, was das Zusammenleben mit Willi betrifft. Franz versucht, mich etwas zu beruhigen und klärt mich über die Hintergründe auf: Vor etwa zwei Jahren hatte der Aufsichtsrat einer deutschen Stiftung beschlossen, Entwicklungshilfe in Papua Neuguinea zu leisten und hier Geld in bestimmte Projekte zu investieren. Dies kam dem damaligen Erziehungsminister sehr gelegen, und er bat gleich mal um finanzielle Hilfe für seine Privatschule. Einige Vertreter der deutschen Stiftung reisten persönlich nach East New Britain, um sich von der Notwendigkeit zu überzeugen und sich vor Ort ein Bild zu machen. Dem redegewandten Erziehungsminister war es ein Leichtes, die Stiftungsvertreter davon zu überzeugen, dass die deutschen Steuergelder hier überaus sinnvoll investiert wären. Allerdings hatte die ganze Geschichte einen Haken: Der papuanische Minister durfte nicht selbst über das Geld verfügen; ein treuhänderischer Verwalter

musste bestimmt werden. Für diese verantwortungsvolle Aufgabe bot sich doch gleich der Krokodiljäger Willi an, der sich zusammen mit dem Minister über die unverhofft eröffnete und hoffentlich nie versiegende Geldquelle freute.
Beide, sowohl Willi als auch der Erziehungsminister, wurden enttäuscht. Denn mit dem Geld kam mein Mann Wolfgang, und nur er hat die Bankvollmacht, er sorgt dafür, dass die Gelder an den richtigen Stellen landen. „Warte einfach ab. Wie so oft im Leben regelt sich sicherlich auch das Problem mit Willi bald von alleine", tröstet mich Father Franz. Ein Blick auf die Uhr schreckt ihn auf: „Du meine Güte, ich muss noch nach Vunapope!", ruft er und springt auf. „Wenn du hier in der Gegend bist, besuch' mich", lade ich ihn ein. „Mit Vergnügen!", antwortet er.

Als sich Father Franz verabschiedet hat, will ich die Umgebung erkunden. Wir leben in einem weitläufigen Park mit uraltem Baumbestand; ich habe das Bedürfnis, einen dieser Urwaldriesen zu umarmen. Es gibt mir das Gefühl, mit der Erde eins zu sein.
Neben unserem und einigen anderen verfallenen Häusern steht auf dem Grundstück auch eine größere Halle, die einmal eine Autowerkstatt gewesen war. Ursprünglich, so habe ich erfahren, betrieb ein Deutscher diese Werkstatt. Er verfiel dem Alkohol und war eines Tages spurlos verschwunden. Mittlerweile ist das gesamte Areal im Besitz der katholischen Mission, und wir wohnen hier mietfrei, verpflichten uns aber, den Garten zu pflegen.

Etwas weiter hinten im Garten entdecke ich Kinder, die Mangos von einem der Bäume pflücken. Lächelnd gehe ich auf sie zu. Aber als sie mich bemerken, lassen sie erschrocken die Früchte fallen und wollen davonlaufen. „Nehmt doch wenigstens eure Mangos mit!", fordere ich sie freundlich auf Englisch auf. Zögernd bleiben sie stehen, schauen verschämt auf die am Boden liegenden Früchte und dann auf mich. Ich beuge mich zu ihnen hinunter. „Wie heißt ihr denn?", versuche ich es noch einmal. „We are bushkanakas, Missis", antwortet ein hübsches Mädchen mit dichtem, lockigen Haar, die Mutigste von allen. „Ihr seid süße Kinder und keine Kanaken", widerspreche ich erschrocken, doch später erklärt mir Father Franz, dass „Kanake" hier kein Schimpfwort sei, sondern einfach nur „Eingeborener" bedeute. Ich versuche, Vertrauen aufzubauen, aber als sie das Auto meines Mannes um die Ecke biegen sehen, laufen sie ängstlich davon.

„Na, du scheinst ja schon Freundschaften zu knüpfen", bemerkt er, und an seinem verächtlichen Unterton in der Stimme erkenne ich, dass er übel gelaunt ist. „Hast du denn die Kinder noch nie begrüßt?", frage ich zurück. „Ich bin hier, um zu arbeiten!", knurrt er, und verschwindet im Haus.

Ich folge ihm, und auf mein Nachfragen erzählt er, dass es großen Ärger beim Treffen mit dem Erziehungsminister Otto Tavur gegeben habe. Wolfgang ist hier in Kokopo, um verschiedene Projekte, unter anderem den Bau einer Schule, voranzutreiben. Da die Schule von Deutschland aus finanziert wird, muss auch Unterricht gehalten werden, der gewissen pädagogischen Standards gerecht wird. Hierfür hatte Wolfgang kürzlich zwei qualifizierte Lehrer aus England und einen Direktor aus Australien eingestellt. Der Erziehungsminister allerdings sträubt sich nun vehement gegen diese Neuerungen, da die Kinder bislang billige Arbeitskräfte auf seinen Feldern gewesen sind. Andererseits will er aber auf die großzügige finanzielle Unterstützung aus Deutschland, die nicht nur die Gehälter der Pädagogen, sondern auch den Neubau von Wohnungen für die Lehrkräfte umfasst, nicht verzichten.

In der darauf folgenden Woche begleite ich meinen Mann auf dem Weg in die Schule nach Ulagunan. Sie soll in wenigen Tagen eröffnet werden, den genauen Termin bestimmt der Erziehungsminister.
Wir fahren früh los, denn in der Nacht hat es geregnet, endlose Wassermassen prasselten herab und gruben tiefe Rillen in den Weg. Unter den Reifen spritzt Matsch auf, die Straße ist kaum zu befahren. Doch als die Sonne aufgeht, ändert sich die Kulisse schlagartig: Zwischen

Kokospalmen und Kakaobäumen stehen – gleichsam frisch gewaschen – Eingeborenenhütten, auf deren Dächern Regentropfen in der Morgensonne glitzern. Menschen winken uns freundlich zu, und Schmetterlinge in allen Farbtönen flattern munter von Blume zu Blume. Ich fühle mich leicht und erlebe Papua pur.

Zwei der Schulgebäude stehen noch im Rohbau, hier werden die Wohnungen für die Lehrer eingerichtet. In der Mitte des Terrains ist aus Bambusstämmen eine große, offene Halle errichtet worden, ein Schild weist darauf hin, dass es sich um die „Ulagunan Highschool" handelt.
Der Minister erwartet uns bereits und begrüßt uns überschwänglich mit einem festen Händedruck und, wie mir scheint, verschlagenem Grinsen. Vor der Halle herrscht peinlichste Sauberkeit – dank der Arbeit zahlreicher kleiner Hände, vermute ich richtig. Die Schüler marschieren vor uns auf, stehen in Reih und Glied und wagen nicht, sich zu regen. Im militärischen Ton brüllt der Erziehungsminister sie an, woraufhin sie uns im Chor ein „Welcome" entgegenrufen. Dann hebt Otto Tavur den Taktstock, und die Knaben fangen, Engelsstimmen gleich, zu singen an. Ich glaube meinen Ohren nicht zu trauen, als ich die Melodie des deutschen Volksliedes „Hoch auf dem gelben Wagen" identifiziere, wobei der Text aber selbst gedichtet ist und im Refrain „Misses ist coming to Papua" auftaucht. Ich bin so gerührt, dass ich meine Tränen nicht länger verbergen kann. Als ich mich bei ihnen bedanke, ist der Respekt vor der Person des Ministers verflogen: Die Kinder umringen mich begeistert, und wollen spüren, ob sich weiße Haut anders anfühlt als Schwarze.

Otto Tavur ist nicht nur Minister, sondern auch Häuptling des Tolai-Dorfes, das in der Nähe der Schule liegt. Da mein Mann noch einiges mit Lehrern und Handwerkern zu besprechen hat, lädt mich Otto Tavur ein, sein Heim und seine Familie kennen zu lernen – eine Gelegenheit, die sich auch mir nicht jeden Tag bietet, deshalb nehme ich gerne an. Da ich erst eine Woche in Papua bin, hatte ich noch keine

Gelegenheit, die Häuser der Einheimischen von innen zu sehen, und bei einem Häuptling ist man auch nicht alle Tage zu Gast.
Auf dem Weg ins Dorf kommen wir an eingezäunten Gärten vorbei, in denen ausschließlich Frauen arbeiten. Ihr Baby haben sie sich auf den Rücken gebunden. Schweine wühlen in der Erde nach Futter, magere Hunde streunen umher. „Warum bauen die Tolais ihre Häuser auf Stelzen?", will ich wissen. „Sie haben doch keine Probleme mit Hochwasser, oder?" Otto Tavur grinst. „Hochwasser? – Nein. Wir haben Angst vor den Gurias, die hier immer wieder die Erde erschüttern und uns in Angst und Schrecken versetzen. Die Hauptstadt Rabaul ist von Vulkanen umgeben, daher die Gefahr der Erdbeben. Früher oder später werden auch Sie es merken." „Und warum laufen die Dächer so spitz zu?", hake ich weiter nach. „Dadurch wehren wir den Teufel ab!", erklärt der Minister, ohne eine Miene zu verziehen.
Stirnrunzelnd folge ich ihm, in der Hoffnung, dass die Abwehrmechanismen greifen. Zunächst führt mich Otto Tavur vor eine Hütte, die sich optisch von den anderen abhebt: Große Holztrommeln stehen davor, die Trommelstöcke lehnen an der Wand. „Dies ist die Häuptlingshütte", erklärt er. „Sie ist für Frauen tabu, deshalb kann ich Sie nicht hereinbitten." „Fein", denke ich mir, „dann hat sich der Besuch ja gelohnt." Mit der patriarchalischen Überheblichkeit, die hier an den Tag gelegt wird, werde ich wohl weiterhin meine Probleme haben.
„Dort drüben sehen Sie meine Frau Lusy", lenkt er mich dann aber weiter und zeigt auf eine hochschwangere Frau, die mit gekreuzten Armen dasteht. Ihr Gesicht hat einen negroiden Einschlag, ein kleines Kind klammert sich an ihren Lapp Lapp, und sie ist umgeben von grunzenden Ferkeln und ausgemergelten Hunden. Ich mag sie auf Anhieb.
Ihr Mann herrscht sie auf Tolai an, woraufhin sie ins Haus geht und eine Matte aus Kokosblättern bringt. Sie scheucht Hunde und Schweine weg und breitet die Matte auf dem Boden aus. Inzwischen haben sich die Dorfbewohner um uns herum versammelt, ein Feuer wird entfacht und die Eingeborenen entzünden ihre aus Zeitungspapier

gewickelten Zigaretten daran. Dann werden Betelnüsse gereicht. Mein Stoßgebet, dass dieser Beutel an mir vorübergehen möge, wird leider nicht erhört, und höflicherweise greife auch ich zu. Die Eingeborenen wälzen ihre Nüsse in Kalk, legen Daka dazu und schieben alles zusammen in den Mund. Was soll ich machen? Mit Gesten fordern sie mich auf, es ihnen gleichzutun. „Lieber Gott, lass mich bitte auf der Stelle im Erdboden verschwinden", bitte ich. Aber es hilft nicht. Ich wälze auch meine Nuss in Kalk, lege Daka dazu und schiebe alles zusammen in den Mund. Dann imitiere ich Kaubewegungen, und hoffe, dass keiner merkt, dass ich das Zeug unter meiner Zunge versteckt habe.
Soll ich jetzt durch den Mund oder durch die Nase atmen? Ich bin ein Mensch, der ungern die Kontrolle über sich verliert. Da habe ich mich ja auf etwas eingelassen!
Ich schließe die Lippen, atme durch die Nase. Die Ausdünstungen der Kauenden sind entsetzlich. Um mich selbst abzulenken, beginne ich, Otto Tavur mit Fragen über den Stamm der Tolai zu löchern.
Er steigt sofort darauf ein. Die Tolais, so erklärt er stolz, seien nicht nur der wichtigste, sondern auch der wohlhabendste Stamm auf New Britain. Sie besiedeln die Küste und das Flachland, während in den Bergen die Bainings leben.
„Woher kommt dieser Wohlstand?", forsche ich nach, und hoffe, dass niemandem auffällt, dass ich die Nuss noch immer sorgfältig im Mund verwahre. Ich habe gute Chancen, denn je roter der Speichel wird, den die Eingeborenen ausspucken, desto glänzender werden ihre Augen. Das Daka zeigt Wirkung.
„Wir leben vom Handel", erklärt er. „Auf dem Weg ins Dorf sind wir an Gärten vorbeigekommen. Dort bauen wir alles an, was wir zum Leben brauchen, und den Rest verkaufen wir. Die Erde ist – dank der Vulkane – sehr fruchtbar. Hier wächst Taro, eine Art Süßkartoffel. Aus ihren Blättern machen wir Gemüse, das ein bisschen wie Spinat schmeckt. Dann bauen wir Bananen, Bohnen, Mais, Tomaten, Gurken, Kohl, aber auch Ananas an. Die Gartenarbeit ist Aufgabe der Frauen", fährt der Minister fort. „Sie fangen morgens, kurz nach Sonnenaufgang,

an, und wenn die Mittagshitze die Arbeit unerträglich werden lässt, sitzen sie im Schatten unter den Bäumen und flechten Körbe aus Kokosblättern, mit denen sie Früchte und Gemüse nach Rabaul schaffen, um es dort auf dem Markt zu verkaufen." Aus seiner Stimme klingt Stolz und Hochachtung gleichermaßen, und in diesem Moment wird er mir richtig sympathisch. „Und was machen die Männer?", will ich nun doch wissen. „Die Männer arbeiten auf den Kokosplantagen, sind für den Hausbau verantwortlich und für die Fischerei. Außerdem gehören unsere Männer einem Geheimbund an." Das lässt mich aufhorchen. Über diese Geheimbünde habe ich bereits im Reiseführer gelesen. Sie sollen als – manchmal auch terroristische – Polizei innerhalb der Dorfgemeinschaft fungieren. Darauf geht Otto Tavur aber gar nicht ein. Er beschreibt ihre Aufgabe differenzierter: „Wenn einer von uns Männern stirbt, dann ist es bei uns Brauch, dass alle Männer des Dorfes den Toten sechs Wochen lang in den Busch begleiten. Die Tradition verlangt es, dass für den Verstorbenen der Tisch gedeckt wird, um seinen Geist bei guter Laune zu halten und Unheil vom Dorf abzuwenden. Unsere Frauen bringen uns jeden Tag das Essen und laden es an einem festgelegten Ort ab. Ihnen ist der Zutritt zu unseren geheimen Stellen strengstens untersagt – wer es trotzdem wagt, sich mehr als hundert Meter zu nähern, muss sterben." Mich schaudert. „Wer kümmert sich um die Arbeit, wenn alle Männer im Busch unterwegs sind?", hake ich nach. „Die Frauen", erklärt der Minister. „Sie gehen auf die Kokosplantagen, trocknen die Nüsse zu Kobra und verkaufen es auf dem Markt." Doch dann will er das Thema wechseln: „Haben Sie schon unsere berühmten Masken gesehen?", fragt er. Ich schüttele den Kopf. „Ich möchte Sie ihnen zeigen", schlägt er vor.
Ich bin dankbar und erleichtert, dass ich den Kreis der Betelnuss-Kauenden endlich verlassen darf und folge ihm in sein Haus. „Der Tubuan", erklärt er stolz, und zeigt auf eine spitze Maske, die mit Federn geschmückt ist und an einen Vogel erinnert, „wird vom Vater an den Sohn weitergegeben und darf nur von bedeutenden Männern getragen werden. Der Tubuan ist die Mutter der Dukduks, die ebenfalls

mit einem Federbusch geschmückt, aber noch höher sind." Aus Büchern weiß ich, dass sich die Träger dieser Masken an besonderen Festtagen schichten- und büschelweise in Blätter kleiden, sodass der Eindruck entsteht, es würden seltsame Riesenvögel umherhüpfen. Der Grund blieb mir bislang allerdings verborgen. „Was genau hat es mit diesen Masken auf sich?", frage ich deshalb nach.

Der Erziehungsminister zögert, bevor er zu einer Erklärung ausholt. „Die Geister der Dukduks müssen durch unsere Tänze bei Laune gehalten werden", erklärt er. „Wenn wir sie verärgern, werden sie unsere Insel zerstören. Die Legende erzählt, dass Utnapui und Tenata, die Schutzherren des Wassers und des Landes, sich in alte Männer verwandelten und in die Dörfer gingen, um die Menschen kennen zu lernen. Doch die heimischen Medizinmänner reagierten eifersüchtig, brauten einen giftigen Trank und gossen ihn über die Dukduks aus. Vor Zorn ließen die Geister die Erde erbeben, sie verschwanden im See und warnten die Menschen, sie nie wieder zu stören.

Viele Jahre später kamen neugierige Buben, die die Geschichte nicht glauben wollten und große Felsbrocken in den See warfen. Wieder erbebte die Erde ganz fürchterlich, und unter Donner und Beben entstand das Hafenbecken von Rabaul. Utnapui und Tenata aber verschwanden wütend im Meer, wo sie heute noch sind." Fasziniert lausche ich seinen Erzählungen, wage es aber nicht, eine der Masken zu berühren.

„Kommen Sie", fordert er mich auf, und führt mich in einen Raum, in dem große Räder stehen, an denen kleine Muscheln aufgefädelt sind. Ich weiß, dass Otto Tavur mir soeben zeigt, dass er ein reicher Mann ist, denn die Muscheln sind das „Tambu" der Tolais. Mit dem Muschelgeld wird noch heute der Brautpreis gezahlt, bei einer Beerdigung wird es an alle Trauernden verteilt und auf dem Markt gilt es als offizielles Zahlungsmittel. Und je mehr Räder ein Mann besitzt, desto reicher und mächtiger ist er.

In diesem Augenblick höre ich Wolfgangs Stimme. Als wir aus dem Halbdunkel des Hauses in das gleißende Sonnenlicht treten, blinzele ich. Es ist, als würde ich jäh in die Realität zurückgeholt. Mit geschwellter

Brust verabschiedet sich der Häuptling von uns, in der sicheren Gewissheit, dass uns das halbe Dorf beobachtet. Ich verabschiede mich von Lusy und kann es nicht lassen, ihrem pausbäckigen Baby, das mich mit dunklen Knopfaugen anschaut, noch einmal schnell über das krause Haar zu streicheln.
Auf dem Nachhauseweg schweigen wir. Ich lasse die Eindrücke wirken und genieße die Faszination, die dieses Land und seine Menschen auf mich ausüben. Als wir auf den Weg zu unserem Haus einbiegen, verstecken sich Kinder hinter den Bäumen. Ich fühle, sie wollen mir zuwinken, trauen sich aber wohl nicht, weil mein Mann neben mir sitzt.

Während des Abendessens versuche ich, Wolfgang von meinen Erlebnissen zu erzählen, doch er wiegelt ab. „Ich lege mich eine Stunde schlafen, dann muss ich noch mal ins Büro", so seine barsche Erklärung. Enttäuscht ziehe auch ich mich zurück. Doch in dieser Nacht finde ich keinen Schlaf.
Vor meinem Fenster steht ein vom Blitz getroffener, ausgebrannter Baum. Bizarr heben sich seine dürren schwarzen Äste vom nächtlichen Himmel ab. Das Bild erinnert mich immer an schmale Kinderarme, die sich mir Hilfe suchend entgegenstreckten. Und dann erfasst mich Unruhe. Ich denke an Petra und Thorsten. Wie es ihnen wohl gehen mag? In Deutschland ist es jetzt zwei Uhr nachmittags. Unruhig wälze ich mich von einer Seite auf die andere, versuche, im Schein einer Taschenlampe noch etwas zu lesen und neue Vokabeln der Eingeborenensprache zu lernen. Wolfgang stellt jeden Abend um neunzehn Uhr die Lichtmaschine ab, so dass wir keinen Strom mehr haben. Dann geht er schlafen. Ich hasse die einsamen Abende, wenn mich die Gedanken an zuhause nicht loslassen, und ich niemanden habe, mit dem ich meine Sorgen teilen kann. Wolfgang schläft nebenan, ich höre sein Schnarchen. Warum bin ich eigentlich hier an seiner Seite und nicht daheim bei meinen Kindern?
Mir ist heiß. Ich schlage das Laken zurück, versuche, mich auf den Nachthimmel zu konzentrieren. Doch es gelingt mir nicht. Mein Herz

schlägt bis zum Hals. Irgendetwas ist nicht in Ordnung, ich fühle es. Ich muss Thorsten anrufen, sofort. Mit der Taschenlampe suche ich nach den Autoschlüsseln. Wolfgang muss ich nicht wecken, er würde sowieso kein Verständnis zeigen.

Als ich das Haus verlasse, erschrecke ich vor der Dunkelheit. Tiefschwarz ist die Nacht, ich sehe nicht, wo ich hintrete. Rasch steige ich ins Auto, ziehe die Tür zu und drücke die Knöpfe nach unten. Mein Herz pocht bis zum Hals, als ich den Motor starte und zum Büro meines Mannes fahre.
Der Weg bis zur Tür führt an Buschwerk vorbei. Es scheint, als würden mich Fratzen zwischen den Zweigen angrinsen. Ich habe Angst, auszusteigen. Warum muss ich diesen Weg alleine gehen? Weshalb ist Wolfgang nicht an meiner Seite? Ich nehme all meinen Mut zusammen, schalte das Fernlicht ein, haste den Weg entlang, fingere nervös den Schlüssel ins Schloss, stoße die Tür auf und atme erleichtert durch, als die Tür hinter mir zufällt und ich den Schlüssel zur Sicherheit noch einmal umdrehe.
Es kommt mir vor wie eine Ewigkeit, bis ich endlich das Internat erreiche. Ich frage nach meinem Sohn. Man will ihn suchen. Die Minuten vergehen. Irgendwann höre ich wieder die Stimme der Sekretärin: „Frau Reder? Entschuldigen Sie, dass Sie so lange warten mussten. Ich habe gerade erfahren, dass Thorsten gar nicht hier ist. Er besucht seine Großeltern." Ich fühle, wie meine Hände anfangen zu zittern: „Das kann doch nicht sein!", rufe ich in den Hörer. „Es sind keine Ferien! Was macht er bei seinen Großeltern? Ist etwas passiert? Warum geben Sie ihm frei?" Die Sekretärin kann mir keine Auskunft geben. Sie weiß nicht Bescheid. „Es tut mir Leid", entschuldigt sie sich, „die Schulleiterin ist außer Haus, Thorstens Lehrer nicht greifbar." Wütend breche ich das Gespräch ab. Hastig wähle ich die Nummer meiner Schwiegereltern. Das Freizeichen ertönt, aber niemand hebt ab. Es ist zum Verzweifeln. Dann versuche ich, Petra zu erreichen. Aber ich bekomme keine Verbindung mehr. Tränen der Enttäuschung laufen mir über die Wangen. Ich bin frustriert. Meine

Kinder brauchen mich vielleicht gerade in diesem Augenblick, und ich sitze hier im Busch, tausende Kilometer entfernt, am anderen Ende der Welt, und fühle mich so hilflos. Eine halbe Stunde später versuche ich noch einmal, meine Schwiegereltern und Petra zu erreichen. Vergeblich.

Irgendwann gebe ich es auf, fahre ins Haus zurück und habe das dringende Bedürfnis, mich an Wolfgangs Schulter auszuheulen. Seine Tür ist verschlossen. In meiner Verzweiflung poche ich laut mit der Faust dagegen, und als er nicht reagiert, trete ich wütend mit dem Fuß zu. Empört öffnet er: „Sag mal, spinnst du?", schreit er mich an. „Es muss etwas passiert sein, Thorsten ist nicht im Internat! Ich habe angerufen und mache mir Sorgen!", schluchze ich. „Deswegen weckst du mich?", brummt er, knallt die Tür wieder zu und dreht den Schlüssel von innen im Schloss um. Wie gelähmt stehe ich vor seiner Tür und weine hemmungslos.

Wolfgangs Schnarchen dringt durch die Wände. Wie kann er nur so ruhig schlafen? Irgendwann schlüpfe ich wieder in mein Bett. Von draußen dringen die Rufe der „Flying Foxes", einer Fledermausart mit Köpfen, die kleinen Füchsen ähneln und in der Nacht auf Futtersuche gehen, in mein Zimmer. Es erinnert mich an das jämmerliche Schreien von Babys. Ich bekomme Kopfschmerzen davon und versuche, mir die Ohren zuzuhalten, glaube, meine Kinder nach mir rufen zu hören.

Diese Nacht zieht sich scheinbar endlos in die Länge, und ich bin dankbar, als endlich der Morgen graut und ich ins Meer gehen kann um zu schwimmen. Aus dem Wasser hole ich mir meine Kraft. Ich tauche in einen Schwarm silbern glänzender Fische, die sich teilen, als wollten sie mir den Weg frei machen. Unter mir leuchten rosa, gelbe und hellblaue Korallen. Tintenblaue Seesterne funkeln neben einer schwarz-gelb gestreiften Seeschlange. Schwerelos liege ich da, staune über die Unterwasserpracht. Und doch will die Leere und Traurigkeit nicht aus meinem Herzen weichen.

Als ich aus dem Wasser steige, sehe ich zwei Gestalten auf mich zukommen. Es ist Franz, der Priester, in Begleitung einer hübschen Papuanerin. „Darf ich dir Clothilde vorstellen?", fragt er, nachdem er mich herzlich umarmt hat. „Sie kommt aus meinem Dorf und möchte für dich arbeiten." „Hello Misses", begrüsst mich auch Clothilde, und ich mag ihr offenes Gesicht. „Kannst du mir verraten, wozu ich in diesem Haus eine Hilfe brauche?", erkundige ich mich bei Franz. „Ich habe den Eindruck, du brauchst jemanden, es muss ja nicht für den Haushalt sein!", antwortet er augenzwinkernd.

Ich weiß nicht, wie ich diesen Tag hinter mich bringen soll. Aufgrund der Zeitverschiebung kann ich frühestens wieder um 24.00 Uhr in Deutschland anrufen. Dank Clothilde muss ich aber diesmal nicht alleine zum Telefonieren. Zu zweit stürmen wir den Weg ins Büro hoch, vorbei an den dunklen Büschen und Bäumen. Außer Atem schliessen wir die Tür hinter uns zu und dann müssen wir beide lachen. Ich bin Franz unendlich dankbar für meine neue Begleiterin. Diesmal habe ich mehr Glück. Ich bekomme schnell eine Verbindung nach Salem, und die Direktorin ist zu sprechen. Sie erklärt mir, dass Thorsten weggelaufen sei, und man sein Verschwinden erst spät bemerkt habe, weil er sich bereits vorher immer wieder auf dem Dachboden versteckt hielt. Es tut mir weh, als ich die Details erfahre. Dann versuche ich, Petra zu erreichen. Ihre Stimme klingt wütend: „Thorsten stand einfach vor meiner Schule. Ich wusste nun wirklich nicht, was ich tun soll. Du machst dir mit Papa auf Papua ein schönes Leben, und was mit uns passiert, ist euch egal. Kannst du dir überhaupt vorstellen, wie sehr wir euch vermissen? Aber wir müssen alleine zurechtkommen. Ich habe Thorsten zu den Großeltern gebracht und dann die Schule benachrichtigt." Sie hängt ein.
Ich wähle die Nummer meiner Schwiegereltern und habe auch gleich Thorsten am Apparat: „Mutti!", ruft er, und ich höre, wie ihm Tränen in die Augen steigen. „Ich komme nächste Woche! Ich bleibe keine Minute länger in Salem." Wie gut ich ihn doch verstehe! Trotzdem versuche ich ihn zu überzeugen, dass er noch einmal nach Salem

zurückkehren und das Schuljahr zu Ende machen soll. Es sind nur noch wenige Wochen. Und ich verspreche, die Direktorin zu fragen, ob wir Thorsten nicht ein Jahr von der Schule freistellen lassen und zu uns holen können. Wir heulen beide wie die Schlosshunde. Als ich aufgelegt habe, berührt Clothilde meinen Arm und reisst mich aus meinen Gedanken: „Look forward, Misses!", lächelt sie mich an. Ich nicke tapfer.

Noch einmal rufe ich in Salem an und informiere die Schulleiterin über mein Anliegen. Sie bittet mich, Thorstens Beurlaubung schriftlich zu beantragen und signalisiert gleichzeitig, dass es keine Probleme geben dürfte und man seinen Platz auch freihalten will.

Wie jeden Morgen gehe ich durch den Garten hinunter ans Meer, um zu schwimmen. Da entdecke ich ein kleines Mädchen, sie sitzt auf einem Stein und hat ihren Fuß im Sand vergraben. Ihre zarte Gestalt wirkt so hilflos, dass ich mich zu ihr setze und sie mit einem freundlichen „Hello" begrüße. Mit vor Angst weit aufgerissenen Augen schaut sie mich an. „Hab keine Angst", versuche ich ihr Vertrauen zu gewinnen, doch sie versteht mich leider nicht. Da ich mir das hier gesprochene Pidgin-English im Selbststudium aneigne, versuche ich ihr noch einmal mit den wenigen Vokabeln, die ich schon beherrsche, zu erklären, dass sie willkommen ist und nicht davon laufen muss. Sie lächelt scheu, und ich bin mir nicht sicher, ob sie mich verstanden hat. Aber ihr Instinkt scheint ihr zu sagen, dass sie sich nicht fürchten muss. Langsam zieht sie ihren Fuß aus dem feuchten Sand. Was ich sehe, entsetzt mich. Direkt am Knöchel klafft eine große Wunde, die Haut hat sich an den Rändern bereits schwarz verfärbt. Sofort setzen sich Fliegen in das offene Fleisch; um sie abzuwehren, hatte sie ihren Fuß im kühlenden Sand vergraben. Neben dem Fuß erkenne ich erst jetzt einen mit Blut und Eiter getränkten Lappen. Es zerreißt mir fast das Herz. Die Kleine muss wahnsinnige Schmerzen haben. Ich zeige auf unser Haus, deute ihr an, mit mir zu kommen. Ohne zu zögern nimmt sie meine Hand und humpelt neben mir her. Ich hoffe, dass Wolfgang nicht aufwacht und uns begegnet, denn er

würde die Kleine sofort verscheuchen.
Als ich die Wunde zu säubern versuche, wird mir bewusst, wie ernst es ist. Da hilft kein Verbandskasten mehr, die Kleine muss ins Krankenhaus. Ich nehme sie auf den Arm, setze sie ins Auto und fahre nach Vunapope in die Missionsklinik.
Dort empfängt uns Schwester Agnella. „Sie darf auf keinen Fall mehr auftreten und muss sofort auf die Krankenstation", erklärt sie resolut. Mit einem Rollstuhl fährt sie das Mädchen auf die Station. Doch als die Schwester die Tür öffnet, weiche ich entsetzt einen Schritt zurück. Ähnlich einem Feldlazarett reihen sich mindestens zwanzig Betten, belegt mit Kindern, Frauen, Greisinnen, an den Wänden entlang. Agnella führt uns zu einem freien Bett, ohne Bettlaken, ohne Wäsche. „Dafür sorgen normalerweise die Angehörigen", erklärt sie mir. „Ich werde es zuhause holen, ich bin gleich wieder da!", verspreche ich, und denke auch an ein sauberes Shirt, Handtuch, Seife und ein paar Süßigkeiten für die kleine Patientin. „Frau Reder, wo sind die Eltern?", ruft mir die Schwester noch nach. Die hatte ich in meiner Aufregung ganz vergessen. „Ich fahre mit Ihnen ins Dorf, ich bin eine Tolai und kann den Eltern erklären, was geschehen ist", bietet mir Agnella an. Nach einer kurzen Fahrt über holprige Wege erreichen wir das Dorf. Bislang hatte ich es nur vom Strand aus gesehen, denn die Eingeborenen bauen ihre Hütten einige Meter hinter dem Baum- und Buschgürtel. Das Dorf besteht aus acht Hütten, denen große Palmen Schatten spenden. Dazwischen tummeln sich, das gewohnte Bild, fette Schweine und magere Hunde. Ich glaube meinen Augen nicht zu trauen, als ich eine Frau auf dem Boden sitzen sehe, ein kleines rosa Ferkel im Arm haltend, das an ihrem ausgezehrten schwarzen Busen nuckelt. Völlig entgeistert schaue ich die Schwester an. Sie deutet meinen Blick richtig. „Schweine sind bei uns das Symbol für Reichtum und Ansehen", erklärt sie mir lächelnd. „Wenn eine Muttersau bei einem Wurf stirbt oder ihre Ferkel aus irgendeinem Grund nicht säugen kann, legen die Einheimischen die Ferkel an und ernähren sie mit ihrer Milch."
Die lang gestreckten Hütten dienen mehreren Familien gemeinsam

als Unterkunft. Die vordere Giebelseite, die als Eingang genutzt wird, ist höher als die hintere. Eine Tür, wie wir sie kennen, gibt es nicht. Die Pfosten rechts und links des Eingangs sind mit Schnitzereien verziert. Sie zeigen Köpfe von Menschen und Tieren. Alles macht einen sehr sauberen Eindruck, und im Nu sind wir von den Bewohnern umringt. Sie wollen wissen, warum wir kommen, und Agnella erklärt, was passiert ist. Es herrscht große Aufregung. „Die Eltern des Mädchens haben kein Geld, sie können das Krankenhaus nicht bezahlen", übersetzt die Schwester. „Das ist kein Problem, ich übernehme die Kosten", biete ich sofort an, wohl wissend, dass Wolfgang darüber in Rage geraten wird. Mein Vorschlag stösst zunächst auf Verwunderung, dann aber auf Zustimmung und Erleichterung bei den Dorbewohnern. Auf dem Rückweg holen wir die nötigen Sachen für die Kleine – sie heißt Nasi, wie ich erfahre – bei uns zuhause ab und fahren dann direkt ins Krankenhaus. Doch dort herrscht ebenfalls große Aufregung, denn Nasi ist verschwunden. Wir durchsuchen alle Räume, rasen zurück ins Dorf, doch Nasi ist nicht aufzufinden.
Ich habe ein schlechtes Gewissen, fühle mich schuldig. Dabei wollte ich doch nur helfen! Welche Sorgen müssen sich die Eltern machen! In meiner Verzweiflung fahre ich zu Wolfgang ins Büro und schütte ihm mein Herz aus. Er schiebt mich nur kalt von sich und meint: „Du mit deiner sozialen Ader bringst uns nur in Schwierigkeiten. Du hast dir die Suppe eingebrockt, also löffle sie auch aus. Und wenn du schon mal hier bist, setz' dich hin und schreibe mir einen Brief nach Deutschland."
Wut schnürt mir die Kehle zu. Warum ist dieser Mensch oft so kalt und herzlos? Ich möchte ihm meine Enttäuschung ins Gesicht schreien, setze mich stattdessen aber stumm an die Schreibmaschine. Weshalb hat dieser Mann so viel Macht über mich? Es fällt mir schwer, mich zu konzentrieren, denn meine Gedanken sind bei Nasi. Als ich die letzten Buchstaben getippt habe, reisse ich den Bogen aus der Maschine, knalle ihn meinem Mann auf den Schreibtisch und fahre sofort zurück ins Dorf.
Winkend kommt man mir schon entgegengelaufen. Nasi ist wieder

aufgetaucht. Sie hatte einfach Angst, als wir sie allein im Krankenhaus zurückgelassen haben und ist davongelaufen. Jetzt begleiten sie ihre große Schwester und ihre Tante in die Klinik; alle drei sitzen bei mir im Auto, und ich bin dankbar, dass dieses Abenteuer ein gutes Ende nimmt.

An den folgenden Tagen lade ich mein Auto voll mit Nasis kleinen Freunden, fahre sie ins Krankenhaus und sitze mit ihnen an ihrem Bett. Der Fuß, der beinahe hätte amputiert werden müssen, heilt gut, und schnell hat es sich herumgesprochen, was die „Missis" getan hat.

Nur wenige Tage später sitzt eine Eingeborene, ihr Baby im Arm, hinter einem Baum in unserem Garten. Sie ist sehr mager, und an ihrem linken Arm fehlt die Hand. Später erst werde ich erfahren, dass sie verbrannt ist. Etwas Geheimnisvolles lastet diesem Unfall an, denn niemand will mir erzählen, wie es passiert ist. Doch die Frau kommt nicht wegen der Hand, sie kommt wegen des Babys. Und sie spricht Englisch: „Missis, mein Baby hat hohes Fieber, bitte geben Sie mir ein Aspirin", bittet sie. Ich hüte mich, einem so winzigen Wesen Aspirin zu verabreichen. Stattdessen lade ich sie in mein Auto und fahre ins Krankenhaus. Schwester Agnella schüttelt lächelnd den Kopf, als sie mich schon wieder mit einer neuen Patientin sieht. „Das Baby hat Malaria, dafür haben wir spezielle Medikamente, die Sie in der Apotheke bekommen", erklärt sie mir. Ich fahre mit Runda, die ihr Kind schützend unter ihrem Lapp Lapp trägt, in die Apotheke, hole die Tabletten und gehe dann mit Mutter und Kind einkaufen, besorge Milchpulver, Butter, Zucker, Reis und Dosenfisch. Dann fahren wir zurück ins Dorf, ich pulverisiere die Tabletten, streue sie ins Milchfläschchen und füttere den kleinen Wurm. Runda lächelt dankbar, und ich verspreche wieder zu kommen.

Mein Ruf als „Wunderdoktorin" eilt über die ganze Insel. Die Eingeborenen kommen mit kleineren und größeren Verletzungen zu mir, und ich staune über mich selbst, woher ich das alles kann und wie viel Freude es mir macht zu helfen. In der Apotheke in Vunapope

besorge ich mir Verbandsmaterial, Penizillin und Malariatabletten sowie fiebersenkende Mittel. Die deutsche Nonne, die dort arbeitet, präsentiert mir eine stolze Rechnung, doch als ich auf den Verpackungen „Unverkäufliches Muster" lese, hole ich erst einmal tief Luft. Ich weise sie auf den Aufdruck hin, sie bekommt einen roten Kopf und stammelt verlegen: „Natürlich brauchen Sie nichts zu bezahlen, Frau Reder, Sie verwenden die Medikamente ja nicht für sich selbst."
„Vergelt's Gott, dafür kommen Sie dem Himmel ein Stück näher", antworte ich, und unterdrücke meinen Ärger; ich werde die Schwestern hier noch oft brauchen. Auf dem Rückweg besorge ich beim Chinesen noch Lollis, denn bei den Kindern hat es sich ebenfalls herumgesprochen, dass es ein Trostpflaster obendrauf gibt, wenn man den Mut hat, zur „Frau Doktor" zu gehen.

Das wichtigste Ereignis in diesen Wochen ist die offizielle Eröffnung der Ulagunan-Highschool. Wir haben zahlreiche Einladungen an Bekannte, Regierungsbeamte und Prominente verschickt. Zur deutschen Mission bringe ich die Einladungen persönlich, denn ich will sicher gehen, dass die Nonnen auch einmal Gelegenheit zum Feiern bekommen. Father Franz wird den Gottesdienst abhalten, anschließend soll es ein großes Festmahl geben, für das Otto Tavur die Schweine und das Federvieh besorgt hat. Das Geld dafür kommt aus Deutschland.
Ich will bei Lusy vorbeischauen und den Dorfbewohnern bei der Vorbereitung meine Hilfe anbieten. Unterwegs kaufe ich noch Betelnüsse, um nicht mit leeren Händen anzukommen.

Es ist elf Uhr, als ich auf den Weg nach Ulagunan einbiege. Vor Hitze schwirrt die Luft. Unweit der Schule wird der Festplatz gefegt, und zahlreiche Tolais sind damit beschäftigt, die Gebäude zu schmücken. Als sie mich entdecken, gibt es ein großes Hallo, und im Nu bin ich von Einheimischen umringt. Dann führt man mich zum Dorfplatz, wo die Essensvorbereitungen in vollem Gange sind. Doch mir stockt vor Entsetzen der Atem.
Schweine liegen, an Vorder- und Hinterbeinen zusammengeschnürt,

in der gnadenlos heißen Sonne. Bei lebendigem Leib brennt man ihnen die Borsten ab, und ich höre, wie sie in Todesangst quieken und schreien. Lusy sitzt mit anderen Frauen im Schatten eines Baumes und rupft Hühnern bei lebendigem Leib die Federn aus. Vor ihnen lodert ein offenes Feuer, über dem in einem riesigen Kessel das Wasser brodelt. Als ich beobachte, wie man die Hühner – lebend – noch vor dem Rupfen in das siedende Wasser taucht, damit sich die Federn besser lösen, wird mir schlecht.
Die Tiere, die das Schlachten noch vor sich haben, sind mit einem Bein eng an einen Pfahl gebunden. Bei dem Versuch, sich zu befreien, reißen sich zwei von ihnen das Bein aus; es hängen nur noch dünne Muskelfasern am Rumpf, als sie davon flattern.
In diesem Moment bleibt ein gequältes Huhn vor meinen Füßen liegen, blutend, gerupft, gackernd in Todesangst. Wie in Trance nehme ich das Tier hoch, lege seinen Kopf auf eine Kokosnuss und befehle einem Jungen mit einem Buschmesser zwischen den Zähnen, ihm den Kopf abzuschlagen. Ein kurzer Hieb, und das Leiden des Tieres hat ein Ende. Aber es flattert noch – kopflos – ein paar Meter an den Frauen vorbei. Schreiend laufen sie auseinander, Entsetzen in ihrem Blick: Sie haben Angst vor dem bösen Geist.
Ich aber renne hinter den nächsten Busch, um mich zu übergeben. Wie können diese freundlichen Menschen nur so bestialisch mit Tieren umgehen?
Langsam gehe ich zurück zu meinem Wagen und ich bin sicher, dass ich mich am nächsten Tag nur vegetarisch ernähren werde.

Zum Auftakt der Feierlichkeiten hält Father Franz eine Messe und segnet die Schule. Mich plagt die Erinnerung an den gestrigen Tag, als ich neben Wolfgang sitze und dem Gottesdienst folge, der sich nicht von einem deutschen Gottesdienst unterscheidet.
Draußen auf dem Festplatz lodern große Feuer zum Himmel. Frauen und Männer sind damit beschäftigt, Schweine auszuweiden und zu zerlegen. Ich will nicht wissen, wie diese Tiere letztlich gestorben sind. Stattdessen beobachte ich die Vorbereitungen für das „Mu Mu":

Erdlöcher werden ausgehoben, mit frischen Bananenblättern ausgelegt und glühende Steine hineingeschichtet. Darauf kommt in Bananenblätter gewickeltes Schweinefleisch, Fisch, Huhn und Taro. Mit Hilfe von Holzzangen werden die Pakete in die Erdlöcher gelegt, mit Bananenblättern abgedeckt und zum Schluss wird alles mit Erde bedeckt. Die Hitze der glühenden Steine gart die Lebensmittel, und das Fleisch wird besonders saftig und zart.

Im „Festtagsgewand" präsentieren sich die Schüler. Sie haben sich mit bunt gefärbten Hüftgürteln aus Gras und breiten Halsbändern aus Pflanzen geschmückt und gruppieren sich zum Tanz in der Mitte des Festplatzes. Stampfend, trippelnd, drehend bewegen sie sich zu den monotonen Rhythmen der Musik, die Frauen mit Trommeln und Bambusstäben, die sie auf die Erde schlagen, vorgeben. Dann folgen scheinbar endlose Reden, und vor allem Otto Tavur beweihräuchert selbstherrlich seine Verdienste. Die Tänzer ziehen sich irgendwann erschöpft in den Schatten zurück, und die Schüler beginnen, die Essenspakete aus den Erdöfen zu holen und auf einer Bambustafel anzurichten. Mit Grasbüscheln wedelnd, verscheuchen Frauen lästige Insekten. Dann werde ich gebeten, das „Buffet" zu eröffnen. Die Reihenfolge, in der sich die Gäste bedienen dürfen, ist genau festgelegt. Zunächst sind die Weißen an der Reihe. Mit Bananenblättern bewaffnet, stehen wir vor den aufgetürmten Köstlichkeiten. Da fällt mein Blick auf die am Boden sitzenden, das ganze Spektakel mit hungrigen Augen verfolgenden Schüler. Schnell häufe ich ein paar besonders große, saftige Stücke Fleisch auf und reiche sie den Kindern. In diesem Augenblick schlägt Otto Tavur, der das Ganze beobachtet hat, dem Jungen, der das Fleisch entgegen nehmen will, mit voller Wucht die Faust in den Rücken. Der Junge schnappt nach Luft, versucht aber, seinen Schmerz zu verbergen. Es tut mir unendlich weh, zu sehen, dass ein Kind leiden muss, weil ich die Regeln dieses Landes missachtet habe. Ich weiß aber auch, dass es für alle Beteiligten das Beste ist, den Vorfall zu ignorieren.

Nachdem die weißen Gäste gesättigt sind, kommen die Dorfältesten an die Reihe, dann die Männer und Knaben, zuletzt erst die Frauen und Mädchen. Ich beobachte einen kleinen Jungen, der die Alten nachahmt und genüsslich in ein viel zu großes Stück Fleisch beißt. Rechts und links tropft ihm das Fett aus den Mundwinkeln und läuft über seine nackte Brust. Mit seinen kleinen Händen verschmiert er die glitschige Masse auf seinem Körper und schaut dabei so drollig und erstaunt, als sei es für ihn ein ganz neues Gefühl. Unwillkürlich muss ich lachen, denn ich finde ihn in seiner unbeholfenen Gestik so liebenswert, auch wenn er mit seinen riesigen Ohren und der eingedrückten Nase kein besonders hübsches Kind ist.

Mein Blick wandert zu den weiß gekleideten Nonnen, die ich bereits zu Beginn des Festes begrüßt habe. Es fällt mir nicht schwer, ihre sehnsüchtigen Blicke zu deuten, und ich biete ihnen ein Bier an. Verschämt greifen sie zu. Dann kommt eine sehr alte Nonne auf mich zu, um sich zu verabschieden. Man hat mir erzählt, dass sie ursprünglich aus Köln stammt, schon als junges Mädchen nach Papua kam und unter primitivsten Bedingungen mit dem Pferd durch den Busch geritten ist. „Wenn Sie wüssten, wie lange ich schon kein Bier mehr getrunken habe! Es schmeckt, als käme es vom lieben Gott persönlich!", schwärmt sie. Ich muss lachen. „Aber Schwester, es kann doch nicht so schwer sein, ein Bier zu kaufen", antworte ich erstaunt. „Frau Reder, dafür hat die Oberin doch kein Geld!", flüstert sie mir verschwörerisch zu. „Ich lasse mir was einfallen! Ab heute sollen Sie auf Ihr tägliches Bier nicht mehr verzichten!", verspreche ich, und drücke ihre faltige Hand.

Als wir an diesem Tag nach Hause kommen, ist es bereits dunkel. Entgegen seiner Gewohnheit verschwindet Wolfgang nicht sofort in seinem Zimmer. „Komm, hol uns noch was zu trinken, ich habe Lust auf dich!", fordert er mich auf. Ich bin überrascht. Wie oft überfällt mich die Einsamkeit an den Abenden, wenn mein Mann um sechs Uhr seine Tür verriegelt und ich das Gefühl habe, in der Dunkelheit verrückt

zu werden. Wie sehr sehne ich mich hier in der Fremde nach einem guten Gespräch, nach einer Umarmung, einem lieben Wort. Ich genieße die Zweisamkeit, kuschele mich an ihn, rede, lache und liebe.
„Freust du dich auch auf Thorsten?", frage ich ihn später, als wir nebeneinander im Bett liegen. „Mein Gott, was für eine Frage!", antwortet er genervt und steht abrupt auf. Ich hatte mit einer einzigen Frage die Harmonie der letzten Stunden weggefegt. Warum nur fällt es meinem Mann so schwer, über seine Gefühle zu reden?

Vierzehn Tage später bringt Lusy einen kleinen Sohn zur Welt. Otto Tavur kommt persönlich bei uns vorbei, um uns das freudige Ereignis mitzuteilen und meinen Mann zu bitten, als Taufpate zu fungieren. Dies ist ein großer Vertrauens- und Freundschaftsbeweis. Der Tradition des Landes entsprechend, wird der Kleine den Vor- und Zunamen meines Mannes tragen. Beim Gedanken an einen kleinen, schwarzen, pausbäckigen Wolfgang Reder muss ich unwillkürlich lachen.

Für die Feierlichkeiten habe ich zwei große Apfelkuchen gebacken. Ich verpacke sie in Alufolie und überreiche sie Lusy vor dem Gottesdienst. Sie trägt sie ins Haus, bevor wir uns auf den Weg in die Schule machen, wo die Taufe stattfinden soll. Als wir uns nach unserer Rückkehr an den gedeckten Tisch setzen wollen, erstarre ich. Dort, wo meine beiden Apfelkuchen hätten stehen sollen, erkenne ich eine schwarze, wimmelnde Masse. Tausende von Ameisen haben sich meiner Kuchen bemächtigt. „Wie schade!", schießt es mir durch den Kopf. „Die Arbeit hätte ich mir sparen können!" Warum nur hat Lusy die Folie schon entfernt? Umso erstaunter bin ich, als ich sehe, dass Lusy die bewegte Masse in Stücke schneidet. Unbeirrt greifen die einheimischen Taufgäste zu und verspeisen mit sichtlichem Wohlbehagen die Kuchenstücke samt Krabbeltierchen, wobei einige Ameisen noch versuchen, über die Mundwinkel zu fliehen. Father Franz, Wolfgang und ich starren die Essenden an und können es kaum fassen. Ich erinnere mich an meine Kindheit im Siegerland, wo wir wegen des Essiggeschmacks den Ameisen das Hinterteil abgebissen haben. Es war so eine Art Mutprobe gewesen, aber wenn ich dieses Mahl hier beobachte, erscheint mir unser kindlicher „Härtetest" geradezu lächerlich.

Obwohl mein Alltag hier sehr vom Kontakt mit Einheimischen bestimmt ist, gibt es natürlich auch immer wieder regelmäßige Treffen mit „Landsleuten", die es hierher verschlagen hat. Heute Abend sind wir bei Horst, dem Manager der missionarischen Kokosplantage, und seiner Frau Eva eingeladen.
Ich investiere viel Zeit vor dem Spiegel und ernte sowohl von Clothilde als auch von Wolfgang anerkennende Blicke. Gut gelaunt machen wir uns auf den Weg und fahren an endlos scheinenden Kokosplantagen vorbei, bis die Straße in einen angelegten Garten mündet. Der Rasen ist kurz geschoren, als Kugeln zugeschnittene Bougainvillea-Sträucher und Orchideen-Bäume wirken überaus dekorativ und fast unwirklich. Als wir aus dem Auto aussteigen, bellen uns zähnefletschende Hunde an. „Die Hunde sind angebunden, ihr könnt ruhig hereinkommen!", ruft eine Stimme vom Haus her. Die Gastgeberin Eva steht dort und erwartet uns an der Tür. Sie führt uns durch die Halle ins Esszimmer. Der Tisch ist geschmackvoll gedeckt. Es wird ein mehrgängiges Menü serviert, das ausgezeichnet schmeckt, denn Eva ist bekannt für ihre gute Küche. Im Übrigen kümmert sich die Gastgeberin etwas zu intensiv um Wolfgang; der wiederum genießt ihre Aufmerksamkeit sichtlich.

Kurz bevor das Dessert gereicht werden soll, tritt Father O'Connor herein, der oberste Priester und Manager der gesamten Mission. „Er könnte alles sein", denke ich, „nur kein Priester." Er ist ein grobschlächtiger Typ mit stechenden Augen; sein vernarbtes, rotes Gesicht lässt auf einen ungesunden Lebenswandel schließen. Man sagt ihm nach, dass er gerne dem Alkohol zuspricht, zu seinen Leidenschaften zählen der Whisky, Geld und eine gewisse „Madame", mit der er eine Affäre haben soll. Auf mich macht er einen unsympathischen Eindruck, und ich habe bereits munkeln hören, dass es ihm ein Dorn im

Auge sei, dass so viele Eingeborene aus dem Dorf zu mir kommen. Eva springt sofort auf, als er in der Tür erscheint, und eilt auf ihn zu. Ich bemerke eine kurze, intime Berührung, als sie ihn begrüßt. Ihre Brüste streifen seinen Arm, und mir fällt bei dieser Gelegenheit auf, welch riesige Hände Father O'Connor hat. Sollte etwa Eva diese „Madame" sein? „Would you like a drink?", fragt sie geschäftig. Ein herrischer, kurzer Wink ihrerseits, und ein Mädchen eilt herbei, serviert mit gesenktem Blick Irish Malt Whisky. Als wir nach Hause fahren, erklärt Wolfgang, er habe diesen Abend für eminent wichtig gehalten. Mich hat der belanglose Small Talk eher gelangweilt.

Wenige Tage später taucht Eva mit ihren Hunden und großem Gefolge bei uns im Garten auf. Ich verbinde gerade eine kleine Papuanerin, als ich sie rufen höre. „Wir feiern den Geburtstag meines Sohnes, und Markus wünscht sich ein Picknick am Strand. Er wird heute zehn Jahre alt, alle seine Freunde werden dabei sein. Komm doch mit uns!", fordert sie mich auf. Ich gratuliere Markus von Herzen. Plötzlich höre ich meine kleine Patientin lauthals schreien. Sie läuft, von einem der Hunde gehetzt, aus dem Garten in Richtung der Hütten. „Bleib stehen!", brülle ich, so laut ich kann. Aber zu spät. Der Hund hat sie bereits niedergeworfen und beisst sich in ihrer Wade fest. Instinktiv greife ich einen Stein und schleudere ihn in Richtung der Bestie. Ich treffe den Hund am Hinterteil, jaulend lässt er los und läuft davon. Dann eile ich zu Nana. Sie liegt weinend im Gras. „Eva, du kannst diesen Hund nicht frei laufen lassen! Schau dir diese arme Kleine an!", entfährt es mir wütend. „Diese arme Kleine", äfft sie mich nach, „hat auf diesem Grundstück hier nichts zu suchen. Das Land gehört der Mission!" Ich ringe um Fassung, wortlos trage ich Nana ins Haus, um ihr zu helfen. Eva werde ich wohl nie zu meinen engsten Freundinnen zählen.

In der Fremde kann man sich die Menschen, mit denen man Tag für Tag zu tun hat, allerdings nicht immer aussuchen. Unsere Wege kreuzen sich öfter, als uns lieb ist, nicht zuletzt durch einen gemeinsamen Bekannten, Werner.

Eines Tages, ich komme gerade vom Schwimmen, höre ich doch wahrhaftig Siegerländer Platt. Eine Gruppe von Weißen steht hier auf unserem Grundstück in Polynesien und unterhält sich in meiner Muttersprache! Ich begrüße die Leute im Dialekt, und das Hallo ist groß. Dann stellt sich heraus, dass Werner, ein gebürtiger Siegerländer, seit zwanzig Jahren hier in der Nähe lebt, für die Mission arbeitet und mit einer Eingeborenen aus dem Hochland verheiratet ist. Die beiden haben gerade Besuch aus seiner Heimatstadt. Spontan spricht Werner eine Einladung für den Abend aus.

Sein Haus liegt auf einem kleinen Hügel, mitten in einer Plantage der Mission. Auf dem Weg dorthin fahren wir an zahlreichen Hütten vorbei, in denen die Arbeiter leben. Ein richtiges kleines Dorf ist hier entstanden. Werner und seine Frau Anne begrüßen uns herzlich, und für mich wird es wieder ein aufschlussreicher Abend, was das Leben der Einheimischen hier betrifft. So erzählt Werner zum Beispiel, dass die Mission hier auf den Plantagen auch Läden unterhält, in denen die Eingeborenen Dosenfisch, Reis, Zucker und Tabak, aber auch ihren Lapp Lapp und Marieblusen einkaufen können. Der geschäftstüchtige Father O'Connor sorgt auf diese Weise dafür, dass das wenige Geld, das sie verdienen, in den Händen der Mission bleibt.

Mit Clothilde habe ich das Haus dekoriert. In wenigen Stunden werden wir am Flughafen stehen, und ich werde meinen Sohn wieder in die Arme schließen können. Als ich fröhlich pfeifend meine Einkäufe in der Küche ablade, kommt Wolfgang herein. „Komm, lass uns gleich losfahren, ich möchte früh genug am Flughafen sein!", rufe ich ihm entgegen. „Wir haben noch so viel Zeit", meint er missmutig und lässt sich in einen Sessel fallen. Ich ahne Schlimmes. Seit Jahren ist mein Mann eifersüchtig auf das innige Mutter-Sohn-Verhältnis, das Thorsten und mich verbindet. Ich habe keine Lust, einen Streit anzuzetteln und flechte als Willkommensgruß noch einen Kranz aus Franchipani-Blüten, deren Duft, ähnlich unserem Jasmin, durch das ganze Haus strömt. Irgendwann ist auch Wolfgang zum Aufbruch bereit. Die Fahrt nach Rabaul verläuft schweigend. Im Flughafenrestaurant will er noch ein

Bier trinken. Da ich befürchte, es könnten auch zwei oder drei werden, gehe ich schon einmal vor Richtung Flugfeld. Mit mir warten nur Einheimische auf die Ankunft der Maschine. Ein Tolai-Junge deutet mit seinen schmutzigen Fingern in den Himmel: Tatsächlich, ein winziger Punkt, der immer näher kommt. Dann landet die kleine Propellermaschine, nur zehn Passagiere steigen aus, darunter Thorsten. Überglücklich fallen wir uns um den Hals, und auf einmal steht auch Wolfgang neben uns und reicht seinem Sohn die Hand. Er tut sich schwer, Gefühle zu zeigen.

Thorsten ist von der langen Reise so müde, dass er im Auto gleich einnickt. Als wir in Kokopo ankommen, führe ich ihn durch unser Haus und schäme mich ein bisschen, weil alles so primitiv ist. Thorsten kümmert es nicht. Er schüttelt Clothilde, die ihm zur Begrüßung den Kranz umlegt, die Hand und lernt auch gleich Torawas kennen. Der bestaunt Thorsten, nickt anerkennend und meint: „Master namba tu. Neispela, pikinini man, missis!" – „Master Nummer zwei. Ein schöner Junge, Missis!"

Als ich am nächsten Morgen die Augen aufschlage, gilt mein erster Gedanke meinem Sohn, der im Zimmer nebenan schläft. Endlich habe ich mein Kind bei mir! Zumindest eines, denke ich. Ob wir unseren Kindern nicht zu viel zumuten? Die scheinbar unendlichen Wochen und Monate der Trennung von den Eltern, die langen Reisen, die sie in ihren jungen Jahren schon alleine bewältigen müssen. Kinderlachen reißt mich aus meinen Gedanken. Eine Gruppe kleiner Dorfbewohner steht vor unserer Tür, ein Mädchen streckt mir seine Hand entgegen, an der ich nur einen winzigen Kratzer entdecken kann. „Es tut so weh, Missis!", erklärt sie mir, legt den Kopf schräg und guckt mich mit ihren großen Augen an. Die anderen Kinder recken ihre Hälse, weil sie hoffen, einen Blick auf Thorsten zu erhaschen. Ich lächle, weil ich weiß, dass sie nur die Neugierde hiergetrieben hat. Enttäuscht ziehen sie wieder ab, als ich ihnen erkläre, dass Thorsten noch schläft, und sie doch am Nachmittag vorbeischauen sollen. Dann bereite ich für Wolfgang das Frühstück; er hat einen Termin mit Otto Tavur in Ulagunan und trinkt nur hastig eine Tasse Tee, bevor er das Haus verlässt.

Thorsten wacht erst gegen Mittag auf, und ich genieße es, meinen Sohn zu verwöhnen. Wir pflücken Guaven im Garten, frühstücken ausgiebig auf der Terrasse und gehen gemeinsam zum Schnorcheln. Ein Schwarm grün-silbrig glitzernder Fische nimmt uns in ihrer Mitte auf. An einem Riff bestaunen wir Korallen und Seesterne in allen Farben. Endlich kann ich meine Welt mit jemandem teilen, der von den Wundern der Natur genauso begeistert ist wie ich.
Als wir aus dem Wasser steigen, erwarten uns bereits die Dorfbewohner. Sie betasten Thorsten neugierig, die Mädchen kichern verlegen. Einige Jungs sind in Thorstens Alter, darunter Mosley, der Sohn des Häuptlings. Er ist ein sehr höfliches Kind mit schönen, gleichmäßigen Gesichtszügen, und ich hatte ihn von Anfang an in mein Herz geschlossen. Die beiden verstehen sich auf Anhieb und ziehen zusammen los, während ich langsam zurück zum Haus schlendere. Wolfgang ist bereits zurück. „Wo steckt eigentlich Thorsten?", herrscht er mich an. „Er ist mit Mosley ins Dorf gegangen", erkläre ich ruhig. „Du trägst die Verantwortung. Pass bloß auf, dass er nicht total verbuscht!", grummelt er böse. „Ich bin froh, dass er so schnell einen Freund gefunden hat!", entgegne ich. „Soll er etwa hier sitzen und Däumchen drehen?"
Erst Stunden später kommen die neuen Freunde zurück. Sie haben alte Fischerleinen gefunden und Angelhaken dabei. Thorstens Augen leuchten. „Mutti, wann gehen wir zusammen fischen?", will er wissen. „Morgen abend", verspreche ich ihm. „Ich werde Torawas bitten, uns sein Boot zu leihen, und dann besorge ich noch einige Köder."

Mit der untergehenden Sonne fahren die Eingeborenen aufs Meer hinaus, und wir schließen uns in Torawas Einbaum an. Mit den Worten „Getin vanpela, bigpela, pis vor mipela!" – „Bringt einen großen Fisch für mich mit!", hatte Torawas uns verabschiedet.
Es ist traumhaft schön. Ruhig schlagen die Paddel ins Wasser, und

die Sonne schickt ihre letzten Strahlen über den glatten Wasserspiegel. Irgendwann ist sie versunken, und das Meer liegt wie ein schwarzer Teppich unter uns. Längst haben wir die anderen Boote aus den Augen verloren. Kein Laut ist zu hören, und mir ist etwas unheimlich zumute. Thorsten greift bereits nach dem ersten Köder und bestückt seinen Angelhaken. Dann wirft er die Leine mit Schwung ins Wasser. „Nur Mut", rede ich mir selbst zu, und rutsche ein Stück nach vorne, um mir ebenfalls einen Köder auszusuchen. In diesem Augenblick verlagert sich das Gewicht, der flache Einbaum taucht mit dem Bug ins Meer und binnen Sekunden steht mir das Wasser buchstäblich bis zum Hals. „Schwimm, Mutti, schwimm!", schreit Thorsten mir zu. Das Wasser schlägt über mir zusammen, ich denke an den tiefschwarzen Pazifik unter mir. Panik ergreift mich. Wohin soll ich schwimmen? Ich paddle mit Armen und Beinen, drehe mich im Kreis. Welche Richtung soll ich einschlagen? Nichts als Dunkelheit um mich herum. Irgendetwas berührt mein Bein. In meiner Hysterie denke ich an Haie und schwimme los, in Todesangst. Automatisch bewegen sich meine Arme und Beine, ich kämpfe mich voran, merke allmählich, wie die Kraft nachlässt. Ich bekomme kaum noch Luft, meine Lunge schmerzt. „Schwimm weiter, schwimm einfach weiter", sage ich zu mir selbst. Irgendwann spüre ich tatsächlich, wie mein Knie sandigen Boden berührt. Um mich zu vergewissern, taste ich mit dem Fuß nach unten. Tatsächlich. Auf allen vieren krabbele ich erschöpft an den rettenden Strand. Und plötzlich durchzuckt mich der Gedanke an Thorsten. Ich war so in Panik geraten, dass ich mein Kind darüber vergaß! Mit zittrigen Beinen rapple ich mich hoch, stiere über das Wasser in die pechschwarze Nacht und rufe immer wieder seinen Namen: „Thorsten!" – „Lieber Gott, behüte mein Kind, bitte, beschütze meinen Sohn!", flehe ich im Gebet. Und wieder rufe ich seinen Namen übers Meer. Keine Antwort, nichts. Doch dann vernehme ich leise Paddelschläge. Sie kommen langsam näher. „Thorsten?", rufe ich hoffnungsvoll in die Nacht hinein. Nur schemenhaft erkenne ich ein Kanu, in dem eine Gestalt kniet. Es ist Thorsten, mein Sohn. Weinend falle ich ihm um den Hals, stammle unzusammenhängende Worte. „Beruhige dich, Mutti", tröstet er mich, „es ist ja alles gut." Und dann erzählt er mir, was geschehen ist: „Als du aus dem Kanu gefallen warst, richtete es sich von alleine wieder auf. Allerdings hatte ich dich aus den Augen verloren, und mein Rufen hörtest du anscheinend nicht. Ich schöpfte schließlich das Wasser mit den Händen aus und konnte weiter paddeln. Irgendwann hörte ich, wie du meinen Namen gerufen hast; so konnte ich zumindest die Richtung peilen und ans Ufer paddeln. Und jetzt bin ich ja da." Gemeinsam ziehen wir das Kanu aus dem Wasser, tasten uns im Dunkeln, aneinandergeklammert, nach Hause. Unser Schutzengel hat heute Nacht ordentlich Arbeit mit uns gehabt. Aber er hat einen guten Job gemacht.

Als wir endlich zuhause ankommen, hat Wolfgang natürlich wieder die Lichtmaschine ausgestellt. Es interessiert ihn nicht, wo wir sind und was wir tun. Weil ich ihn kenne, hatte ich vorsorglich meine Taschenlampe auf die unterste Treppenstufe gelegt. So finden wir leichter nach oben. Als wir in unsere Zimmer schleichen, sind wir nicht mehr nur Mutter und Sohn; wir sind Verschworene geworden, die ein gefährliches Unterfangen gemeinsam überstanden haben.

Drei Wochen ist Thorsten nun schon bei uns. Ich genieße die Zeit mit ihm in vollen Zügen: Schon morgens schwimmen wir gemeinsam im Meer, machen uns gegenseitig auf die Schönheiten der Unterwasserwelt aufmerksam. Tagsüber streifen wir durch die Gegend, lachen und reden viel miteinander. Es tut so gut, mit seinem Kind zusammen zu sein. Nur Wolfgang ist unsere Fröhlichkeit ein Dorn im Auge: „Das Kanakenleben muss mal wieder ein Ende haben!", schimpft er. „Sorge dafür, dass er sich gefälligst hinsetzt und lernt!"
Meinen Einwand, Thorsten doch wenigstens sechs Wochen Ferien zu gönnen, in Deutschland hätte er sie ja auch, lässt er nicht gelten. Auch am nächsten Tag findet Wolfgang wieder Grund zu Nörgeleien: „Du machst noch ein richtiges Muttersöhnchen aus ihm! Wenn es so weitergeht, wird er nie ein richtiger Mann!", prophezeit er mir. Es ist

ein täglicher Kleinkrieg, der mich allmählich zermürbt. Warum nur kann sich Wolfgang nicht einfach darüber freuen, dass unser Sohn bei uns ist? Es sind doch nur wenige Wochen im Jahr, die wir zusammen verbringen! Ich weiß, dass es nicht mehr viel braucht, um das Fass zum Überlaufen zu bringen. Die Situation eskaliert bereits am nächsten Tag, als Thorsten von einem Besuch bei Mosley aus dem Dorf zurückkehrt und Wolfgang zufälligerweise früher aus dem Büro kommt: „Wie du rumläufst! Du bist von einem Kanaken nur durch die Hautfarbe zu unterscheiden", brüllt er Thorsten an. „Du bist doch ein Europäer, also benimm dich gefälligst auch so! Wenn die in Salem dich so sehen könnten!"

In diesem Moment hasse ich meinen Mann. Er weiß genau, was das Wort Salem in Thorsten auslöst. Wütend gehe ich auf Wolfgang los, trommle mit meinen Fäusten auf seine Brust: „Hör endlich auf damit! Er ist doch dein leiblicher Sohn! Wie kannst du nur so grausam sein! Nicht einmal mit seinem Stiefsohn würde man so umgehen!" Wolfgang holt aus, erwischt mich am Arm und schleudert mich mit Wucht gegen den Schrank. Ich strauchle, versuche mich noch zu fangen und knalle trotzdem gegen die Kante. Mein Kopf schmerzt, und als ich mir an die Stirn fasse, habe ich Blut an den Händen. Die Tränen laufen mir über die Wangen, ich rapple mich hoch und stürze aus dem Haus. Die Welt um mich herum nehme ich nur wie durch einen Schleier wahr. Erst am Strand bleibe ich stehen, hole erst einmal tief Luft. Dann lasse ich mich schluchzend in den Sand fallen. Plötzlich nimmt mich jemand fest in den Arm: „Mutti, lass dich nicht so fertig machen!", beschwört Thorsten mich. „Reg' dich vor allem nicht wegen mir auf. Das ist leichter zu ertragen als Salem!", tröstet er mich.

Schweigend sitzen wir nebeneinander im Sand, schauen über das spiegelglatte Wasser. Mitten im Meer liegt ein kleiner grüner Farbklecks, der schon seit längerem unsere Aufmerksamkeit auf sich zieht. Es ist eine kleine Insel, die von den Einheimischen „Pidgin-Island" genannt wird, weil sie nachts Tausenden von Tauben eine Schlafstatt bietet. In meinem Kopf setzt sich eine Idee fest: Wir würden uns ein eigenes Boot besorgen und diese Insel für uns erobern. Es wird unsere Insel werden.

Ich weiß, dass ich meinen Mann mit derartigen Ideen nicht behelligen muss; er hat kein Verständnis dafür. Also lade ich Werner und Anne zu uns ein. Beim gemeinsamen Abendessen eröffne ich ihnen meinen Plan: „Ich brauche ein kleines, seetüchtiges Boot. Thorsten hat bald Geburtstag, und ich möchte ihn damit überraschen." Werner verspricht mir, sich umzuhören. Ich weiß, ich kann mich auf ihn verlassen. Werner wird ein Boot auftreiben. Dann erzählt er mir noch – ich vermute mal nicht ganz ohne Hintergedanken – dass sein Freund Tommy Cher einen Wurf junger Hunde bekommen hat, für die er ein neues Zuhause sucht. Werner weiß, wie sehr Thorsten und ich Tiere lieben. Ein Hund – das wäre eine echte Überraschung für unseren Sohn! Und vielleicht könnte ich sogar meinen pragmatischen Mann davon überzeugen, dass ein Wachhund gar nicht so unnütz wäre …

Am nächsten Tag locke ich Thorsten unter einem Vorwand ins Auto: „Komm, fahr doch mit mir zum Einkaufen, du kannst mir beim Tragen helfen", bitte ich ihn. Als ich dann in die Einfahrt zu Tommy Chers Haus einbiege, sehen wir schon sechs Welpen durch den Garten toben. Thorsten und ich sind von den kleinen übermütigen Knäueln hingerissen. Besonders der Größte und Wildeste unter ihnen, ein fuchsfarbener Rüde, hat es uns angetan. Ich bin ganz außer mir vor Freude und kann unmöglich bis zu Thorstens Geburtstag warten. „Möchtest du ihn haben?", platze ich damit heraus. „Ich schenke ihn dir." Ich weiß, dass ich eigentlich erst Wolfgang fragen müsste. Aber ich vermute auch, dass er wohl – trotz guter Argumente – niemals seine Zustimmung erteilen würde. Thorsten strahlt mich an. Er findet gar keine Worte. Voller Stolz und Zärtlichkeit drückt er den kleinen Kerl an sich. „Ein Hund, ein Hund, ein eigener Hund", stammelt er schließlich nach einer ganzen Weile gerührt und presst sein Gesicht in das weiche Fell. Er will mit den Liebkosungen gar nicht mehr aufhören. Ich kann diese Freude unmöglich zunichte machen, deshalb schlage ich vor: „Wir nehmen ihn gleich mit nach Hause!"

„Nein, Misses Reder, der Hund ist erst sechs Wochen alt und sollte noch etwas länger bei seiner Mutter bleiben", wirft Frau Cher ein. Wir bitten und betteln aber so sehr, dass sie nachgibt, und wir den Welpen mit nach Hause nehmen dürfen. Im Auto – Thorsten hat den Kleinen natürlich auf dem Schoß – überlegen wir, wie wir ihn nennen wollen. „Hektor", schlage ich vor, „wie den Helden in der griechischen Sage." Thorsten ist einverstanden.

Wolfgang reagiert wie erwartet und es kommt zu einer heftigen Auseinandersetzung zwischen uns. Mein Argument, dass Hektor, wenn er etwas größer sei, als Wachhund sicher gute Dienste täte, lässt er schließlich zähneknirschend gelten. „Aber der Hund kommt mir nicht ins Haus!", entscheidet er. Thorsten und ich geben nach: Hektor muss über Nacht draußen bleiben.

Es zerreißt uns fast das Herz, als wir Hektor in der ersten Nacht nach seiner Mutter und seinen Geschwistern weinen hören. Ich mache kein Auge zu und schleiche ins Wohnzimmer. Dort kauert Thorsten bereits weinend auf der Couch: „Mutti, wir können ihn doch nicht so allein da draußen lassen! Er ist doch noch so klein!" Ich schüttle nur traurig den Kopf. „Da müssen wir alle drei durch", versuche ich Thorsten zu trösten.

Doch in der zweiten Nacht hält er es nicht mehr aus: Thorsten riskiert einen Wutanfall seines Vaters und holt Hektor in sein Bett, wo er in seinen Armen einschlafen darf. Ab diesem Zeitpunkt fühlt sich der kleine Kerl bei uns pudelwohl. Er weicht uns nicht mehr von der Seite und begleitet uns auf Schritt und Tritt.

Nur mit dem Meer kann er sich lange Zeit nicht so recht anfreunden. Wenn Thorsten und ich zum Schwimmen gehen, rennt er aufgeregt bellend am Strand hin und her. Doch eines Tages scheint der Wunsch, bei uns zu sein, doch größer als die Angst vor dem Wasser. Ich liebe es, mich jeden Tag im Wasser ausgestreckt treiben zu lassen, während ich durch die Schnorchelbrille die Unterwasserwelt bewundere. Fische kommen hautnah an mich heran, ziehen in Schwärmen gleichmäßig und lautlos durch das Wasser. Plötzlich nehme ich einen Schatten wahr, etwas Großes streift mich am Rücken. „Ein Hai!?", durchfährt es mich. Dann ein Kratzen. Ich lache erleichtert auf. Es ist Hektor, der endlich seine Wasserscheu überwunden hat und zu uns herausgeschwommen ist. Er beschränkt den Kontakt mit dem nassen Element allerdings aufs Notwendigste, klettert mir sofort auf den Rücken und lässt sich „Huckepack" tragen. Ab diesem Zeitpunkt schwimmt Hektor immer mit uns hinaus, und der tägliche Ritt wird zur lieben Gewohnheit. Wenn wir drei vom Schwimmen zurückkommen, stehen die Dorfbewohner am Strand, schlagen vor Spaß die Hände auf die Oberschenkel und lachen lauthals über ihre Missis, den Hund und den „Master Nummer Zwei": „Lukim Missis an master namba tu an dog bilong em!"

Thorsten feiert heute seinen 14. Geburtstag. Und ich hatte Recht: Ich kann mich auf Werner verlassen, er hat ein altes Boot gefunden, die Löcher gespachtelt, es in den bayerischen Farben weiß-blau gestrichen und einen 45-PS-Außenbordmotor montiert. Ich wünsche mir oft, dass Wolfgang seine Liebe zu seinen Kindern auch einmal dadurch ausdrücken möge, dass er einfach etwas *für sie tut* – oder einfach etwas *mit ihnen tut.* Aber Wolfgangs Fürsorge beschränkt sich auf das monatliche Überweisen des Internatsgeldes. Vielleicht hätte Wolfgang besser nie eine Familie haben sollen.
Ich verdränge die negativen Gedanken, konzentriere mich auf das Packen des Picknickkorbes und freue mich schon auf Thorstens Gesicht, wenn er sein Geburtstagsgeschenk unten am Strand liegen sieht. Wir werden zur Feier des Tages mit dem Boot nach Pidgin Island hinausfahren und dort den Tag mit Freunden verbringen. Anne und Werner, Mosley und Hektor werden mitkommen. Und, oh Wunder, sogar Wolfgang habe ich überreden können, mitzufahren. Für ihn packe ich eine Hängematte ein, in die er sich zurückziehen und ungestört lesen kann.
Gemeinsam machen wir uns auf den Weg zum Strand. Als Thorsten das Boot im Wasser liegen sieht, leuchten seine Augen auf: „Werner, du hast ein Boot besorgt!", jubelt er. „Fahren wir hinaus nach Pidgin-Island?" Werner grinst und hält die Schlüssel hoch: „Es ist dein Boot,

Thorsten, ein Geschenk deiner Eltern zum Geburtstag!" Ich sehe das ungläubige Staunen in seinem Gesicht, dann helle Begeisterung. Mit einem Aufschrei fällt er mir um den Hals: „Danke, Mutti, danke!" „Es war die Idee deines Vaters", lüge ich. Ich wünsche mir so sehr, dass sich das Verhältnis zwischen den beiden endlich bessert.

Später auf der Insel bemerke ich, wie rührend sich Thorsten um seinen Vater kümmert. Er sucht zwei passende Bäume für die Hängematte aus, hilft eifrig, sie zu befestigen, versorgt ihn mit einem kühlen Bier und der Zeitung. Dann gehen Mosley und er auf die Südseite der Insel zum Speerfischen.

Wir anderen liegen auf Kokosmatten im Sand, schauen in den wolkenlosen Himmel und das türkisblaue Meer, gehen zwischendurch Schwimmen. Für mich sind diese Stunden eine von Gott geschenkte Zeit, und ich danke ihm, dass ich doch ein ganz wunderbares Leben führe.

Mit meiner Schnorchelbrille wage ich mich heute etwas weiter hinaus. Der Insel ist ein großes Korallenriff vorgelagert, das am Ende steil ins Meer abfällt. Fasziniert bewundere ich die Schwärme farbenprächtiger Fische unter mir. Im sich brechenden Sonnenlicht leuchten sie miteinander um die Wette. Doch plötzlich stockt mir der Atem. Direkt unter mir schwimmt ein Hai! Unglaublich elegant gleitet er durch das Wasser. Trotz aufkommender Panik kann ich mich von diesem Anblick nicht losreißen. Fasziniert beobachte ich ihn. Und gleichzeitig fühle ich, wie mein Herz immer schneller schlägt. Natürlich habe ich Angst, gleichzeitig zwinge ich mich aber, Ruhe zu bewahren. Irgend jemand hat mir mal erzählt, dass Haie Menschen nicht von sich aus angreifen, solange man sie nicht reizt oder ihre Aufmerksamkeit erregt. Ob er mich auch wahrnimmt? Regungslos liege ich da und wage kaum zu atmen. Meter um Meter lasse ich mich mit den Wellen in Richtung des sicheren Ufers treiben, ohne den Raubfisch auch nur eine Sekunde aus den Augen zu lassen. Mein Herz pocht so laut, dass ich das Gefühl habe, der Hai müsste es hören können. Als meine Zehen endlich festen Boden ertasten, atme ich erleichtert auf. Gerettet. Mit zitternden Knien wate ich aus dem Wasser und sinke in den heißen Sand. So ein Abenteuer brauche ich nicht alle Tage. Aber vielleicht war es auch das erste und letzte Mal, dass ich einem Hai so nah war.

Von weitem sehe ich das Flackern des Lagerfeuers. Ich raffe mich auf und laufe zu den anderen hinüber, um ihnen von meinem Abenteuer zu erzählen.
Anne reicht bereits die ersten Köstlichkeiten – gegrillte und auf Bananenblättern appetitlich angerichtete Fische, Krebse und Muscheln – zur Vorspeise. Anschließend gibt es die von mir vorbereiteten Schnitzel mit Kartoffelsalat, denn frische Luft und Wasser machen hungrig.

Am späten Nachmittag drängt Werner zum Aufbruch. Die See hat sich verändert, weiße Schaumkronen tanzen auf dem Wasser und kündigen schlechtes Wetter an. Als wir zurückfahren, warnt Werner meinen Sohn: „Solltest du einmal auf der Insel sein und Sturm kommt auf, bleibe über Nacht dort. Es kann dir nichts passieren. Aber es wäre lebensgefährlich, sich bei rauer See auf den Heimweg zu machen. Die Strömung ist hier tückisch!"
Ich erinnerte mich später oft an diese mahnenden Worte, wenn Thorsten mit dem Boot unterwegs war und auch nach Einbruch der Dunkelheit nicht nach Hause kam. Es waren schreckliche Nächte, die ich in Angst verbrachte, und in denen ich mir immer die Frage stellte, ob er sicher auf der Insel abwartete, oder ob ihm vielleicht doch etwas zugestoßen war. Beim ersten Morgendämmern stand ich am Strand und suchte voller Verzweiflung mit den Augen das Meer ab, bis ich am Horizont einen kleinen Punkt entdeckte, der langsam näher kam. Ich beruhigte mich erst, wenn ich meinen winkenden Sohn erkannte. Und Torawas, der oft neben mir stand, strahlte mich dann an: „Em nau, Missis!", „Er hat es geschafft!"

Vor einigen Wochen fing für Thorsten der Unterricht wieder an. Wir hatten lange überlegt und nach Lösungen gesucht, wie wir ihm zumindest ein Minimum an Lernstoff vermitteln können, damit er nicht völlig aus dem Takt ist, wenn sein Jahr in Papua zu Ende geht. Jetzt nimmt er bei Bruder Henry in der Missionsstation Unterricht in französischer Sprache. Wir lernten Bruder Henry durch Father Franz kennen, und anfangs erschrak ich bisschen, als ich ihn sah: Er ähnelt mehr einem Piraten als einem Gottesmann. Über seine Glatze zieht sich eine breite, rote Narbe, und sein kantiges Gesicht strahlt eher verwegene Abenteuerlust als Demut und Gottesfurcht aus. Bruder Henry hat tatsächlich in der Fremdenlegion gedient, die Mission in Papua ist für ihn im Alter Zufluchtsort geworden. Bruder Henry kann wie ein Landstreicher fluchen, und die gröbsten Witze habe ich von ihm gehört. Sein Englisch mit französischem Akzent war für mich anfangs sehr gewöhnungsbedürftig, aber mit der Zeit lerne ich, ihn zu verstehen. Und genau wie Father Franz wurde er ein Freund für uns.

Ich habe Thorsten bereits mehrmals gerufen, weil wir losfahren müssen, bekomme aber keine Antwort. Schließlich nehme ich die Autoschlüssel und trete schon einmal vors Haus, in der Hoffnung, ihn dort irgendwo anzutreffen. Eine Gruppe Dorfbewohner hat sich am Strand versammelt und starrt angestrengt aufs Meer hinaus, und es kommen immer mehr Menschen hinzugelaufen. Was ist dort los? Plötzlich packt mich die Angst. Sollte etwas mit Thorsten – ? So schnell ich kann, laufe ich hinunter ans Wasser. Und dort entdecke ich meinen Sohn auch gleich zwischen den dunklen kraushaarigen Köpfen. „Lukim Missis!", fasst mich ein kleiner Junge an der Hand und deutet mit seinem kleinen Zeigefinger hinaus aufs Meer. Ich hebe den Kopf und blicke in die angezeigte Richtung – und kann kaum glauben, welch ein Schauspiel sich mir dort bietet: Unzählige Leiber von Stachelrochen bringen das Meer förmlich zum Brodeln. Stachelrochen sind Fische, die sonst nur einzeln anzutreffen und wirklich nur selten zu sehen sind. Ein junger Bursche aus dem Dorf balanciert mit seinem Kanu auf den Körpern der Fische. Ich bete, dass das Boot nicht umkippen möge, denn die rassiermesserscharfen und giftigen Schwanzenden könnten tödlich für ihn sein. Immer wieder stelle ich voller Bewunderung fest,

welch muskulöse Körper die Jungen hier haben. Plötzlich stößt der Bursche blitzschnell einen Speer in das Gewimmel und zieht unter den anfeuernden Rufen der Dorfbewohner einen zappelnden Stachelrochen in sein Boot. „Schade", denke ich bei mir, „so ein prächtiges Exemplar!" Aber das Abendessen der Dorfbewohner ist heute gesichert.
„Was steht ihr denn noch hier rum? Ihr werdet zu spät kommen, wenn ihr so trödelt!", höre ich plötzlich eine Stimme neben mir. Es ist Wolfgang, der mich jäh in die Wirklichkeit zurückholt. Schnell schnappe ich Thorsten, und wir fahren los.

Bruder Henry unterrichtet Thorsten nach seinem Dienst in der Mission am Abend. Für mich bedeutet das, dass ich Thorsten gegen 16 Uhr zur Mission bringe und abends gegen 23 Uhr wieder abhole. Die Fahrt dauert fast eineinhalb Stunden. Normalerweise hören wir unterwegs Panflötenmusik, doch heute beschäftigt uns nur ein einziges Gesprächsthema: Welchen Grund mag es gegeben haben, dass die Rochen in so großer Zahl so nahe an den Strand kamen?
Als wir die Mission erreichen, wartet Bruder Henry schon ungeduldig vor der Schule. „Hol mich bitte pünktlich ab", bittet Thorsten noch, als er aussteigt. Ich fahre zurück, um wenige Stunden später erneut aufzubrechen.

Der Weg zum Missionsgelände führt mich quer durch den Busch; riesige Gummibäume, deren Kronen sich zu einem Dach schließen, muten an als bewege man sich durch einen grünen Tunnel. Eigentlich macht es mir nichts aus, den Weg alleine zurückzulegen. Nur Freitags ist mir die Strecke in der Nacht unheimlich. Denn alle vierzehn Tage ist Freitags „pay day", dann wird der Lohn an die Einheimischen ausgezahlt und meist sehr schnell in Alkohol umgesetzt. Mit den „wantoks", den „Verwandten", wird gefeiert, und immer wieder hört man speziell am pay day von gefährlichen Übergriffen, weil der Alkohol leider auch hier die Menschen zum Negativen verändert. Kein Weißer ist am pay day auf der Straße, geschweige denn im

Busch zu sehen, und wir wurden schon bei unserer Ankunft gewarnt, freitagabends zuhause zu bleiben und die Türen zu verriegeln.
Ich habe ein komisches Gefühl in der Magengegend. Nichtsdestotrotz muss Thorsten vom Unterricht abgeholt werden. „Fahr doch bitte mit", bitte ich Wolfgang an diesem Abend. „Nein, ich habe keine Lust", grummelt er. „Wolfgang, bitte, ich will nicht alleine fahren. Wenn ein Reifen platzt oder ich stecken bleibe, möchte ich nicht alleine sein. Ich habe einfach Angst!", erkläre ich ihm. „Und ich bin müde und will schlafen", antwortet er.
„Du kannst dich doch hinten in den Wagen legen und schlafen", schlage ich vor. „Ich fahre nicht!", entscheidet er. „Du benimmst dich doch schon wie ein Kanake, also brauchst du vor denen auch keine Angst zu haben. Und wenn du nicht fahren magst, muss der Herr Sohn eben bei Bruder Henry übernachten."
Dieser Egoismus ist typisch für Wolfgang. Hauptsache, er hat seinen geregelten Schlaf. Es kommt ihm gar nicht in den Sinn, einmal etwas für einen anderen zu tun. Ich bin traurig und enttäuscht und breche dann doch alleine auf.

Angespannt und nervös sitze ich hinter dem Steuer. Überall glaube ich, Fratzen zu sehen, die mich aus dem Dickicht der Äste anglotzen. Die Angst schnürt mir die Kehle zu. Ich habe die Knöpfe der Türen nach unten gedrückt und versuche, mich durch Musik abzulenken. Endlich biege ich in die Einfahrt zur Schule ein. Thorsten wartet schon auf mich. Auch er ist sehr müde, klappt den Sitz zurück und schläft relativ schnell ein. Auf dem Rückweg ist meine Angst nicht weniger geworden. Wir sind etwa seit einer halben Stunde unterwegs, die Straße macht eine Biegung. Ich spüre, irgendetwas wird gleich geschehen. Wie ein Tier wittere ich die aufkommende Gefahr. Ich schalte das Fernlicht ein. Und plötzlich sehe ich sie: die Wilden stehen direkt im Scheinwerferlicht, eine größere Gruppe Männer, jeder mit einer Machete bewaffnet. „Drück deinen Türknopf runter!", schreie ich Thorsten verzweifelt an. Er schreckt aus dem Schlaf hoch, reagiert aber sofort. Die Männer bauen sich auf der Sandpiste

auf, versperren uns den Weg. Ich verringere das Tempo nur minimal, fahre einfach auf die Schwarzen zu. „Und wenn ich euch unter den Rädern zermalmen muss, ich werde nicht anhalten", rede ich mir selbst zu. Mein Herz klopft bis zum Hals. Sie verharren regungslos in geduckter Haltung. Ich weigere mich, abzubremsen. Meine Augen sind starr nach vorne gerichtet, die Hände umkrampfen das Lenkrad. In letzter Sekunde springen sie auf die Seite, schlagen wütend mit den Macheten auf unser Auto ein. Unter dumpfen Schlägen trete ich das Gaspedal durch und versuche die Kontrolle über den Wagen zu behalten. Nur allmählich bremse ich ab.
Thorsten begreift erst jetzt, was wirklich passiert ist. Und mir zittern so die Knie, dass ich kaum mehr Gas geben kann.
Mitternacht ist längst vorbei, als wir zuhause ankommen. Hektor, der von Wolfgang nach draußen gesperrt wurde, kommt uns winselnd entgegen. Weinend schließen wir unseren Hund in die Arme. „Mutti, du bist ganz große Klasse!", sagt Thorsten nur. Ich bin froh, als wir mit der Taschenlampe die Stufen hochgehen und endlich die Tür hinter uns abschließen können.

Weihnachten steht vor der Tür, und ich habe gestern ein langes Telefongespräch mit Petra, die in wenigen Tagen kommen wird, geführt. Bald werde ich meine Familie wieder komplett um den Tisch versammelt haben! Voller Begeisterung stürze ich mich in die Vorbereitungen, backe Plätzchen, bestelle das Fleisch für die Feiertage. Ich lade gerade meine Einkäufe in der Küche ab, als Wolfgang herein kommt und mit einem Umschlag wedelt. „Guck mal, wir sind eingeladen!", ruft er vergnügt. „Und jetzt rate mal, von wem?" Neugierig schaue ich hoch. Was mag das für eine Einladung sein, die bei meinem Mann soviel Fröhlichkeit auslöst? „Werner?", rate ich. Er schüttelt den Kopf. „Eva? Oder vielleicht Father Franz?" Wolfgang grinst und schüttelt wieder den Kopf. „Na zeig schon her!", fordere ich ihn lachend auf und versuche, den Umschlag zu erhaschen. Wir albern herum, ich bekomme den Umschlag natürlich nicht zu greifen, aber schließlich händigt Wolfgang ihn mir mit einem triumphierenden Lächeln aus.

Jetzt bin ich doch sehr gespannt. Ich ziehe eine große Karte heraus, die mit Wappen und der Landesfahne bedruckt ist. „Wow!", entfährt es mir. Wir sind in der kommenden Woche zu einer Weihnachtsfeier von höchster Stelle beim Premierminister eingeladen:

„Provincial Government of East New Britain
The Premier Ronald Tovue
Cordially request the pleasure of the company of Mr. and Mrs. Reder
To attend investiture by His Excellency
The Governor General of Papua New Guinea
Sir Tore Loko Loko."

Ebenfalls zu Gast sein werden der deutsche Botschafter und seine Frau; sie kommen bereits am Morgen mit der Maschine aus Rabaul an. Wolfgang schlägt vor, dass wir die beiden, die wir ja bereits aus Port Moresby kennen, an dem besagten Tag zum Mittagessen zu uns einladen, um uns für ihre Gastfreundschaft in der Hauptstadt zu bedanken. Ich stimme begeistert zu, und überlege sogleich fieberhaft, was ich an dem Tag servieren könnte. Wolfgang lacht, als ich mit immer neuen Ideen ankomme, das meiste davon aber wieder verwerfen muss, weil es sich hier vor Ort nur schwer umsetzen lässt oder nicht zu beschaffen ist. Schließlich habe ich mich entschieden: Ich werde ein typisch deutsches Menü zaubern und meine Gäste hoffentlich überraschen…

Zufrieden schenke ich mir ein Gläschen Brandy ein. Der Druck ist von mir gewichen, mit dem Kochen bin ich fertig. Die Rouladen sind zart wie Butter, die Sauce schmeckt köstlich. Frische Prinzessbohnen, mit etwas Speck angemacht, lassen mir das Wasser im Munde zusammenlaufen. Und der Apfelkuchen ist mir besonders gut gelungen, ich bestreue ihn noch mit Zimt und Zucker. Er duftet so gut, dass ich mich beherrschen muss, nicht jetzt schon ein Stück davon zu naschen. Auch der Mangokuchen ist ein Gedicht. Die Kinder aus dem Dorf haben mir die schönsten Früchte dafür von den Bäumen gepflückt.

Ich überprüfe noch den gedeckten Tisch. Mit den wenigen Mitteln, die mir hier zur Verfügung stehen, habe ich ein wahres Kunstwerk geschaffen. Gerade kommt Clothilde aus dem Garten herein, einen Korb mit duftenden Blüten über dem Arm. Wir verteilen sie geschickt in einfache Vasen und sind sehr stolz auf uns, als wir feststellen, wie festlich unser Zuhause jetzt wirkt. Die Franchipaniblütenkränze, die bereits für die Gäste bereit liegen, verströmen ebenfalls einen intensiven Duft im Zimmer.

Wolfgang und Thorsten sind zum Flughafen nach Rabaul gefahren, um den Botschafter und seine Frau abzuholen. Sie müssen jeden Augenblick eintreffen. „Missis, Masta i kam!", ruft Torawas auch schon von der Haustür her. Ich nehme die Blumengebinde und gehe ihnen entgegen. „Herzlich willkommen in unserem bescheidenen Zuhause", sage ich, und lege Frau von Sänger den Blütenkranz um den Hals. „Oh, was für ein reizender Empfang!", antwortet sie und streckt mir ihre Hand zur Begrüßung entgegen. „Was für ein berauschender Duft", schwärmt der Botschafter und steckt seine Nase in das Gebinde. Sein Händedruck ist fest und angenehm, das erste Eis ist gebrochen. „Jetzt kommen Sie doch erst einmal ins Haus, das Essen ist bereits angerichtet. Nach dem Flug brauchen Sie sicher erst einmal eine Stärkung", lade ich die beiden ein. Anfangs ist die Unterhaltung noch etwas steif, aber nach einem guten Tropfen Wein und dem wirklich gelungenen Hauptgang lockert sich die Stimmung. Angeregt unterhalten wir uns über alle möglichen Themen. Frau von Sänger und ich stellen schnell fest, dass wir als Frauen auf der gleichen Wellenlänge liegen. Ich merke, wie gut es tut, nicht mehr von der Außenwelt abgeschlossen zu sein, und ich fühle auch, wie sehr ich das Gespräch mit einer Freundin vermisse.
Der Botschafter unterhält sich angeregt mit Thorsten: „Wie gefällt es dir hier?", höre ich ihn fragen. „Hast du dich schon eingelebt?" Noch bevor Thorsten antworten kann, spricht sein Vater für ihn: „Ja, viel zu gut. Er ist von den Kanaken nicht mehr zu unterscheiden", antwortet er. In mir keimt die Wut. Er kann es einfach nicht lassen, seinen Sohn

vor anderen zu demütigen. Ich versuche die Situation zu retten: „Thorsten kann sich schon perfekt mit den Dorfbewohnern in Pidgin unterhalten. Ich bin stolz auf ihn, dass er die Sprache so schnell gelernt hat." Thorsten schaut mich dankbar an. Nach dem Essen murmelt er etwas von „lernen müssen", um weiteren Sticheleien seines Vaters aus dem Weg zu gehen.

Wir Erwachsenen beschließen, eine Runde spazieren zu gehen, bevor wir uns dem Kuchen widmen. Hektor tobt ausgelassen neben uns her – der lange Rock Frau von Sängers, der lustig im Wind flattert, hat es ihm angetan. Doch bevor er das Kleidungsstück zwischen seine Zähne bekommt, sperre ich ihn ins Haus ein, in der Gewissheit, dass Thorsten sich um ihn kümmert.

Als wir vom Spaziergang zurückkehren, eile ich in die Küche – und bleibe wie vom Donner gerührt stehen. Schuldbewusste Hundeaugen blicken mich treuherzig an. Auf dem Boden und in Hektors Fell verschmiert erkenne ich die Überreste der Torte und des Apfelkuchens. Mir entfährt ein Schrei, woraufhin Hektor erschrocken aufspringt und winselnd unter das Sofa schlüpft.
Von meinem Aufschrei alarmiert, taucht Wolfgang hinter mir auf. Mit einem Blick interpretiert er das Chaos. „Wo ist eigentlich dein Sohn?", brüllt er los. „Er wollte den Köter unbedingt haben, also soll er auch auf ihn aufpassen! Der Hund kommt weg!" Damit packt er das winselnde Häufchen Elend, das vor Schreck noch einen Haufen ins Wohnzimmer setzt, und wirft es in hohem Bogen vor die Tür. In diesem Moment kommt auch Thorsten, den ich eigentlich in seinem Zimmer vermutete, durch die Tür. „Bitte, mein Schatz, nimm deinen Hund und mach' einen langen Spaziergang mit ihm", raune ich ihm zu. Dann versuche ich den größten Dreck zu beseitigen.

Das Benehmen meines Mannes ist jedem peinlich. In ruhigem Ton mischt sich der Botschafter ein: „Wenn der Kuchen so hervorragend geschmeckt hat wie das Mittagessen, kann ich den Hund gut verstehen", sagt er lächelnd. Auch Frau von Sänger versucht einzulenken: „Es ist nur schade um die viele Arbeit, die Sie sich gemacht haben. Aber heute Abend gehen wir doch groß essen, da genügt jetzt auch eine Tasse Kaffee."

Als der Botschafter und seine Frau sich zurückgezogen haben, um sich für die abendliche Feier umzuziehen, und Wolfgang und ich alleine sind, beschließe ich, ein ernstes Wort mit ihm zu reden. Wut treibt mir Tränen in die Augen. Ich atme tief durch, um den Kloß, der mir in der Kehle sitzt, loszuwerden. „Ist was?", fragt Wolfgang scheinheilig. Da platzt mir der Kragen: „Und ob etwas ist!", fahre ich ihn an. „Dein Benehmen uns gegenüber schreit zum Himmel! Ich werde nicht mehr länger mit ansehen, wie du Thorsten und mich systematisch kaputt machst. Von mir aus kannst du heute Abend allein zum Empfang gehen!"
„Häschen, es tut mir ja so Leid", schmeichelt er und spielt den Geknickten. „Ich werde mich bestimmt bessern. Und damit wir nicht zu spät kommen, ziehst du dir jetzt etwas Schönes an und machst dich richtig schick. In der Zwischenzeit kümmere ich mich um unseren Sohn. Keine Angst, ich tu ihm schon nichts, du kannst dich auf mich verlassen", grinst er, gibt mir einen flüchtigen Kuss auf die Wange und verlässt das Zimmer. Ich werfe mich heulend aufs Bett. „Häschen" hat er zu mir gesagt. Was soll das? Er hat dieses Wort seit Ewigkeiten nicht mehr gebraucht. Und ich, die ich nach ein bisschen Zärtlichkeit und Zuwendung lechze, drehe mich wie ein Fähnchen im Wind.

Ein faszinierendes Abendrot überzieht den Himmel über East New Britain. Die Sonne versinkt vor einem lavendelfarbenen Himmel ins Meer, verwandelt das Wasser in scheinbar flüssiges Gold. Der Fahrer wartet bereits mit einer schwarzen Limousine, an der die deutsche Flagge als Standarte am Kühler weht, vor der Tür. „Schick siehst du aus, das Blau deines Kleides hat genau die Farbe deiner Augen", umschmeichelt mich mein Mann. Es ärgert mich, dass ich immer wieder seinem Charme erliege. Er kann mich noch so schlecht

behandeln, ein nettes Wort von ihm und ich bin Wachs in seinen Händen.
Der Botschafter und seine Frau kommen die Treppe herunter. Zärtlich hat er seinen Arm um ihre Schultern gelegt. Das schwarze Trägerkleid mit der weißen Stola verleiht ihrer Erscheinung etwas hoheitsvolles. Sie sind ein elegantes Paar. Auch meine beiden Männer haben sich in Schale geworfen: Thorsten trägt eine graue Hose mit weißem Hemd, Wolfgang einen beigen Anzug, den er sich Hongkong hat schneidern lassen. Ich zeige mich versöhnt und freue mich auf den besonderen Abend. Gemeinsam fahren wir zum Weihnachtsempfang des Premierministers ins Kaivuna-Hotel nach Rabaul.
Mit halbstündiger Verspätung kommen wir im Hotel an. Dem Stimmengewirr nach zu urteilen, ist die Party bereits in vollem Gang. Am Eingang werden wir vom Premierminister und dessen Frau empfangen. Ein Ober geleitet uns zu unserem Tisch. Auf unseren Plätzen liegen Knallbonbons und Hütchen aus Pappe, dazu kleine Rasseln aus Holz und anderer Krimskrams. Das Ganze erinnert mich eher an eine Faschingsveranstaltung als an eine Weihnachtsfeier.
Unsere Tischnachbarn sind bereits in aufgekratzter Stimmung, als wir uns zu ihnen setzen. Herrn Pelz, den Manager der ANZ-Bank in Rabaul, kennen wir bereits. Er ist homosexuell und stellt uns seinen heutigen Begleiter, einen gewissen Philip, vor. Dann sitzen noch Edi und Joyce Silber an unserem Tisch, ein Paar, das rein äußerlich überhaupt nicht zusammen passt: Sie eine wahre Matrone in einem giftgrünen Kleid, dessen Größe ich auf 46 schätze. Es scheint ihr immer noch zwei Nummern zu klein. Er ein spindeldürres Männlein, einen Kopf kleiner als sie. Der Anzug schlottert an seinem Körper. Mit den bunten Papphütchen auf dem Kopf scheint der Auftritt perfekt. Joyce Silber, die wir später noch näher kennen lernen sollen, ist eine sehr gesprächige Dame. Nach wenigen Stunden kennen wir ihre Lebensgeschichte: Die Silbers kommen ursprünglich aus Sydney, Australien, wo auch noch zwei ihrer Kinder, eine Tochter und ein Sohn, leben. Offensichtlich sind beide gut geraten, denn Joyce Silber gibt eine Geschichte nach der anderen von ihnen preis und scheint sehr

stolz auf sie zu sein. Wir erfahren auch, dass Herr Silber eine Schreinerei in Rabaul besitzt, in der der jüngste Sohn mitarbeitet.
Mir zur Rechten sitzt Jim, ein Engländer, wie er im Buche steht. Mit seiner charmanten Art und zahlreichen Geschichten unterhält er mich prächtig. Drinks werden serviert, dann der Wein. Wir stoßen auf einen schönen Abend an.
Vor dem Essen spielt eine Kapelle Papuas Nationalhymne. Alle Gäste erheben sich von ihren Stühlen, denn der Ministerpräsident, Sir Julius Chan und seine Frau Lady Stella sind eingetroffen. Thorsten flüstert mir zu: „Was für eine schöne Frau, Mutti!" Ich kann ihm nur beipflichten. Lady Stella ist eine bemerkenswerte Erscheinung. Ihre schulterlangen braunen Locken rahmen ein ebenmäßiges Gesicht ein. Ich frage mich, welcher Abstammung sie wohl sein mag. Sir Julius ist Halbchinese; leicht geschlitzte Augen, ein Lächeln auf den Lippen, zweifelsohne ebenfalls ein gut aussehender Mann in weißer Uniform und zahlreichen Orden auf der Brust. Hoheitsvoll schreiten beide zu ihrem Tisch. Die Kapelle spielt nun „God save the Queen", dann dürfen wir uns setzen.
Das Essen wir serviert. Als Entrée gibt es eine fein duftende Haifischflossensuppe, dann Truthahn in Minzsauce und verschiedene Gemüse. Den Abschluss bildet der berühmte Plumpudding mit Brandysauce. Ein exquisiter australischer Wein rundet das Ganze ab.

Nach dem Essen werden einige Tische zur Seite geschoben, um Platz für die Tanzfläche zu schaffen. Uns deutschsprachigen Gästen zur Ehre wird ein Wiener Walzer gespielt. Der Botschafter bittet mich um diesen Tanz. Schnell hat sich ein Kreis um uns gebildet, wir tanzen nur noch alleine und das Publikum klatscht den Takt mit. Ich genieße diese Stunden, lache viel und tanze, bis mir die Füße schmerzen. Es ist schon weit nach Mitternacht, als wir uns auf den Heimweg machen.

Am nächsten Morgen erwache ich in den Armen meines Mannes. Glücklich spüre ich seinen Körper, den er fest an meinen gedrückt hat. Wie sehr habe ich diese körperliche Nähe und Zärtlichkeit vermisst!

Ich streichle über seine Hände, seine Brust, sein Gesicht und bete: „Lieber Gott, erhalte mir dieses Glück, das ich jetzt empfinde." Wiederholtes lautes Klopfen an der Küchentür reißt mich aus dieser Stimmung. Ich springe aus dem Bett und eile zur Tür. Ein geknickt wirkender Torawas steht da, schaut verlegen auf seine schmutzigen Füße und murmelt: „Marie bilong to me is ded." („Meine Frau ist tot"). Der Schreck fährt mir in alle Glieder. Mein Herz pocht bis zum Hals. Voll Entsetzen denke ich an die kleinen Kinder, die jetzt ohne Mutter aufwachsen müssen. Schlagartig werde ich mir meiner verantwortungsvollen Aufgabe bewusst. Sie werden dringend meine Hilfe brauchen. Ohne weiter nachzufragen renne ich nach draußen zu Torawas Hütte. Und stutze. Seine Frau sitzt dort auf dem Boden, schaut mir mit stumpfem Blick entgegen und verteilt den Rotz, der ihr aus der Nase läuft, mit dem Ärmel ihrer Bluse quer über das ganze Gesicht. Sie sieht zwar erbärmlich aus, ist aber zu meiner großen Erleichterung alles andere als tot. Da taucht Torawas hinter mir auf. Mit einem Schwall wütender Worte empfange ich ihn: „Was fällt dir eigentlich ein, mir so ein Märchen aufzutischen! Deine Frau lebt doch, sie ist nicht tot!" Durch mein Geschrei habe ich wohl die Kinder geweckt, die ungewaschen und ungekämmt aus der Hütte stürmen und mich entsetzt ansehen. Vor allem die zweijährige Lorna wird durch mein weißes Gesicht in Angst und Schrecken versetzt. Sofort beginnt auch sie lauthals zu schreien. Entschlossen nehme ich das Kind hoch und drücke es dem Vater in die Arme: „Hier, pass auf deine Kinder auf. Deiner Frau geht es nicht gut", sage ich mit Nachdruck. Torawas sieht mich mit großen Augen an, als ob ich den Verstand verloren hätte. Dann erscheint eine Unmutsfalte auf seiner Stirn und er schüttelt verzweifelt den Kopf: „Marie bilong to mi is not ded *pinis jet!*", erklärt er mir. Ich begreife in diesem Moment, dass ich unbedingt meine Sprachkenntnisse erweitern muss: „ded" heißt krank, und „ded pinis" bedeutet tatsächlich gestorben.
Natürlich bin ich heilfroh, dass Torawas Frau lebt. Mit ein paar fiebersenkenden Tabletten und einigen Aspirin werde ich „Marie" wieder auf die Beine helfen, dessen bin ich mir sicher. Selten hat ein Arzt

eine „Tote" so schnell wieder ins Leben zurückgerufen, wie es mir gelungen ist!

Ich bin gerade in der Küche damit beschäftigt, das Fleisch für Petras Lieblingsgericht einzulegen; Weihnachten wird es Sauerbraten bei uns geben. Thorsten kommt herein und schaut mich bittend an: „Wollen wir heute Nacht fischen gehen? Ich habe schon alles vorbereitet, die Angeln und Köder liegen bereits im Boot!"
Ich zögere kurz, dann willige ich ein. Warum auch nicht?
Im Boot liegen für jeden von uns zweihundert Meter Fischerleinen, fein säuberlich auf Colaflaschen aufgewickelt. Am Ende der Leinen hat Thorsten Gewichte angebracht und daran die Angelhaken befestigt. Ich bringe zwar meine Zweifel vor, dass die Angelhaken zu dick und die Leinen zu stark seien, aber mein Sohn schlägt meine Bedenken in den Wind.
In der Abenddämmerung fahren wir los. Plötzlich hören wir ein seltsames Geräusch hinter uns. Wir sind beide überrascht, als wir Klein-Hektor erkennen, der tapfer hinter uns herpaddelt. Wir laden ihn ins Boot und bringen ihn zurück, denn als Haifischfutter ist er uns zu schade. Als die letzten Sonnenstrahlen im Meer versinken, werfen wir den Anker hinter einem Riff aus. Wir werfen die Angeln aus und sitzen schweigend nebeneinander im Boot. Der Mond geht auf, über uns funkelt der Sternenhimmel. Ich liebe diese Stunden auf dem Meer. Man hat das Gefühl, alleine im Universum zu sein.
Thorsten reißt mich aus meinen Gedanken. „Mutti", flüstert er, „bitte erschrick nicht, wir sind von Haien umgeben." Vorsichtig luge ich aus dem Boot. Dann kann ich ihn beruhigen. Eine Schule Delphine schwimmt um uns herum. Vergnügt schauen wir den Tieren zu, wie sie ihre Sprünge vollführen und sich dabei um die eigene Achse drehen. „Siehst du, mein Schatz, jetzt bekommst du doch noch den versprochenen Flipper!", sage ich lachend. Dabei erinnern wir uns beide an die Zeit vor sieben Jahren. Damals zogen wir nach Barbados. „Flipper" war zu dieser Zeit Thorstens Lieblingssendung im Fernsehen. Um ihm den Umzug etwas leichter zu machen, versprach ich ihm, dass

er dort seinen eigenen Flipper bekommen würde, der bereits im Meer auf ihn wartete. Wie enttäuscht war mein Sohn damals, als er am Strand stand und vergeblich nach seinem Flipper rief.
Heute scheinen wir kein Anglerglück zu haben. Dicke Regentropfen fallen vom Himmel auf uns herab. Die Sterne haben sich hinter dikken Wolken versteckt, es ist dunkel geworden. Wir beschließen, nach Hause zu fahren. Doch in dem Moment ruckelt es heftig an Thorstens Leine. Er stürzt sofort hinzu und versucht sie festzuhalten, doch die Kraft im Wasser ist zu stark. „Mutti, hilf mir!", brüllt er aufgeregt. Beide ziehen wir mit vereinten Kräften die Leine hoch. Niemand denkt daran, sie aufzurollen. Jetzt erkennen wir Bewegungen im Wasser. Wir zittern vor Spannung. „Was für ein Ungetüm hast du denn am Haken?", frage ich laut. „Ein Hai!", stammelt Thorsten fassungslos. „Was machen wir jetzt?", schreit er aufgeregt. „Wir ziehen ihn ins Boot!" rufe ich ihm zu. Es gelingt uns tatsächlich, den Raubfisch ins Boot zu hieven. Aber jetzt bekommen wir Angst vor unserer eigenen Courage. Schnell retten wir uns auf die Bootsbank. Unter uns schlägt der Hai im Todeskampf um sich und verfängt sich dabei immer mehr in der Fischerleine. „Ich muss ihn töten, er darf nicht länger leiden", schießt es mir durch den Kopf. Im Boot liegt ein alter Wagenheber. Ich greife ihn und schlage dem Hai damit so lange mit voller Wucht auf den Kopf, bis er sich nicht mehr rührt. Als er kein Lebenszeichen mehr von sich gibt, wagen wir uns vorsichtig in seine Nähe und bestaunen unseren Fang von allen Seiten. Seine scharfen Zähne flößen uns Respekt ein.
Wir haben genug vom Fischen und wollen beide nur noch Hause. Aufgeregt fahren wir ans Ufer, und überlegen, wie wir das Boot an den Strand hochziehen können; unsere Muskelkraft reicht dazu nicht aus. Schließlich habe ich die zündende Idee: Wir hängen es an den Landcruiser und ziehen es so aus dem Wasser. Dann befestigen wir eine Schnur am Angelhaken im Maul des Haies und ziehen ihn damit ins Haus, bis vor Wolfgangs Schlafzimmertür. Thorsten ist so stolz, dass er seinem Vater sofort seinen außergewöhnlichen Fang präsentieren möchte. Laut pocht er an die Tür. „Schau, Vati, was wir gefangen

haben!", sagt er überglücklich. Wolfgang gefriert das Gesicht. „Bringt sofort das Vieh hier raus!", schreit er, „ich wusste schon immer, dass ihr total verrückt seid!" Damit knallt er die Schlafzimmertür zu.
Ich schaue ihn Thorstens enttäuschtes Gesicht und lege ihm tröstend meinen Arm um die Schultern. „Nimm's nicht so schwer. Morgen haben Torawas und seine Wantoks ein leckeres Mu Mu, weil du soviel Anglerglück hattest", tröste ich ihn.

Endlich stehen wir am Flughafen, um Petra abzuholen. Ein kleiner krausköpfiger Junge zupft seine Mutter am Lapp Lapp, zeigt mit dem Finger zum Horizont und weist sie aufgeregt darauf hin: „Balus i kam." („Das Flugzeug kommt.") Ich spüre ein Kribbeln in der Magengegend und freue mich wie ein kleiner König darauf, endlich meine Tochter wieder in die Arme schließen zu können.
Dann steht Petra vor uns. Wie sie sich verändert hat! Sie trägt ein schwarzes Trägerkleid, ihre schöne Figur kann man darunter nur erahnen. Ihre blonden Locken hat sie mit Henna rot gefärbt. Aber ihr hübsches Gesicht, aus dem uns ihre blauen Augen anstrahlen, ist das Gleiche geblieben. Überglücklich nehme ich sie in die Arme. Auch Wolfgang drückt seine Tochter fest an sich. Dann stehen sich Thorsten und Petra gegenüber. „Du bist ja viel größer als ich!", spielt Petra die Entrüstete. Wir lachen alle vier, haken uns unter und gehen los, um das Gepäck in Empfang zu nehmen.

Auf dem Heimweg übernimmt Thorsten die Rolle des Reiseführers. Normalerweise ist Petra die Wortgewaltigere, aber heute ist es umgekehrt; die lange Reise hat unsere Tochter müde und schweigsam werden lassen. Dafür redet Thorsten ununterbrochen. Er erzählt über unser Haus, seine Freunde im Dorf, das Leben hier. Ich höre den Kindern zu, bin glücklich und fühle mich wie eine Glucke, die ihre Küken wieder unter ihren Fittichen wärmen und behüten kann.
Als wir das Haus betreten, rümpft Petra verächtlich die Nase: „Ihr wohnt ja nicht gerade komfortabel." Ich bin enttäuscht, kann sie aber verstehen. Meine ersten Gedanken waren ja ähnlich gewesen. „Du

hast dir aber sehr viel Mühe gegeben und alles ganz wunderbar mit den Blumen dekoriert", sagt sie dann, an mich gewandt.

Es ist der 24. Dezember, und ich habe das ganze Haus festlich geschmückt. Soeben bin ich dabei, den Frühstückstisch abzuräumen, und ich wünsche mir, ich könnte es jeden Tag für meine Familie tun. Draußen schleicht Kominjell, Rundas ältester Sohn, herum; ich vermute, dass er auf der Suche nach Thorsten ist. Wie sehr ich mich auf Heilig Abend und die kommenden Feiertage freue! Insgeheim schmunzele ich über mich selbst; ich bin und bleibe eben eine Glucke, was meine Kinder betrifft.

Am Abend fahren wir gemeinsam nach Vunapope zur Christmette. Es ist bereits nach Mitternacht, als wir nach Hause kommen, und wir vermissen Hektors stürmische Begrüßung. Wo mag er nur sein? Ich wundere mich, dass er nirgends zu sehen ist und rufe immer wieder seinen Namen. Mit Taschenlampen bewaffnet durchstöbern Thorsten, Petra und ich den Garten, aber ohne Erfolg. Schließlich dehnen wir unsere Suche Richtung Dorf aus. Immer wieder rufen wir Hektors Namen in die Nacht, doch unser geliebter Hund bleibt verschwunden. In der Nähe des Dorfes treffen wir auf Kominjell. „Hast du Hektor gesehen?", frage ich ihn aufgeregt. „No Missis", antwortet er. „Ich gebe euch 100 Kina Belohnung, wenn ihr unseren Hund findet", verspreche ich ihm. Daraufhin trommelt Kominjell nicht nur seine Familie, sondern auch noch andere Kinder und Erwachsene aus dem Dorf zusammen, und gemeinsam suchen wir weiter. „Irgendetwas stimmt nicht", geht es mir durch den Kopf. Ich vermute, dass Hektor etwas zugestoßen ist, dass er sich vielleicht irgendwo verletzt hat oder in eine Falle getreten ist und nicht mehr aufstehen oder sich nicht selbst befreien kann; normalerweise würde er auf unser Rufen hin sofort angestürmt kommen. Aber wie lange kann ein verletzter Hund im Busch überleben? Immer wieder hallt Hektors Name durch den Busch. Aber es gibt keine Spur von unserem Hund. Als die Sonne aufgeht, brechen wir unsere Suche entmutigt ab. Frustriert, müde und traurig schleichen wir nach Hause.

Ich lege mich ins Bett, finde aber keinen Schlaf. Um sieben Uhr stehe ich wieder auf. Aus dem Dorf höre ich die Rufe der Bewohner. Die Belohnung, die ich ausgesetzt habe, wirkt; noch immer wird nach Hektor gesucht.
Es kostet mich große Willenskraft, ein gutes Weihnachtsessen zu kochen. „Hektor kommt bestimmt zurück, vielleicht streunt er nur durch die Gegend", versucht Thorsten mich zu trösten. Aber auch er kämpft mit den Tränen. Wir machen uns noch einmal auf die Suche, verbringen Stunde um Stunde mit Rufen, durchstöbern mit langen Stöcken das Dickicht und geben schließlich bei Einbruch der Dunkelheit entmutigt auf. Die Hoffnung, unseren Hund noch einmal lebend wieder zu sehen, haben wir so gut wie verloren.

Am zweiten Weihnachtsfeiertag packe ich einen großen Korb mit Süßigkeiten, Betelnüssen und Tabak. Ich möchte mich bei den Dorfbewohnern erkenntlich zeigen, denn schließlich haben sie uns tatkräftig bei der Suche unterstützt. Dass wir Hektor immer noch nicht gefunden haben, ist nicht ihre Schuld.
Ich nähere mich Rundas Hütte und wundere mich, dass es so still ist. Kein Hund kommt bellend auf mich zugesprungen, kein Kind kommt lachend angelaufen. Als ich um die Ecke biege, sitzt die ganze Familie schmatzend am Boden und stopft riesige Fleischstücke in sich hinein. Selbst die Hunde liegen im Staub und nagen an großen Knochen; sie sind so beschäftigt, dass sie nicht einmal den Kopf heben. „Hallo zusammen", grüße ich, „habt ihr ein Schwein geschlachtet? Gibt es etwas zu feiern?"
Kominjell hebt zuerst den Kopf. Er wird kreidebleich, Schweißperlen bilden sich auf seiner Stirn, das Entsetzen steht ihm ins Gesicht geschrieben. Bevor jemand antworten kann, fällt mein Blick auf eine blutige Pfote. Entsetzt schreie ich auf. Mir wird übel, als ich die Überreste meines geliebten Hundes vor mir sehe. Fassungslos und doch zitternd vor Wut stehe ich da und schaue auf die Menschen, die gerade Hektor verspeisen. Angeekelt verlasse ich den Schauplatz. Runda war die junge Frau, die einen Arm verloren, und deren Baby

ich gegen Malaria behandelt hatte. Kominjell zählte zu Thorstens Freunden. Warum tun sie uns das nur an? Ich will keinen dieser Familie jemals wieder sehen.
Ich habe nie erfahren, wie sie Hektor getötet haben. Aber wenn ich ehrlich bin, möchte ich es auch nie erfahren.

Silvester sind wir bei Tommy Cheer eingeladen, dem reichsten Chinesen von East New Britain. Er hat sich und seiner Familie ein Traumhaus gebaut und möchte es bei einer Silvesterparty einweihen. Da uns Hektors trauriger Tod noch immer auf dem Herzen liegt, und wir hier nicht allzu viel Abwechslung haben, freue ich mich auf die Feier. Immerhin werden wir das erste Mal als komplette Familie dabei sein. Vor lauter Vorfreude wache ich schon sehr früh auf und schleiche mich im Morgengrauen aus dem Haus hinunter an den Strand. Eine wohl tuende Ruhe empfängt mich. Das Meer liegt ausgebreitet wie ein großer Teppich, alles scheint grau in grau. Doch dann verblassen die letzten Sterne und allmählich nimmt die Landschaft Konturen an. Ich sehe den orangeroten Ball der Sonne emporsteigen und mit ihrem Licht erwacht Leben im Haus.
Wolfgang ist wach. Ich gehe hinein. „Wo kommst du denn her?", fragt er mürrisch. Ich spüre, dass er Streit sucht. „Ich war am Meer, es wird ein schöner Tag werden", antworte ich, und versuche, ihm einen Kuss zu geben. Er aber dreht den Kopf zur Seite und ich streife nur seine Wange. „Ich muss noch mal ins Büro." Welch eine Kälte verbreitet er schon am frühen Morgen.

Am frühen Abend kommt Wolfgang angetrunken zurück. Mit schwerer Zunge unterhält er sich mit Petra und Thorsten, mich würdigt er keines Blickes. Die Lust am Fest ist mir vergangen, aber ich denke an meine Kinder, die sich auf den Abend freuen, und mache mal wieder gute Miene zum bösen Spiel.

Um zwanzig Uhr stehen wir vor Tommys hell erleuchtetem Haus und Garten. Bunte Lampions lassen Büsche und Bäume erstrahlen, die

Tische sind mit blühenden Orchideen geschmückt und ein Orchester spielt Musik. Die wunderbare Atmosphäre lockert den Panzer, der sich im Laufe des Tages um mein Herz gelegt hat und lässt mich meinen Kummer vergessen. Wolfgang legt den Arm um seine Tochter und geht mit ihr an die Bar, Tommys Sohn stürmt auf Thorsten zu. „Geh nur", ermuntere ich ihn, „dort drüben stehen Werner und Anne, ich geselle mich zu ihnen." Wir machen gemeinsam einen Rundgang durch das neue Haus. Es ist toll geworden. Ich wünsche Tommy Cheer und seiner Familie, dass sie sich hier sehr wohl fühlen und glücklich sind.

Kurz vor Mitternacht ziehe ich mich aus dem Trubel zurück; ich möchte das neue Jahr in Ruhe begrüßen. Das Haus ist auf Klippen direkt über dem Meer gebaut, und ich suche mir ein stilles Plätzchen, von dem aus ich übers Wasser schauen kann. Hier möchte ich sitzen, die Welt vergessen, an nichts mehr denken müssen. Am Ende dieses ereignisreichen Jahres überfällt mich eine Ahnung: Irgendwann werde ich mich von Wolfgang trennen müssen, um die Achtung vor mir selbst nicht zu verlieren.

Plötzlich steht Thorsten hinter mir: „Mutti, ich wünsche dir nur das Beste für das Neue Jahr. Lass dich nicht immer so fertig machen, du musst dich wehren!". Tränen schießen mir in die Augen. Schluchzend nehme ich meinen Sohn in die Arme.

Es ist Freitag, der 4. Januar. Soeben haben wir Petra zum Flughafen gebracht. Ich bin traurig und erleichtert zugleich. Das ständige Auf-der-Hut-sein-Müssen, um aufkommende Streitigkeiten im Keim zu ersticken, die ewigen Spannungen zwischen den Dreien kosteten mich viel Kraft. Auf der anderen Seite fehlt mir Petra jetzt schon wieder. Und ich fühle mich elend und schuldig, weil ich es nicht geschafft habe, die letzten beiden Wochen friedlicher zu gestalten. Deprimiert wird mir bewusst, dass sich nichts ändern wird, solange ich mit Wolfgang verheiratet bin. Auf der anderen Seite sehe ich keine Chance, aus dieser Ehe auszubrechen. Als ich vor einiger Zeit Wolfgang gegenüber Andeutungen machte, grinste er nur hämisch und meinte: „Du

kannst es gerne versuchen, aber wollt ihr denn am Hungertuch nagen? Außerdem würde ich euch das Leben zur Hölle machen!"
Zwei Tage später stehe ich morgens um vier Uhr auf und fahre ins Büro, um mit Petra zu telefonieren. Ich muss unbedingt wissen, ob sie gut angekommen ist und wie es ihr geht. Zu meiner großen Freude ist sie auch gleich am Telefon: „Stell' dir vor, es sind zwanzig Grad minus draußen; ich leide immer noch unter einem Kälteschock!", erzählt sie mir. „Eine Mitschülerin hat mich gefragt, warum ich so herrlich braun bin. ‚Von zu Hause', habe ich ihr geantwortet. Und sie meinte, ich solle ihr dieses tolle Solarium doch mal ausleihen…". „Ist Papua denn dein Zuhause?", frage ich sie verwundert. „Klar. Wo meine Eltern sind, ist mein Zuhause", antwortet sie voller Überzeugung. Für mich ist diese Aussage Grund genug, weiter durchzuhalten. Ich möchte meinen Kindern die Familie erhalten, auch wenn ich unglücklich bin.

Heute ist mein Geburtstag. Tropischer Sturzregen prasselt auf das Dach unseres Hauses und weckt mich. Ich öffne das Fenster, genieße die wohl tuende Kühle, die ins Zimmer strömt und kuschle mich noch einmal in die Decke. Krachende Gewitter entladen sich über dem Haus, und ich fühle mich in meinem Bett so geborgen wie ein Vogel in seinem Nest. Wenn es allerdings so weiterschüttet, sehe ich das vorbereitete Picknick in Pidgin-Island buchstäblich ins Wasser fallen. Es wäre zu schade. Ich habe Mosley versprochen, dass er mitkommen darf. Er freut sich schon die ganze Woche darauf. Gestern haben die Jungs zusammen das Boot gesäubert und startklar gemacht. Und Mosley brachte mir aus Dankbarkeit und Vorfreude zehn große Hühnereier mit. „Wo hast du denn die prachtvollen Eier her?", fragte ich ihn. „Die habe ich frisch unter einem Huhn weggenommen", antwortete er. Zögernd stand er dann noch in der Tür. „Hast du noch etwas auf dem Herzen?", hakte ich nach. „Könntest du ein paar Eier dazu verwenden und mir einen Kuchen backen, Missis? Ich habe nächste Woche nämlich auch Geburtstag", fragte er höflich. „Wie alt wirst du denn?" Auf diese Frage wusste er keine Antwort, denn die Einheimischen kennen ihr Geburtsdatum nicht. „Du wirst bestimmt sechzehn Jahre alt", stellte ich fest. Er strahlte mich an: „Genau Missis, sechzehn Jahre werde ich am Mittwoch alt!" „Nun, das ist ein ganz besonderer Geburtstag. Dafür backe ich doch gerne einen Kuchen, sogar einen mit Schokoladenüberzug!" Glücklich trottete Mosley davon.

Ich muss noch einmal eingenickt sein. Als ich die Augen wieder aufschlage, scheint mir die Sonne ins Gesicht und jemand ruft meinen Namen. Hastig streife ich mir ein Kleid über und gehe nach draußen. Ich komme an Thorstens Zimmer vorbei und höre, wie er stöhnend seine Liegestützen absolviert. Ich bewundere seine Ausdauer, denn er hat sich zum Ziel gesetzt, an Körper und Seele gestärkt ins Internat zurückzukehren. Jeden Morgen macht er Gymnastik in seinem Zimmer, nachmittags ist der Garten sein „Fitnessstudio", dann hangelt er sich an den Ästen der Bäume entlang und trainiert.
Im Garten wartet Father Franz. „Herzlichen Glückwunsch zum Geburtstag!", ruft er mir entgegen und überreicht mir eine rote Hibiskusblüte, die er in der Hand hält. „Ich habe noch eine Überraschung für dich", und zeigt auf einen Karton, der unter dem Tisch steht. Vorsichtig hebe ich den Deckel. Ein schneeweißes Huhn gackert mich an. Ich muss lachen. „Was für ein originelles Geschenk! Aber wer soll denn das arme Huhn schlachten?", frage ich zweifelnd. „Nicht schlachten!", wehrt Father Franz ab, „die Glucke sitzt auf neun Eiern. Bald wirst du neun süße Küken haben, und das ist der Anfang deiner Hühnerfarm!" „Solange keine kleinen Krokodile schlüpfen – vielen Dank!", lache ich. Wolfgang kommt aus dem Haus und überreicht mir eine Vase, gefüllt mit großblütigen lila Orchideen. „Lass dich küssen, mein Schatz, alles Gute für das neue Lebensjahr! Ich weiß, das letzte Jahr war die Hölle für dich. Aber ich schwöre dir", setzt er seine Rede fort und hebt theatralisch drei Finger zum Himmel, "ich werde der beste Ehemann der Welt werden."
„Lass das Schwören", bitte ich ihn, „nicht noch einen Meineid. Fangen wir mit kleinen Schritten an: Hilf mir, den Tisch zu decken." „Wozu

hast du einen Sohn? Wo steckt er eigentlich? Heute an deinem Geburtstag könnte das Muttersöhnchen ja mal früher aufstehen." Und dann, zum Haus gewandt: „Thorsten, deine Mutter braucht Hilfe!" Strahlend steht Thorsten vor mir, drückt mich fest an sich: „Herzlichen Glückwunsch zum Geburtstag, Mutti! Die kannst du heute gleich ausprobieren." Damit drückt er mir eine Taucherbrille in die Hand.

Anschließend decken wir den Tisch. Zum Frühstück nehme ich die besonders großen Eier, die Mosley mir gebracht hat. Gemütlich sitzen wir dann in der Runde, die Natur um uns herum scheint nach dem Regen wie frisch gewaschen, die Luft ist besonders mild. Es ist ein wunderbarer Morgen, die Vögel zwitschern, alles scheint friedlich.

Wolfgang schlägt mit einem kurzen Hieb das obere Ende seines Frühstückseis ab – und lässt mit einem Schrei des Entsetzens das Messer aus der Hand fallen. Daneben liegt der abgeschlagene Kopf eines angebrüteten Kükens. „Ich wollte ein weich gekochtes Ei und kein hart gekochtes Huhn!", brüllt er wütend. „Dieses Frühstück trifft leider nicht meinen Geschmack!" Damit wirft er seine Serviette auf den Tisch, stösst den Stuhl zurück, setzt sich ins Auto und braust davon.

Wir anderen schauen uns deprimiert an. Ich verstehe nun auch Mosleys Aussage, die Eier kämen „frisch vom Huhn". Einer brütenden Henne hatte er das Nest geplündert.

Manchmal bin ich wirklich erstaunt, wie wenig die Einheimischen von den Tieren, mit denen sie ja sehr eng zusammenleben, wissen. Erst vergangene Woche war ich mit Clothilde durch den Garten gegangen, und wir beobachteten ein Huhn, das mit seinen gelben Küken daherspazierte. Hinter dem Mangobaum lag eine Katze auf der Lauer. Die Henne witterte die Gefahr und lockte die Küken unter ihre schützenden Flügel. „Look the chicklets, Missis, drinking milk from the mother!", klärte mich Clothilde mit einem Fingerzeig auf.

Nach dem unerfreulichen Frühstück fahren wir los, hinaus nach Pidgin Island. Nachdem wir uns ein schattiges Plätzchen für unser späteres Picknick gesucht haben, können wir es kaum erwarten, ins

Wasser zu kommen. Mit meiner neuen Taucherbrille bewaffnet tauche ich ein in die Welt der bunten Fische und bizarren Korallen.
Das Meer verzaubert mich jeden Tag aufs Neue, es ist für mich eine Welt voller farbenfroher Wunder. Als ich mich im Wasser umdrehe, entdecke ich nur zwei Armlängen entfernt einen wuchtigen Fisch von etwa einem Meter Länge hinter mir. Fasziniert begutachte ich ihn. Er wirkt bedrohlich. Zwei große Hauer schauen, ähnlich wie bei einem Seehund, aus seinem Maul. Ich habe so einen Fisch noch nie gesehen und strecke die Hand nach ihm aus. Fast kann ich ihn berühren. Es wundert mich, dass er nicht das Weite sucht. Regungslos steht er im Wasser. Plötzlich stößt er auf mich zu. Ich erschrecke mich fast zu Tode, versuche ihm auszuweichen und ihn mit Händen und Füßen abzuwehren. Doch er gibt nicht auf. Immer wieder stößt er nach vorne, und ich bin so beschäftigt, mich aus seinem Angriffsfeld zu drehen und zu winden, dass mir keine Zeit bleibt, aufzutauchen und nach Hilfe zu rufen. Todesangst überfällt mich, und ich versuche, Geräusche durch die Taucherbrille an die Wasseroberfläche abzugeben, damit mir jemand zu Hilfe eilt. Doch so unvermittelt, wie das Tier hinter mir auftauchte, scheint es jetzt wieder verschwunden zu sein. Erleichtert will ich auftauchen, an Land schwimmen, sicheren Boden unter den Füßen gewinnen, da schießt das Ungeheuer wieder auf mich los. Wie lange kann ich dieses Monster noch abwehren? Immer schneller drehe ich mich im Wasser, doch der Fisch ist natürlich sehr viel schneller und geschickter als ich ich seinen Bewegungen, er scheint überall zu sein und hört nicht auf, mich immer wieder aufs Neue anzugreifen. Meine Kräfte lassen nach, ich kann nicht mehr. In diesem Moment sehe ich einen dunklen Schatten über mir. Etwas langes Schmales trifft den Fisch. Gott sei Dank, Thorsten und Mosley haben die Gefahr erkannt, und versuchen, das Ungeheuer mit einem Speer abzuwehren. Endlich dreht das Tier ab. Die beiden Jungs ziehen mich aus dem Wasser. Völlig erschöpft und wie betäubt liege ich im Sand. Normalerweise kenne ich keine Angst vor dem Meer. Aber das eben war die Hölle gewesen. Heute will ich nicht mal mehr baden gehen. Als wir am Nachmittag die Insel mit dem Boot verlassen, schaue ich

mit gemischten Gefühlen zurück. Unser kleines Paradies hat einen bitteren Beigeschmack bekommen.

Als ich am nächsten Tag bei unserem chinesischen Freund einkaufe, erzähle ich von meinem Erlebnis. „Du hattest sehr viel Glück", nickt er ernst. „Deiner Beschreibung nach war es ein Tigerfisch, der dich angegriffen hat. Er ist einer der gefährlichsten Fische im Meer. Es gibt, Gott sei Dank, nicht viele Exemplare dieser Art; sicher wird es eine einmalige Begegnung gewesen sein", fügt er tröstend hinzu. Mir sitzt der Schrecken immer noch in allen Gliedern.

Morgens um fünf sind wir aufgebrochen. Unsere Route führt uns landeinwärts in die Berge, in das Dorf Raunseptna, zum Stamm der Bainings. Dort soll eines der grössten „Sing Sings" des Jahrhunderts stattfinden, ein Fest zu Ehren von Father Hesse, einem Missionar, der seit langen Jahren mit den Bainings in dieser abgelegenen Gegend lebt und nun Bischof von New Ireland werden soll. Father Franz hat uns von diesem Ereignis erzählt. Er kam vorgestern vorbei und bat Wolfgang, doch mitzufahren, weil die Mission in Vunapope nicht so viele Autos hat, mit denen der Weg in die Berge zurückgelegt werden kann. „Du hast doch einen Jeep. Warum also kommst du und Thorsten nicht mit?", hatte er gefragt. „Für Thorsten wäre das ein einmaliges Ereignis." Ich sehe Thorstens Gesicht vor mir. Mit bittenden Augen schaut er seinen Vater an. Dem ist die Unlust förmlich ins Gesicht geschrieben. Als Wolfgang eisern schweigt, steigen Thorsten die Tränen ins Gesicht. Es braucht nicht viel, um die Antwort zu erraten. Warum nur muss Wolfgang seine Kinder immer und immer wieder enttäuschen? Kann er denn nicht einmal über seinen Schatten springen? Father Franz versucht die Situation zu entschärfen und Thorsten zu trösten: „Dein Vater hat keine Zeit, ich hätte es mir denken können. Allerdings hatte ich gehofft, mit Euch fahren zu können, denn obwohl ich jetzt schon über zwanzig Jahre hier bin, habe ich so etwas bis jetzt noch nicht erlebt."
Schweigen. Jetzt fasse ich mir ein Herz: „Okay, ich komme mit. Ich

werde den Jeep fahren.", entscheide ich. Über Thorstens Gesicht huscht ein Lächeln. „Danke, Mutti", flüstert er später. Und auch Father Franz drückt mir beim Abschied beide Hände.

Jetzt sitzt Father Franz neben mir. Auch einige Priester und Nonnen sowie zwei Eingeborene, die unsere Verpflegungspakete tragen und uns den Weg weisen, begleiten uns.

Gestern waren wir den ganzen Tag damit beschäftigt, den Jeep in Ordnung zu bringen und Reisevorbereitungen zu treffen. Die Fahrt zu den Bainings ist für mich mindestens ebenso spannend wie für Thorsten. Auch ich kenne das Hinterland und die Berge bislang nur aus Erzählungen, und freue mich, mir jetzt endlich selbst ein Bild machen zu können.

Die erste Etappe haben wir mit dem Jeep bereits zurückgelegt. Bis Kerawatt waren die Straßen gut gewesen, dann führte eine holprige Piste durch Pflanzungen, schließlich fuhren wir durch den Urwald. Nach etwa zwei Stunden Fahrt erreichten wir ein Flussbett, dessen Uferverlauf wir nun folgen. Die Fahrt geht mehr als schleppend voran.

Die Vegetation hat sich inzwischen verändert, anstelle der Kokospalmen säumen riesige Eukalyptusbäume unseren Weg. Hinter jeder Flussbiegung überrascht das sattgrüne tropische Paradies erneut mit seiner ganzen Pracht.

Das Flussbett wird schmaler, Felsbrocken versperren uns den Weg. Irgendwann streikt unser Jeep. Zu Fuß setzen wir unseren Weg fort. Gut vier Stunden sind wir mittlerweile unterwegs, und es wird ein heißer Tag werden. Die Luft staut sich feucht und schwül unter dem Dickicht der Blätter, kein Windhauch ist zu spüren. In den Wipfeln der Bäume kreischen Hunderte von Papageien, ihr zankendes Geschrei begleitet unsere Schritte. Die Hitze wird allmählich unerträglich.

Father Franz sinkt erschöpft zu Boden. Zwischen Mund und Nase zeichnet sich ein weißes Dreieck ab; ein deutliches Indiz von Überanstrengung. Die Nonnen knien sich neben ihn, reichen ihm die Wasserflasche und ordnen eine Rast an. Eine halbe Stunde lang sitzen

wir schweigend da, sammeln neue Kräfte. Dann müssen wir weiter.
Es geht auf Mittag zu, als sich die Bäume endlich lichten und wir einfache Hütten erkennen können. Dazwischen brennen mehrere Feuer. Kinder lugen neugierig hinter Baumstämmen hervor oder verstecken sich hinter ihren Müttern. In diesem Dorf wollen wir eine Pause einlegen, denn unser eigentliches Ziel liegt noch einen halben Tagesmarsch entfernt.

Der Dorfälteste, „big man" genannt, tritt auf uns zu und begrüßt uns freundlich mit einem „gut de!" Ich stehe zum ersten Mal in meinem Leben einem Baining gegenüber. Seine Haut ist tiefdunkel, der Körper eher gedrungen. Ein dichter, krauser Bart verdeckt fast vollständig den Mund in seinem breiten Gesicht.

Frauen wie Männer tragen das Haar ganz kurz geschoren und schmücken sich an Armen und Beinen mit kunstvoll gewickelten Ringen aus verschiedenen Lianen. Die Kleidung der Frauen besteht lediglich aus Grasbüscheln, die sie hinten und vorne an Schnüren befestigt haben; die Männer tragen kleine Tapastücke, um ihre Lenden zu bedecken.

Man führt uns zu gefällten Baumstämmen und bittet uns, Platz zu nehmen. Neugierig, aber auch freundlich und aufgeschlossen, werden wir als „dim dim", die weißen Besucher, beäugt. Ein Junge klettert, das Buschmesser zwischen den Zähnen, eine Palme hoch und schlägt eine Traube von Kokosnüssen ab, die man uns dann anbietet. Dankbar nehmen wir an.

Nach kurzer Pause brechen wir wieder auf. Unser Weg führt uns weiter durch den Wald, irgendwann beginnt es zu regnen. Der Boden ist glitschig, immer wieder rutsche ich aus. Ich bin so müde und durchgeschwitzt, dass es mir immer schwerer fällt, mich auf den Weg zu konzentrieren. Schließlich reicht mir Thorsten seine Hand und zieht mich hinter sich her. Stolpernd folge ich seinen Schritten.

Nach weiteren vier Stunden erkennen wir auf einer Anhöhe in der Ferne die Silhouette einer Kirche. Raunseptna. Endlich haben wir unser Ziel vor Augen.

Doch der Weg wird nicht leichter. Es geht bergan, und auf der steilen

Böschung rutschen wir immer wieder rückwärts. Schließlich kriechen wir auf allen Vieren weiter, ziehen uns gegenseitig hoch und sitzen schließlich völlig verdreckt und erschöpft aber lachend auf der aufgeweichten Erde. „Ich fühle mich wie ein Mud Man und könnte wahrscheinlich ungeschminkt beim Sing-Sing mitmachen, ohne dass es jemandem auffällt", lacht Father Franz. Was die Eingeborenen wohl von uns denken mögen, wenn sie uns so sehen?

Unsere Ankunft spricht sich schnell herum. Frauen und Kinder schleichen verstohlen um uns herum, lächeln uns an. Die Kinder haben aufgedunsene Bäuche, ihre Körper sind von einer schuppigen Hautkrankheit bedeckt. Nur zögerlich strecke ich zunächst meine Hand nach ihnen aus, streiche einem kleinen, etwa fünf Jahre alten Jungen über die kurzen krausen Locken. Diese Geste lockt die Mutigen nach vorne: Zwei Jungs wagen sich vor, wollen meine Haut berühren. „Wanem nem bilong yu?" - „Wie heißen Sie?", wollen sie von mir wissen. Sobald ich ihnen meinen Namen nenne, laufen sie kichernd davon.

Bischof Hesse erwartet uns bereits lächelnd im Eingang seines Hauses. Er weist den Männern den Weg zum Bach. Eine Nonne führt mich zu einem Bottich voll Wasser, so dass auch ich mich in Ruhe waschen und meine Kleider wechseln kann. Zum Abendessen treffen wir uns alle wieder, und obwohl das Mahl aus sehr einfachen Zutaten – Reis und Tintenfisch aus der Dose – besteht, schmeckt es uns ausgehungerten Abenteurern nach dem langen Marsch vorzüglich. Ich bewundere Father Hesse insgeheim. Sicher, er ist Missionar, und vermutlich fühlt er sich berufen, abseits jeder Zivilisation zu leben. Trotzdem brennt mir die Frage auf den Lippen, und ich will es gerne von ihm erfahren, was ihn bewegt, so viele Jahre hier mit den Eingeborenen zu verbringen: „Wie lange leben Sie hier eigentlich schon, Father Hesse?", fragte ich ihn deshalb ganz direkt. „Können Sie sich überhaupt vorstellen, alles zurückzulassen?"

Er lächelt, doch in diesem Lächeln liegt auch etwas Wehmut. „Seit zwanzig Jahren bin ich hier. Als ich die Missionsstation übernahm,

waren die Bainings kurz vor dem Aussterben. Krankheiten, vor allem Tuberkulose und Unterernährung, hatten sie auf ein kleines Häufchen minimiert. Ich hatte aber den Eindruck, dass sie nicht nur körperlich litten, sondern auch seelisch. Ich forschte nach, und erfuhr, dass es im August des Jahres 1904 ein großes Gemetzel gegeben hatte, bei dem zwei Priester, drei Brüder und fünf Nonnen von den Bainings umgebracht worden waren." Ich bekomme eine Gänsehaut. Aus Reiseführern weiß ich, dass das unzugängliche Hinterland Papuas zum Teil bis ins 20. Jahrhundert hinein unerforscht geblieben war. Vermutlich hatten die Kolonialherren und Missionare auch in dieser Gegend mit ihrer „Entdeckung" ganze Stämme ausgelöscht. „Die Kirche verbot daraufhin restriktiv alles, was die Baining-Kultur ausgemacht hatte: Musik und Feuertänze, Masken und Kultobjekte wie Trommeln, Klanghölzer oder bestimmte Riten. Das Volk vegetierte nur noch dahin, die Menschen hatten ihre Identität und damit auch ihre Lebensfreude verloren", erklärt Father Hesse weiter. „Was ist dann passiert?", forscht Thorsten nach. „Ich habe versucht, ihre Bräuche wieder zu beleben und in den christlichen Glauben zu integrieren. Zum Beispiel habe ich es ihnen überlassen, das Gotteshaus nach ihren Vorstellungen zu gestalten und zu bemalen. Und ich habe sie immer unterstützt, wenn es darum ging, die alten Bräuche und Riten wieder aufleben zu lassen. Zum Dank bekomme ich morgen mein Sing-Sing", schmunzelt Father Hesse. „Vermutlich bin ich der einzige katholische Bischof, dem zu Ehren ein Sing-Sing veranstaltet wird."
Ich wünsche den Einheimischen hier von Herzen, dass Father Hesses Nachfolger ihrer Kultur genauso viel Respekt und Achtung zollen wird.

Bereits um sechs Uhr morgens, kurz nach Sonnenaufgang, treffen wir uns in der Kirche. Der Tag beginnt mit einem Gottesdienst, während das eigentliche Sing Sing erst am Nachmittag und in den Abendstunden stattfinden wird. Ich fröstele vor Spannung und Aufregung. In den vorderen Reihen sitzen Frauen und Kinder. Ihre Körper sind ockerfarben bemalt. Einige Frauen stoßen rhythmisch mit einem dicken Bambusrohr auf den Boden, andere schlagen den Takt auf Holztrommeln.

Eine dritte Gruppe klopft mit einem kurzen Stöckchen auf ein brettförmiges Stück Mandelholz. Von weitem hören wir wilde Laute und Stapfen, das immer näher kommt. Dann wird es plötzlich still.

Zwanzig junge Mädchen trippeln langsam und schweigend in die Kirche. Jede von ihnen trägt ein Kind auf den Schultern, das mit seinen Händen den Kopf der Tänzerin umfasst. Ihr Tanzkleid – a miski genannt – ist aus verschiedenen Blüten hergestellt, die durch eine Schnur – a siska – gehalten werden. Einige Büschel des Tanzkleides sind mit gelber oder roter Farbe bemalt. Die Frauen tragen sechs oder sieben verschieden große, mit Taro und Betelnüssen gefüllte Netze, deren Henkel sie um ihre Stirn geschlungen haben. Die Tänzerinnen halten Federbüschel und wohlriechende Kräuter in den Händen und bewegen sich langsam nach allen Seiten. Fasziniert beobachte ich, wie sich die Frauen zu einem Kreis formieren und sich dann allmählich auf dem Boden niederlassen. Das Orchester nimmt mit seinen Instrumenten in der Mitte Platz und beginnt, eine monotone Melodie zu spielen. Die Tänzerinnen stimmen mit gleichartigem Gesang ein.
Nun betreten die Männer in einer wilden Szenerie das Gotteshaus. Sie stampfen gebückt, auf Lanzen gestützt, richten sich auf, bleiben stehen, keuchend und mit gespreizten Beinen. In ihrer Mitte schreitet der Bischof.
Erst jetzt sehe ich, dass die Tänzer an den Fußknöcheln an einer Schnur aufgereihte Nussschalen tragen, die bei jedem Schritt geräuschvoll aneinander schlagen. Zwischen ihren Beinen ragt eine mit Kakadu- und Papageienfedern geschmückte Lanze nach hinten in die Höhe. Der Lanzenschaft steckt in einer Scheide aus Baumbast, die an einem bemalten Gürtel hängt. Ein Streifen dieses Gürtels ist am Ende des Rückgrates durch die Haut gezogen und um die Lanze gebunden, um sie hinten festzuhalten. Stampfend und im immer schneller werdenden Rhythmus bewegen sich die Männer im Kirchenschiff. Auch die Stimmen der Sängerinnen werden kräftiger, das Schlagen der Holztrommeln hektischer. Frauen, die keinen Sitzplatz mehr gefunden haben, weichen vor den Tänzern zurück. Die Atmosphäre ist gespannt.

Plötzlich herrscht Stille. Der Bischof beginnt mit ruhiger Stimme in der Sprache der Bainings die Messe zu lesen. Während des Abendmahls trommeln die Frauen ganz leise einen Takt, und der Gottesdienst wird durch die Gesänge der Bainings untermalt. Ich wünsche mir, die Bilder, Geräusche und Gerüche nie zu vergessen. Diese Messe ist auch für mich ein einmaliges Erlebnis. Doch der Höhepunkt des drei Tage dauernden Festes liegt noch vor uns.

Wir sammeln uns vor der Kirche, um dem Dorfältesten unsere Aufwartung zu machen und uns zu bedanken, dass wir bei diesem großen Sing-Sing dabei sein dürfen. Dann helfe ich den Nonnen, das Essen herzurichten. Es gibt Fisch aus der Dose, Reis und Brot, dazu kalten Tee oder Wasser. Es ist keine üppige Mahlzeit, aber wir sind sehr hungrig und es schmeckt uns. Nach dem Essen ziehen sich alle zurück: Die Frommen zum Beten, die Müden zum Schlafen. Auch ich strecke mich auf meiner Matratze aus, weil ich ahne, dass es eine lange Nacht werden wird. Da ich die einzige Frau bin, die keine Nonnenkleider trägt, brauche ich meine Kammer zum Glück mit niemandem zu teilen.
Um halb fünf treffen wir uns wieder ausgeruht zum Tee, bevor das Spektakel auf dem Tanzplatz weitergeht. Ein mächtiges, etwa 15 Meter hohes und vierzig Meter breites Gerüst aus Bambusstangen ragt in die Höhe. Davor stehen drei bis vier Meter breite Tische, ebenfalls aus Bambus, auf denen ungeheure Mengen gekochter Taros und Bananen aufgeschichtet oder in geflochtenen Körben zur Schau gestellt sind. Das ganze Gerüst ist zudem mit Kokosnüssen, Bananen, Betelnüssen und Zuckerrohrstangen dekoriert.
Männer und Frauen strömen am Tanzplatz zusammen, setzen sich auf den Boden und beginnen mit großen Bambusrohren, die rhythmisch auf den Boden gestoßen werden, Musik zu machen. Dazu stimmen sie einen monotonen Gesang an. Etwa ein Dutzend Männer, Frauen und Kinder tanzen dazu, stampfen auf den Boden, trippeln dann wieder leise dahin. Wer müde ist, tritt aus dem Kreis der Tanzenden heraus und setzt sich an eine der vielen Feuerstellen, die den Hof erleuchten.

Die tanzenden Frauen tragen als einzigen Schmuck ihr jüngstes Kind auf den Schultern, die Männer haben ihren Körper, grotesk anmutend, mit Kalkstreifen bemalt. Ihr Penis ist mit verschiedensten Gegenständen dekoriert; manche haben ihn mit Federn geschmückt, einer hat gar eine alte Glühbirne daran gebunden. Ich frage mich, wo er sie wohl her haben mag.

Aus dem Busch ertönt lautes Geschrei. Etwa siebzig bis achtzig Männer schleppen unter Jauchzen und im Galopp ein riesiges Maskenbild heran. Sie richten es unter großer Anstrengung und mit Hilfe langer Bambusstangen auf. Ein Tänzer betritt den Kreis; er trägt eine riesige Maske, „Kavat" genannt, auf dem Kopf, die ihn als Person fast gänzlich verschwinden lässt und einen Kasuar darstellt. Ich weiß, dass dieses Tier als Totemzeichen bei vielen Stämmen eine wichtige Rolle spielt. Mit dem großen, offenen Schnabel und den rot-schwarz geränderten Augen wirkt die Maske grausig und Furcht einflößend. Nach einigen stampfenden Schritten wirft der Tänzer unter dem Gejohle der anderen die Maske zu Boden und setzt den Tanz im Reigen fort. Die Zuschauer stürzen sich auf die Maske, jeder versucht ein Stück davon an sich zu reißen. Dieses Schauspiel wiederholt sich noch mehrere Male: Einzelne Tänzer kommen maskiert in den Kreis, reißen sich die Masken ab, werfen sie zu Boden und die Zuschauer versuchen, ein Teil davon zu ergattern.
Dann folgt eine neue Sequenz. Schleppenden Schrittes bewegen sich neue Masken auf den Dorfplatz zu. Mager sind sie, erschreckend dünn. Bereits Monate vor der großen Feier hungern sie, bereiten sich auf das Fest vor. Einigen läuft der Schweiß in Strömen herunter. Männer, die am Rand des Tanzplatzes stehen und Zuckerrohr kauen, spucken das Gebräu auf den Rücken und die Brust der Tanzenden. Plötzlich wird einer der Tänzer ohnmächtig. Ohne Eile wird er an den Rand des Tanzplatzes getragen, und man schüttet ihm mit einem Bambusrohr Wasser in den Mund, bis er prustend und hustend erwacht.
Der Aufmarsch des Häuptlings ist Höhepunkt und Schluss des Tanzes.

Er wird von seiner Hütte abgeholt, Männer und Kinder tragen eine überdimensionierte Maske vor ihm her. Sie ist etwa vier Meter hoch und hat einen Umfang von fast drei Metern. Langsam bewegt sich der Zug bergaufwärts. Immer wieder bleibt der Häuptling stehen, verbeugt sich vor der Erde, stampft mit den Füßen auf, geht weiter. Oben angekommen, verneigt sich der Häuptling aufs Neue. Dann nimmt man ihm beide Lanzen ab, die er in Händen hält, und setzt ihm die Maske auf. Zehn Männer stehen hinter ihm, um die schwere Maske mit Bambusstangen abzustützen, damit sie ihn nicht erdrückt. Er stampft wieder auf den Boden. Es scheint das Signal zu sein, dass ihm zwölf mit Luft gefüllte Schweinsblasen überreicht werden. Mit aller Kraft schlägt er diese an die stumpfe Seite eines Beils, so dass sie bersten. Gebannt verfolgen wir das Schauspiel. Bei der neunten Blase verlässt ihn die Kraft, einige Männer müssen ihm helfen. Die Maske des Häuptlings ist die einzige, die nicht geplündert wird; sie wird an einen Baum gelehnt und bleibt unberührt. Anschließend übergibt der Häuptling seinen Tanzschmuck an sein Gefolge, geht zum Gerüst und eröffnet sozusagen das „Buffet". Schnell sind die aufgeschichteten Bananen, Kokosnüsse, Taros usw. an die Gäste verteilt, es wird gegessen, und danach beginnt der Tanz von Neuem.

Irgendwann, es ist stockdunkle Nacht, kommt leichter Wind auf, dann beginnt es zu stürmen und Regen prasselt herab. Uns wird es ungemütlich, doch die Einheimischen lassen sich überhaupt nicht beirren, das Fest geht weiter. Mir tun die Kinder Leid, die vor Kälte weinen und zittern. Manche sind vor Erschöpfung bereits eingeschlafen, liegen wie Kraut und Rüben durcheinander am Boden. Einige Tänzer gehen immer noch im Kreis, halten schützend Bananenblätter über den Köpfen. Wir sind vom Schauen und den vielen fremden Eindrücken müde gewonnen und wollen in unsere Zimmer aufbrechen. Da hören wir vom Hügel herunter schauriges Geschrei. „Die Teufel kommen, die Teufel kommen!", flüstert man um uns herum. Aus dem hohen Gras taucht eine Horde glänzend schwarz angemalter Männer auf. Sie tragen ausladende Hüte auf dem Kopf, als Lendenschurz dienen zerschlissene Bananenblätter. Die trichterförmigen Tanzhüte haben einen Durchmesser von ein bis zwei Metern und sind aus dünnem Bambusrohr gefertigt, das mit bemalten Tapastreifen – am nächsten Tag wird mir der Bischof erklären, was es mit dem „Tapa" auf sich hat – überzogen.

Plötzlich erheben sich Rufe aus der Menge der Zuschauer: „Em nau!" – „Es ist geschafft!"

Die schwarzen Gestalten halten Beile, Keulen und dünne Ruten in den Händen, die sie mit ausgestreckten Armen über dem Kopf tragen. Lautlos und ernst schreiten sie unter dumpfer Trommelmusik einher und gruppieren sich dann auf dem Tanzplatz. Dann stürmen die jungen Tänzer auf die Teufel zu, reißen ihnen die Ruten aus den Händen und schlagen mit aller Kraft auf die Teufel ein. Bei jedem Schlag soll die Rute zerbrechen. Wer nicht hart genug zuschlägt oder seine Rute „verbraucht" hat, muss sich an die Stelle des Teufels stellen und von diesem schlagen lassen. Die Schläge werden mit solch einer Wucht und Brutalität ausgeführt, dass die Haut aufplatzt und das Blut an den schwarzen Körpern herunterrinnt. Trotzdem vernimmt man keinen Schmerzenslaut; die Jungen, oft nicht älter als zehn Jahre, verziehen nicht einmal das Gesicht, wenn die Hiebe ihre Haut treffen. Sie lassen es mit sich geschehen, es ist eine Mutprobe und ein Beweis dafür, dass auch sie einmal erwachsene Männer werden. Die Geißelung gehört zum Fest der Bainings. Erst danach eilen Männer herbei, um die blutenden Wunden der Geschundenen mit Kalk einzureiben.

Ich will das nicht mehr sehen. Für mich stellt sich das Spektakel als grausame Szenerie dar. Langsam gehe ich zurück in meine Kammer, strecke mich auf der Matratze aus. Von Ferne höre ich die Trommeln, das Stampfen und Johlen. Ich bin für eine Weile in eine andere Welt getaucht. Es ist nicht die meine.

Am nächsten Tag frage ich den Bischof, zu welchem Zweck die Tänze aufgeführt werden. „Es hat etwas mit ihren Toten zu tun, und mit der Taro-Ernte. So weit ich weiß, nehmen die Baininger in diesem

Ritual mit ihren Ahnen Kontakt auf. Aber, Missis Reder, ob Sie es glauben oder nicht, ich kann Ihre Frage nicht genau beantworten. Ich bin zwar schon lange hier und lebe mit den Menschen auf engstem Raum zusammen; trotzdem finde ich nicht zu allen Geheimnissen dieser Kultur Zugang. Und so ein großes Fest, wie wir es gestern erlebt haben, findet nur sehr selten statt. Die Vorbereitungen dauern mehrere Jahre. Die meiste Zeit brauchen die Bainings für die Herstellung und Bemalung des Tapa."

„Tapa, Hochwürden, habe ich noch nie gehört. Was ist das?", hake ich nach. Der Bischof nimmt sich Zeit für eine Erklärung; vielleicht freut er sich auch, wenn er jemandem sein Wissen weitergeben darf. „Tapa ist ein zelluloseartiger Stoff, der aus der abgeschabten und weich geklopften Rinde des Kambuluchenbaumes gewonnen wird. Die Herstellung ist sehr aufwändig; Die Rinde wird mehrfach geklopft, gewaschen und zum Trocknen auf den Dächern der Hütten ausgelegt. Wenn es getrocknet und mit glühenden Steinen glatt gestrichen ist, wird das Tapa dann bemalt. Man verwendet dazu rote Farbe, die aus einer Wurzel gewonnen wird, und schwarze Farbe aus Ruß und dem Harz eines Baumes. Das fertige Tapa brauchen die Bainings zum einen für die Tanzkleidung, zum anderen aber auch für die riesigen Tanzhüte."

„Es ist ein überwältigendes Erlebnis für mich, für uns alle, so ein seltenes Sing-Sing erleben zu dürfen", danke ich dem Bischof für seine Erklärungen und seine Gastfreundschaft.

Drei Tage lang bleiben wir bei den Bainings, tauchen dort in eine andere Welt, eine andere Kultur ein. Dann machen wir uns wieder auf den Heimweg. Bei Sonnenaufgang marschieren wir los. Jeder hängt seinen Gedanken nach. Ohne viele Worte zu wechseln, stapfen wir durch den Urwald. Für mich sieht alles gleich aus. Ich kann mir nicht vorstellen, dass wir unsere zurückgelassenen Autos jemals wieder finden werden. Aber unsere Träger wissen den Weg. Nach zehnstündigem Marsch sehen wir mit großer Freude unsere Wagen im Busch stehen. Die Rückfahrt führt uns wieder über Stock und Stein, wir werden kräftig durcheinandergeschaukelt, aber wir sind froh, nicht mehr laufen zu müssen. Angestrengt orientiere ich mich an den Rücklichtern meines Vordermannes, um den Anschluss nicht zu verlieren. Alleine wäre ich in dieser Wildnis verloren.

Zum ersten Mal komme ich gern in unser primitives Heim zurück. Als wir uns dem Haus nähern, ist es hell erleuchtet. Wolfgang ist nicht da, und Torawas hat die Lichtmaschine für uns angelassen. Es tut gut, wieder daheim zu sein.

Bereits früh am Morgen herrscht auf den Stufen vor unserem Haus reger Betrieb. Es hat sich im Dorf schnell herumgesprochen, dass ich kleine Wehwehchen behandle und auch einige Schmerzen lindern konnte. Außerdem wissen die Eingeborenen, dass die Missis und der „master bilong em" bald für mehrere Wochen nach Deutschland fliegen werden. Dass auch Thorstens Jahr sich dem Ende zuneigt und er nicht mit zurück kommen wird, bedauern die Einheimischen sehr, denn sie haben ihn ihr Herz geschlossen – besonders die jungen Mädchen. „Tutzi" nennen sie ihn liebevoll, denn Thorsten können sie nicht aussprechen. „Time bilong Tutzi is pinis", sagen sie traurig. „Good netta morning", grüße ich fröhlich. „Säm to you, Missis", bekomme ich zur Antwort. Ich schaue mir jeden meiner Patienten an. Der schlimmste Fall ist heute Joseph, deshalb behandle ich ihn zuerst. Sein Onkel hatte ihm vor wenigen Tagen so heftig mit dünnen Rutenstöcken über den Rücken geschlagen, dass die Haut aufplatzte. Die Wunden haben sich schlimm entzündet; tiefe, eitrige Striemen, in denen sich mittlerweile Fliegen festgesetzt haben, ziehen sich über den ganzen Rücken.
In Papua Neuguinea liegt die Erziehung eines Kindes in den Händen seines Onkels. Der Vater hat nichts zu sagen. Kommt es zwischen Vater und Sohn zu Differenzen, bittet der Vater den Onkel, den Jungen zu bestrafen. Was auch immer dieser sich ausdenkt, die Familie akzeptiert es bedingungslos.
Es schüttelt mich vor Ekel, als ich die Wunden genauer unter die

Lupe nehme. Oft wundere ich mich über mich selbst, dass ich diese Arbeit machen kann. Mit einer Pinzette ziehe ich vorsichtig das Ungeziefer aus dem Eiter, tränke ein großes Stück Watte mit reiner Kernseifenlauge, und wasche die blutigen Stellen sorgfältig aus. Aus den Augenwinkeln sehe ich die interessierten Blicke meiner Patienten, die jeden meiner Handgriffe aufmerksam verfolgen. Joseph selbst verzieht keine Miene. Ich schneide eine Rolle Gaze in Streifen und bestreiche jedes Stück dick mit Antibiotikasalbe. Dann lege ich Streifen für Streifen vorsichtig auf die gesäuberten Wunden und bitte Mosley, der heute meinen Assistenten spielt, jeden einzelnen solange fest zu halten, bis ich ihn mit Leukoplast fixiert habe. Mosley macht das sehr geschickt. Joseph war sehr tapfer und bekommt von mir zur Belohnung ein sauberes T-Shirt geschenkt, das er glücklich über den Kopf zieht. Ich bin zufrieden; nun können zumindest keine Fliegen mehr die Wunde infizieren. „Let me examine your wound again in two days", bitte ich ihn. „Yes. And thank you, Missis", sagt er und marschiert voller Stolz über sein neues Hemd ins Dorf zurück.

Es ist Mittag, als ich mit der Arbeit fertig bin. Alle großen und kleinen Wehwehchen sind behandelt. Für jede Familie habe ich ein Päckchen mit Verbandsmaterial, Malariatabletten und Antibiotikasalbe zurechtgemacht. Eingehend erkläre ich ihnen die Anwendung, damit sie während unserer Abwesenheit auch ohne mich zurechtkommen. Ein altes Mütterchen drückt mir dankbar ein paar Hühnereier in die Hand, aber nach meinen Erfahrungen mit Eiern aus dem Dorf lehne ich sie lächelnd ab. Beim Mittagessen rückt Wolfgang mit einer Überraschung heraus: „Vor unserem Heimaturlaub machen wir noch eine Woche Ferien in einem Luxushotel in Brisbaine in Australien, und anschließend gehen wir vierzehn Tage auf Abenteuerreise durch Katmandu. Es soll eine Wiedergutmachung für das nicht so gute Jahr sein."
„Australien, wunderbar!" Thorstens Augen leuchten. „Da werde ich jeden Tag ein saftiges Steak verdrücken", freut er sich. Ich aber bin wütend. Auf diese Idee ist sicher nicht Wolfgang gekommen. Ich vermute, dass er geschäftlich zumindest in Australien zu tun hat. Als ich

mit ihm alleine bin, stelle ich ihn zur Rede: „Was soll das eigentlich beweisen? Ein ganzes Jahr machst du uns das Leben zur Hölle, dann packt dich das schlechte Gewissen, und damit Thorsten dich in guter Erinnerung behält, kommst du mit einer Reise daher, die du nicht einmal selbst bezahlen musst. Du machst es dir verdammt einfach. Du würdest Thorsten mehr helfen, wenn du ihm einfach einmal zuhören würdest – und wenn es nur zehn Minuten am Tag wären!" – „Ich habe noch zu tun", antwortet Wolfgang, dreht sich um und geht. Mir kommt ein Brief in den Sinn, den ich vor einigen Tagen in den Händen hielt. Thorsten hatte ihn an einen Lehrer in Salem geschrieben. Er erzählt von den Abenteuern, die er in Papua erlebt, und schreibt, dies alles unternehme er mit seinem Vater. Es tut mir weh, zu sehen, wie sehr er sich diesen Vater herbeisehnt, mit welchem Wunschdenken er sich in seiner Fantasie einen väterlichen Freund schafft. So sehr ich mich auch bemühe, ich werde ihm den Vater nie ersetzen können. Und trotzdem, so tröste ich mich selbst, hat ihm dieses Jahr sehr gut getan, und er wird als selbstbewusster junger Mann nach Salem zurückkehren.

Mitten in der Nacht fahre ich erschrocken hoch und lausche. Da ist es wieder: ein eigenartiges, kratzendes Geräusch. Vor Angst halte ich die Luft an, greife zur Taschenlampe und knipse sie an. Es ist nichts zu sehen. Ich leuchte in alle Ecken und Winkel, bis ich den Übeltäter entdecke: Es ist unsere Katze. Sie steht kurz vor ihrem ersten Wurf, und hat sich als Wochenbett wohl meinen halb gepackten Koffer ausgesucht. Als sie der Schein der Lampe trifft, miaut sie kläglich auf. Ich klettere seufzend aus dem Bett, suche einen alten Karton, polstere ihn mit alter Wäsche aus, lege ein paar zerfetzte Kleidungstücke aus dem Koffer, die sowieso schon daran glauben mussten, oben auf und setze Pussy hinein. „So, mein Schätzchen, jetzt können die Kleinen kommen, oder?", tröste ich sie und streichle ihr über den dicken Bauch.

Am nächsten Morgen gilt mein erster Gedanke Pussy und ihrem Nachwuchs. Wie viele Kätzchen es wohl sein mögen? Doch seltsamerweise ist der Karton leer, und Pussy läuft noch immer mit prallem

Bauch kläglich miauend im Haus umher. Den ganzen Tag ist sie mir dicht auf den Fersen, jammert furchtbar. Irgendwann setzt sie sich zu meinen Füßen und beginnt zu pressen. Ich versuche ihr zu helfen, indem ich ihren Bauch massiere, aber es passiert nichts. Zwei Tage leidet Pussy Höllenqualen. Vom vielen Pressen kraftlos, liegt sie teilnahmslos in ihrer Kiste. Sie wird sterben, wenn wir nicht sofort etwas unternehmen. Und ich sehe nur einen Ausweg: Ich packe die Katze ein und fahre mit ihr nach Vunapope auf die Entbindungsstation. Als ich die Schwester verzweifelt bitte, meiner Katze zu helfen, schaut sie mich fassungslos an: „You must be kidding, Missis Reder. This is a maternity hospital for human beings, for such a silly thing we have no time here!" Kein Bitten hilft. Enttäuscht nehmen wir unsere Katze und fahren wieder nach Hause.

„Mutti", appelliert Thorsten verzweifelt an mich, „wir können sie doch nicht so einfach sterben lassen!" Ich fühle mich elend und hilflos, weil ich mit ansehen muss, wie Pussy vor unseren Augen verendet. Verzweifelt massiere ich ihr den Bauch. Da entdecke ich eine kleine, rosa Zunge. Ich weiß, ich muss etwas tun, muss helfen, dieses Kätzchen aus dem Bauch zu befördern. Die Zeit läuft uns davon. Mein Blick fällt auf die Dose, in der wir unsere Fischerhaken aufbewahren. Instinktiv greife ich danach und suche nach einem passenden Haken. Entsetzt und Schlimmes ahnend wendet Thorsten sich ab. Auch mich graut vor dem, was ich tun werde, aber ich sehe keinen anderen Weg. Der Muttermund ist ein wenig geöffnet. Ich sehe das Maul eines winzigen Kätzchens. Ich versuche, den Angelhaken dort zu verankern. Oh nein, ich habe in der Eile die Haut der Vagina erwischt. Aber Pussy zuckt nicht einmal, vor Schmerz ist sie besinnungslos. Ein zweiter Versuch. Dieses Mal gehe ich tiefer in die Öffnung, verankere den Haken, spüre Widerstand. Ich ziehe mit aller Kraft. Hoffentlich geht es gut. Nach einigen Minuten habe ich es geschafft, aber das Ergebnis ist sehr traurig: Vor uns liegt ein sehr großes, graues Tigerkätzchen. Ich ahne, dass es nicht das einzige Katzenbaby sein wird, das Pussy in ihrem Bauch trägt. Aber ich bin ratlos, weiß nicht, was wir noch für sie tun können. Thorsten und ich sitzen noch lange bei ihr, massieren den Bauch, streicheln sie und sprechen ihr Mut zu. Irgendwann legen wir uns müde schlafen.

Am nächsten Morgen liegen drei tote Kätzchen in der Wohnung verstreut. Aber Pussy lebt, sitzt friedlich in der Sonne und putzt fleißig ihr Fell.

Australien liegt unter uns. Thorsten und ich bestaunen den uns unbekannten Kontinent aus den Fenstern des Flugzeugs, während die Maschine langsam an Höhe verliert und zur Landung ansetzt. Wolfgang hat es sich eine Reihe hinter uns bequem gemacht. Dank einiger Gläser Whisky und seiner Beruhigungstabletten ist er eingeschlafen. Langsam rollt die Maschine aus. Aber die Türen bleiben geschlossen. Erst nach etwa fünfzehn Minuten kommt die Crew, in jeder Hand eine Dose Insektenvernichtungsmittel. Die vorsichtigen Australier bestehen auf dieser Prozedur bei jeder Maschine, die aus Papua landet. Der Grund ist die gefürchtete Malaria. Giftiges Aerosol nieselt auf uns herab, setzt sich auf der Kleidung fest, lässt die Augen tränen und greift die Bronchien an. Hier und da verendet ein Moskito, fast überall hüsteln die Passagiere. Endlich werden die Türen geöffnet, und jeder kennt nur einen Wunsch: Raus aus diesem stinkenden Flugzeug!

„Em nau!", denke ich, als wir im Hyatt Regent ankommen. Weiche Orientteppiche schlucken unsere Schritte. Tropische Pflanzen und kleine Springbrunnen verzaubern die Atmosphäre. In unserem Zimmer, das durch eine Zwischentür direkt mit Thorstens Raum verbunden ist, erwartet uns eine Flasche Champagner mit zwei Gläsern, dazu eine Karte: „With compliments from the Manager of the Hotel". Wir ahnen, dass wir hier rundum verwöhnt werden, und ich freue mich auf die kommenden Tage.
Im Badezimmer lasse ich ein duftendes Schaumbad einlaufen, strecke mich in der Wanne aus und genieße das Gefühl, zurück in der Zivilisation zu sein. Es ist herrlich! In solchen Momenten bin ich dankbar

für unser abwechslungsreiches, abenteuerliches Leben, in dem sich Entbehrung und Luxus die Hand reichen, ein Leben, in dem es nie langweilig zu werden droht. Ich kuschle mich in den flauschigen Bademantel, lackiere mal wieder die Nägel, benutze Lidschatten, Wimperntusche und Lippenstift. Es tut gut. Das schwarze Trägerkleid erscheint mir für den ersten Abend sehr passend, ein Hauch Parfum, goldene Creolen, fertig. Als Wolfgang zur Tür hereinkommt, schaut er mich an: „Oh, ich hatte ganz vergessen, was für eine schöne Frau ich habe!" Galant hält er mir die Tür auf, wir holen Thorsten in seinem Zimmer ab und fahren mit dem gläsernen Lift ins DachTerrassenrestaurant. Welch ein Blick! Die Sonne geht gerade am Horizont unter und taucht die Stadt in ein einzigartiges, warmes Licht. Inmitten riesiger Wolkenkratzer steht, wie ein einsamer Baum auf einer weiten Wiese, verloren ein kleines Kirchlein, in dessen Fenster sich kupferfarben die untergehende Sonne spiegelt. Wer mag dieses Juwel wohl vor dem Abriss bewahrt haben?

Der Ober geleitet uns zu einem kleinen Tisch, reicht uns die Karte. Wolfgang und ich entscheiden uns für eine Seafood-Platte für zwei Personen, Thorsten bekommt sein lang ersehntes Steak mit einer Cola. Ich genieße den exzellenten Wein, das wunderbar angerichtete Essen mit allem, was das Meer an Köstlichkeiten zu bieten hat, die entspannte, edle Atmosphäre. Thorsten hat das Besteck beiseite gelegt. Von seinem appetitlich-saftigen Steak hat er nur eine winzige Ecke abgesäbelt. „Was ist los?", frage ich ihn. „Mutti, es tut mir so Leid, aber ich kann nichts essen", sagt er. Jetzt schaut auch Wolfgang von seinem Teller auf: „Wie, du kannst nichts essen? Ist das Steak nicht einwandfrei? Das ganze Jahr schwärmst du von einem saftigen Stück Fleisch, und jetzt, wo es vor dir liegt, rührst du es nicht an. Da soll sich noch einer auskennen."

„Entschuldige bitte", stöhnt Thorsten. „Aber mein Bauch... Ich lege mich ins Bett. Macht euch bitte keine Sorgen, morgen geht es mir sicher wieder besser."

Bis zwei Uhr genießen Wolfgang und ich den Blick von der DachTerrasse, den guten Wein und den lauen Abend. Beschwipst gehen wir auf unser Zimmer, und ich kann es nicht lassen, noch einen Blick in Thorstens Zimmer zu werfen. Er schläft.

Morgens werde ich durch ein Rütteln geweckt. Es dauert einen Moment, bis ich mich orientieren kann. Thorsten steht vor mir, flüstert: „Mutti, bitte komm mit. Ich muss dir etwas zeigen."
Als ich mich aufsetze, sehe ich erst, wie blass und eingefallen sein Gesicht ist. „Oh Gott, was ist denn mit dir los?", entfährt es mir. Tränen laufen über Thorstens Gesicht. Seine Augen schimmern gläsrig, kalte Schweißperlen sammeln sich auf seiner Stirn. Ohne Zweifel hat er hohes Fieber. „Es geht mir nicht gut", schluchzt er, „ich glaube, ich muss sterben. Schau meinen Urin an." Erschrocken halte ich inne. Es sieht aus, als habe Thorsten Blutorangensaft ins WC geschüttet. Ich laufe zu Wolfgang ins Zimmer zurück, rüttle auch ihn kräftig an den Schultern: „Wolfgang, wach auf, wir brauchen einen Arzt!" Er stöhnt, dreht sich auf die andere Seite und spielt den Schlafenden. Doch ich lasse heute nicht nach: „Wolfgang, bitte, Thorsten braucht dringend einen Arzt! Verdammt noch mal, hör endlich!", werde ich wütend. „Bist du von allen guten Geistern verlassen? Was soll das Theater?", schnauzt er mich verschlafen an. „Thorsten geht es nicht gut. Er braucht Hilfe. Und zwar schnell", erkläre ich ihm noch einmal. Wolfgang lässt sich Zeit. Schließlich ruft er an der Rezeption an und verlangt einen Arzt. Ich ziehe mir schnell etwas über, da klopft es auch schon an der Tür. Ein netter älterer Herr stellt sich als Dr. Moor vor. Wir führen ihn in Thorstens Zimmer, er schaut ihn nur an und stellt, ohne ihn zu untersuchen, fest: „Ihr Sohn hat eine schwere Gelbsucht. Aus Sicherheitsgründen muss ich diesen Fall der Direktion melden." Jetzt schaltet sich Wolfgang ein: „Bitte tun Sie das nicht. Ich möchte kein Aufsehen. Wir verlassen heute noch das Hotel." - „Es tut mir Leid, aber ich muss Ihren Sohn in ein Krankenhaus einweisen. Daran führt kein Weg vorbei. Es ist im Interesse Ihres Sohnes", erwidert der Arzt mit Nachdruck. „Wir sind morgen in Deutschland, ich habe bereits alles in die Wege geleitet", erklärt Wolfgang bestimmt. „Und selbstverständlich übernehme ich die volle Verantwortung."

Warum sage ich nichts? Wieso wage ich es nicht, ihm zu widersprechen? Immerhin geht es hier auch um mein Kind. Ich schweige. Der Arzt verabschiedet sich frostig.
„Wie stellst du dir das eigentlich vor?", frage ich verärgert, als wir alleine sind. „Schau dir Thorsten doch an. Wie soll er den langen Flug überstehen?" – „Überlass das mir", antwortet Wolfgang. „Fang schon mal an zu packen." Während ich unsere Sachen in die Koffer stopfe, höre ich, wie Wolfgang mit der Lufthansa telefoniert: „Wir müssen in die nächste Maschine, ein plötzlicher Todesfall", höre ich ihn. „Erzählen Sie mir nicht, dass Sie für Notfälle keine Plätze haben. Ich erwarte Ihren Anruf." Kurzes Schweigen. „Also in spätestens einer Stunde rufen Sie zurück." Dann legt er auf. „Bitte", flehe ich meinen Mann an, „bitte, bitte, lass uns Thorsten ins Krankenhaus bringen, er hat so Schmerzen. Ich habe Angst, dass er den langen Flug nicht übersteht!" - „Du mit deiner Angst", antwortet er harsch, „der schafft das schon. Außerdem hab ich dir doch schon erklärt, dass ich das regle. Ziehe ich eigentlich nur Idioten groß?" Das ist Wolfgangs Lieblingssatz. Er hat ihn, wie er selbst immer wieder stolz erklärt, von seinem Vater übernommen und wirft ihn mir bei jeder passenden und unpassenden Gelegenheit an den Kopf. Ich hasse ihn dafür.

Eine halbe Stunde später meldet sich die Airline. „Wir fliegen um 18 Uhr", teilt Wolfgang mir mit. Ich muss seine Entscheidung wohl oder übel akzeptieren. „Dann lass ich Thorsten bis zur letzten Minute im Bett liegen. Wann müssen wir spätestens hier los?", frage ich. „Du spinnst wohl?", herrscht er mich an. „Um Zwölf müssen wir hier raus sein, sonst kostet mich das einen Tag mehr!"
Die Wut treibt mir einmal mehr Tränen in die Augen. „Geld, immer nur Geld! Geld ist das einzige, was dich interessiert! Wie viele Millionen hast du denn schon gehortet? Jetzt sparst du schon fünf Tage Hotelkosten plus die Reise durch Katmandu – reicht das immer noch nicht? Was bist du nur für ein Mensch!"
Zornig drehe ich mich um und gehe in Thorstens Zimmer. Fiebernd liegt er im Bett. Ich knie mich zu ihm, streiche ihm übers Haar: „Wir

fliegen heute noch nach Deutschland", sage ich leise. „Ich kann aber nicht aufstehen", flüstert er schwach. „Das musst du jetzt auch nicht. Wir haben noch Zeit. Später helfe ich dir, das Nötigste anzuziehen." Ich fülle einen Waschlappen mit Eiswürfeln aus der Zimmerbar und lege ihn Thorsten auf die Stirn. „Das tut gut", sagt er heiser und schläft erschöpft ein. „Mach dir keine Sorgen, wir werden dich ohne Schaden nach Deutschland bringen. Ich lasse nicht zu, dass dir irgendetwas geschieht", spreche ich meinem schlafenden Kind und mir selbst Mut zu.

„Ich gehe die Rechnung bezahlen. Macht euch schon mal fertig", sagt Wolfgang, nimmt seine Brieftasche und geht. Ich schrecke hoch, ich muss wohl selbst an Thorstens Bett eingenickt sein. Müde erhebe ich mich, greife nach dem Jogginganzug, den ich Thorsten für die Reise anziehen will. „Mutti, ich schaff das nicht", stöhnt er. „Wir schaffen das gemeinsam", tröste ich ihn, und versuche, meinem langen Sohn irgendwie die Hose und das Shirt überzuziehen. Thorsten sinkt müde in die Kissen zurück. Im Liegen stülpe ich ihm die Turnschuhe über die Füße. Dann kommt Wolfgang. „Wir können gehen. Das Taxi ist bestellt", sagt er. An der Art, wir mein Mann redet, merke ich, dass er schon wieder getrunken hat. Der Alkohol wird mehr und mehr zum Problem. Aber ich habe jetzt keinen Nerv, mir darüber den Kopf zu zerbrechen. Im Moment habe ich andere Sorgen. Ein Hotelpage kümmert sich um die Koffer. Wolfgang und ich stützen – oder besser: schleifen Thorsten. Ohne Schwierigkeiten kommen wir an der Rezeption vorbei, obwohl uns natürlich neugierige Blicke folgen. Wir hieven Thorsten ins Taxi, ich setze mich neben ihn. Auf dem Weg zum Flughafen lehnt er seinen Kopf an meine Schulter und schläft gleich ein.

Der Taxifahrer ist ein mitfühlender Mensch. Er glaubt die Geschichte mit der Malaria, die Wolfgang ihm auftischt. „Wait a moment", bittet er uns am Flughafen bevor wir aussteigen, „I will be back in a few minutes." Mit einem Rollstuhl kommt er zurück und hilft uns, Thorsten hineinzuheben. Ich bin ihm unendlich dankbar.

Vier Stunden noch bis zum Abflug der Maschine. Ich bin so wütend auf Wolfgang, auf seinen verdammten Geiz, mit dem er uns das Leben so schwer macht. Was soll das? Glaubt er, glücklicher zu sein, wenn er einige Cent mehr in der Tasche hat? Die Zeit schleicht. Thorsten liegt auf einer Bank, seine Augen sind geschlossen. Ich habe ihm meinen Mantel als Kissen untergeschoben. Hin und wieder wird sein Körper von Fieberschüben geschüttelt. „Entschuldigen Sie bitte", eine Frau steht hinter mir, lächelt mich an. „Ihrem Sohn scheint es gar nicht gut zu gehen. Hier im Flughafen gibt es eine Krankenstation, wir haben Ärzte, die sich um ihn kümmern werden", bietet sie uns an. „Er sollte dringend untersucht werden. Darf ich Ihnen helfen? Ich fordere eine Trage an…". Ich bin so froh über ihr Angebot. Doch da mischt sich Wolfgang ein: „Vielen Dank, nein. Unsere Maschine geht in Kürze. Wir möchten, dass er zuhause behandelt wird", lehnt er kühl ab. Ich mache ihm Vorwürfe, appelliere an seine Verantwortung als Vater. „Sollen wir so kurz vor dem Abflug noch ein Risiko eingehen?", fragt er. „Da sieht man mal wieder, dass du keinen Verstand hast. Es könnte eine ansteckende Hepatitis sein, dann müssten wir alle drei in Quarantäne. Ziehe ich denn nur Idioten groß?", fügt er mal wieder hinzu.

Endlich wird unser Flug aufgerufen. Thorstens Rollstuhl wird zuerst in die Maschine geschoben. Wir fliegen Businessclass. Alle Sitze sind belegt, so dass sich Thorsten nicht richtig hinlegen kann. Er kauert im Sitz, krampft sich vor Schmerzen immer wieder zusammen. Ich fühle, wie erschöpft er ist. Wolfgang hat sich noch im Flughafen mehrere Whisky genehmigt und schläft bereits während des Starts.
Die First Class ist nur durch einen Vorhang von uns getrennt. Ich erspähe eine freie Reihe. Als die Maschine ihre Flughöhe erreicht hat und die Anschnallzeichen erloschen sind, weiß ich, was ich zu tun habe. Ich hake Thorsten unter und führe ihn nach vorne in die First Class, wo er sich auf drei Sitzen ausstrecken kann. Sofort maßregelt uns der Stewart: „Sorry, Madam, but you are in the wrong class."

„I know", antworte ich. „But my son is very ill. We will pay for the upgrade, as soon as we arrive in Germany", verspreche ich. Und es ist mir egal, wie Wolfgang darauf reagiert.

„Kann ich etwas für Sie tun?" Ein älterer Herr steht vor mir. „Ich bin Arzt", stellt er sich vor. „Oh Gott, das hat mir gerade noch gefehlt", schießt es mir durch den Kopf. Ich muss so ein bestürztes Gesicht gemacht haben, dass er mich verwundert ansieht. Mit dem Märchen von der Malaria fange ich erst gar nicht an. Ihm kann ich sicher kein X für ein U vormachen. „Meinem Sohn geht es sehr schlecht, er braucht Hilfe", stammle ich verlegen.
„Ihr Sohn braucht dringend medizinische Betreuung. Er muss in ein Krankenhaus", bestimmt der Arzt. „Ich weiß. Aber Kaschmir, wo wir zwischenlanden, ist wohl nicht der richtige Ort." Der Arzt sieht mich zögernd an, überlegt eine Weile und nickt dann zustimmend. „Vielleicht haben Sie Recht. Ich gebe Ihrem Sohn eine Spritze gegen die Schmerzen."

In Karadschi haben wir drei Stunden Aufenthalt, die mir wie eine Ewigkeit vorkommen. Aber auch diese Zeit vergeht. Erst als sich die Maschine zur letzten Etappe unserer Reise in den Himmel hebt, kann ich mich entspannt zurücklehnen. Ich schaue aus dem Fenster. Über Europa geht die Sonne auf. Das satte Grün der Wiesen und Wälder unter uns zeigt mir, dass wir uns der Heimat nähern. Um zehn Uhr morgens landen wir in Frankfurt. Die Anschlussmaschine nach München wartet auf uns.

In München nehmen wir uns einen Leihwagen. Thorsten schläft auf dem Rücksitz. Es tut gut, in dieser Situation nach Hause zu kommen. Wir holen sofort den Arzt. Der bestellt einen Krankenwagen, und um 13 Uhr liegt Thorsten in einem großen, freundlichen Zimmer des Schwabinger Krankenhauses am Tropf. Ich spreche ein Dankgebet. Die Anspannung und der Schlafmangel der letzten beiden Tage machen sich nun auch bei mir bemerkbar. Eine bleierne Müdigkeit überfällt mich. „Mein Schatz, ich gehe jetzt nach Hause", flüstere ich Thorsten ins Ohr. „Morgen komme ich wieder."

Wolfgang wollte draußen auf mich warten. Ich ertappe ihn in einer öffentlichen Telefonzelle, angeregt in ein Gespräch vertieft. Er lacht und scherzt, flirtet ganz offensichtlich. Als ich plötzlich vor ihm stehe, lässt er erschrocken den Hörer fallen. Geschwind nimmt er ihn wieder auf und legt ihn auf die Gabel, ohne sich zu verabschieden. „Viele Grüße von meinen Eltern", stottert er schließlich verlegen. „Vielen Dank. Deine Mutter heißt nicht zufällig Ingeborg?", frage ich sarkastisch. Mit dieser Frau hatte Wolfgang eine Affäre, bevor er nach Papua versetzt wurde. Ich bin mir sicher, dass er sehr bemüht ist, diese wieder zu beleben. „Was du dir nur immer einbildest. Mit dieser Frau habe ich nichts mehr am Hut. Das sind doch alles nur Einbildungen deiner überreizten Fantasien. Ich schwöre…". Damit hebt er drei Finger in die Luft. „Lass das", sage ich böse, „sonst fällt dir eines Tages noch deine Hand ab." Ich bin zu erschöpft, um mich auf irgendwelche Diskussionen einzulassen.

Zuhause sinke ich aufs Sofa und mir fallen die Augen zu. Als ich wieder aufwache, ist es bereits dunkel. Ich greife zum Telefonhörer und rufe Petra an. „Seid ihr denn schon in Deutschland?", fragt sie freudig überrascht. Ich erzähle ihr kurz von Thorstens Gelbsucht und unserer Odyssee. Dann frage ich, wie es ihr geht, und wann wir uns sehen können. Zögernd beginnt Petra zu erzählen. Ihre Stimme klingt weich, irgendwie habe ich das Gefühl, dass sie in Gedanken ganz woanders ist. So verträumt kenne ich meine Tochter gar nicht. Aber es dauert nicht lange, und sie platzt mit der Neuigkeit heraus: „Mutti, ich würde euch gern jemanden vorstellen. Ich habe einen jungen Mann kennen gelernt." Es ist ein Gefühl zwischen freudiger Überraschung und seltsamem Unbehagen, das mich befällt. Unsere Tochter – einen Freund? Sicher, Petra ist alt genug. Und doch ist es ein weiterer Schritt der Loslösung vom Elternhaus. Und wir sind so weit weg, können diese wichtige Lebensphase nicht wirklich begleiten.

Ich habe das überwältigende Bedürfnis, Petra in den Arm zu nehmen, an mich zu drücken. Aber wie so oft bleibt uns im Moment nur das Gespräch übers Telefon. Tränen steigen mir in die Augen. „Am Wochenende kommen wir euch besuchen – wenn es euch Recht ist", sagt sie. „Ja! Unbedingt!", freue ich mich. Und dann will ich natürlich alles wissen. Er heißt Peter, und sie haben sich auf dem Stadtfest in Köln getroffen. Petra ist bis über beide Ohren verliebt, daran besteht kein Zweifel. Und ich freue mich für sie und kann den kommenden Freitag kaum erwarten; ich bin gespannt wie ein kleines Kind.

Freitag Mittag klappert ein schrottreifer Mercedes auf unseren Parkplatz. Ich kann ein Schmunzeln nicht verbergen, denn es wundert mich, dass es das Vehikel von Bonn bis nach München geschafft hat. Heraus steigen Petra – sie erscheint mir strahlender denn je – und Peter, ein etwa 1,90 großer, sehr gut aussehender junger Mann mit kurzen blonden Haaren und netten Grübchen in den Wangen. Ich umarme beide und führe sie ins Haus. Auf dem Tisch warten Weißwürste und frische Brezen, und es dauert nicht lange, bis wir drei so ins Gespräch vertieft sind, dass wir die Zeit vergessen. Ich bin froh, dass Wolfgang nicht da ist, denn er wird von Woche zu Woche unangenehmer. Seine Gegenwart schnürt mir die Kehle zu, und mich beschleicht das Gefühl, nicht mehr frei atmen und unbeschwert lachen zu können, wenn er neben mir steht oder mir gar die Hand auf die Schulter legt.

Am Nachmittag besuchen wir Thorsten im Krankenhaus; er ist noch sehr schwach, aber ich weiß ihn in guten Händen.
Am Abend habe ich einen Tisch beim Italiener im Haus reserviert. Wolfgang erwartet uns bereits, er gibt sich sehr charmant und zuvorkommend und umwirbt seine Tochter sichtlich. Allerdings spricht er mal wieder dem Alkohol zu; ein Whisky folgt dem Anderen, und seine Stimme wird immer lauter und lallender. Ich schäme mich für ihn, und beobachte, dass es Petra genau so geht. „Peter und ich machen

noch einen kleinen Spaziergang", versucht sie die Situation zu retten. „Das ist eine gute Idee, mein Schatz, wir sehen uns dann oben", sage ich erleichtert, und bin froh, als die beiden gegangen sind.

Mit allen Tricks versuche ich, meinen Mann dazu zu bewegen, nach Hause zu gehen, weil ich die Hoffnung habe, dass er eingeschlafen sein könnte, bis Petra und Peter von ihrem Spaziergang zurück sind. Doch Wolfgang hält sich wacker, trinkt noch drei Schnäpse und wird immer ausfallender. Als wir schließlich die Wohnungstür aufschließen, warten Petra und ihr Freund schon auf uns, und Wolfgangs folgendes Benehmen ist für uns alle beschämend und peinlich zugleich. „Bilde dir bloß nicht ein, dass du es hier unter meinem Dach mit meiner Tochter treiben kannst", poltert Wolfgang unter anderem mit schwerer Zunge. „So eine Schweinerei wird bei uns nicht geduldet." Und an Petra gewandt bestimmt er: „Du schläfst heute Nacht bei deiner Mutter im Schlafzimmer." Und an mich gerichtet: „Pass bloß auf, dass deine Tochter nicht auf Wanderschaft geht, sobald du die Augen zumachst." Ich würde am liebsten vor Scham im Boden versinken. „Damit wir deinen Wünschen nachkommen können, möchte ich dich bitten, jetzt das Wohnzimmer zu räumen, damit ich das Bett für Peter machen kann", sage ich dann entschieden. Ich nehme Wolfgang am Arm, ziehe ihn von der Couch hoch und bugsiere ihn in Thorstens Zimmer. „Was der Alkohol nicht alles anrichtet", versuche ich die Situation zu retten, als ich ins Wohnzimmer zurückkehre. Aber es gelingt mir nicht. Petra und Peter sitzen betreten schweigend am Tisch, und es tut mir einmal mehr Leid, dass ich unseren Kindern nicht ein „normales" Elternhaus bieten kann.

Das Wochenende verläuft ohne größere Zwischenfälle, aber es will keine rechte Freude mehr aufkommen. Als ich die Kinder am Sonntagnachmittag noch einmal umarme bevor sie ins Auto steigen, um die Rückfahrt anzutreten, ist mein Herz schwer. „Vielen Dank für alles, Mutti", flüstert Petra mir ins Ohr. Ich habe ein schlechtes Gewissen, weil ich gern mehr für sie tun würde.

Es bleiben uns noch drei Wochen in Deutschland. Jeden Tag besuche ich Thorsten im Krankenhaus, es geht ihm von Tag zu Tag besser. Die Atmosphäre zwischen Wolfgang und mir entspannt sich ebenfalls; wir machen viele Ausflüge in die Berge, verbringen die Tage am Tegernsee, in Garmisch-Partenkirchen oder wandern um den Eibsee. Hin und wieder nimmt Wolfgang verliebt meine Hand, und ich genieße die Augenblicke voller Intimität und Zärtlichkeit.

Dann heißt es auch von Thorsten Abschied nehmen. Er muss zurück ins Internat, und es bricht mir fast das Herz, obwohl ich überzeugt bin, dass er sehr viel selbstbewusster geworden ist und sich jetzt bei seinen Schulkameraden durchsetzen wird. Kurz und schmerzlos verabschiede ich mich von ihm. Erst als ich alleine bin, lasse ich meinen Tränen freien Lauf.

Unsere Zeit in Deutschland neigt sich dem Ende zu. Die letzten Tage verbringe ich mit Einkäufen und Kisten packen. Im Großmarkt überfällt mich regelrecht der Kaufrausch: Kartonweise lade ich Lollis, Schokolade und Kaffee für die Nonnen in meinen Wagen und sehe schon die strahlenden Augen der Leute aus dem Dorf vor mir. Bei C&A erstehe ich 200 Paar Socken zu einem günstigen Preis. Als ich der verdutzten Verkäuferin an der Kasse erkläre, dass diese 200 Paar Socken nach Papua Neuguinea wandern, bekomme ich gleich noch einmal 20 Prozent Rabatt.

Zuhause erwartet mich eine Einladung zum Klassentreffen. Da ich schon einmal in Deutschland bin, will ich mir dieses Wiedersehen mit vielen alten Freunden so kurz vor unserer Abreise natürlich nicht entgehen lassen. Erstaunlicherweise bietet Wolfgang mir sogar an, den Wagen zu nehmen, um ins Siegerland zu fahren. Gut gelaunt starte ich in ein langes Wochenende und freue mich darauf, ein fröhliches Wiedersehen mit meinen Schulkameraden zu feiern.
Es gibt ein großes Hallo, als ich völlig unerwartet auf dem Klassentreffen auftauche, und Anneliese, Rudolf, Hans und ich sitzen noch

morgens um sechs Uhr beim Frühstück zusammen, weil wir uns so viel zu erzählen haben.

An diesem Abend und auch an den folgenden zwei Tagen versuche ich immer wieder, Wolfgang zu erreichen, aber er geht nicht ans Telefon. Ein ungutes Gefühl und der Gedanke an Ingeborg beschleichen mich. Ich beschließe, einen Tag früher als geplant zurückzufahren.

Nervös sitze ich im Auto. Ob Wolfgang etwas zugestoßen ist? Es irritiert mich, dass er sich so gar nicht meldet. Ohne Pause habe ich die Strecke zwischen Siegen und München zurückgelegt, und endlich stehe ich vor unser Wohnungstür und drücke den Klingelknopf. Nichts. Ich stecke den Schlüssel ins Schloss und sperre auf. Die Wohnung scheint leer, ich rufe Wolfgangs Namen, aber er antwortet nicht. Ich gehe ins Bad, um mir die Hände zu waschen. Auf der schmalen Ablage über dem Waschbecken steht eine Dose Haarspray. Sie gehört nicht mir. Ahnungsvoll gehe ich ins Schlafzimmer. Unsere Ehebetten sind zerwühlt, in meinem Bett finde ich Haarnadeln. Mir wird schlecht. „Du bist schon zu Hause?", fragt Wolfgang erschrokken, als er später zur Tür hereinkommt. Statt einer Antwort werfe ich ihm wütend die Haarspraydose entgegen. Ich verfehle ihn nur knapp, treffe stattdessen den Kristallspiegel. „Scherben bringen Glück", bemerkt er sarkastisch.

Wir sind gestern Abend nach Kokopo zurückgekehrt und wurden bereits sehnsüchtig erwartet. Die Schlange der kranken Dorfbewohner vor unserer Haustür scheint kein Ende nehmen zu wollen. Ich behandle schlimme Geschwüre, verstauchte Füße und triefende Nasen. Zwei Kinder sind in so schlechtem Zustand, dass ich sie ins Krankenhaus fahre. Es tut mir gut, alle Hände voll zu tun zu haben und nicht zum Nachdenken zu kommen, denn zwischen Wolfgang und mir herrscht seit meiner Rückkehr aus dem Siegerland Funkstille, und außerdem vermisse ich Thorsten an meiner Seite.

Es ist noch früh am Morgen, als Wolfgang mit quietschenden Reifen vor unserer Haustür hält. Wutentbrannt stürmt er die Stufen hoch.

„Otto macht mal wieder Zicken. Ich habe die Schnauze voll!", schimpft er. Ich erfahre, dass die mit deutschen Mitteln finanzierten und neu gebauten Häuser für die Lehrer der Schule in Ulagunan leer stehen, weil Otto Tavur sich weigert, die von Wolfgang eingestellten Lehrer dort wohnen zu lassen. Nachdem Wolfgang sich etwas beruhigt hat, fährt er direkt nach Ulagunan, um mit Otto zu reden und die Lage zu klären. Aber als er gegen Mittag nach Hause kommt, sehe ich ihm die Aufregung an. „Ich habe mit Otto gestritten. Er ist ein sturer Kopf und vollkommen uneinsichtig. Schließlich habe ich ihm die Zusammenarbeit aufgekündigt und das Projekt für beendet erklärt. Allerdings ohne die Zustimmung der deutschen Regierung, die hier viel Geld investiert hat. Das kann großen Ärger geben. Halte du die Stellung, ich fahre nach Rabaul, um zu telefonieren."

Es dauert keine halbe Stunde, da steht Otto Tavur vor der Tür, auf dem Arm seinen kleinen Sohn Wolfgang, für den wir vor gut einem Jahr die Patenschaft übernommen haben. Wütend setzt er den Kleinen auf den Fußboden. „Ich habe kein Geld mehr, um das Kind zu ernähren. Das ist ab jetzt euer Problem. Viele Grüße an deinen Mann." Damit dreht er sich auf dem Absatz um, knallt die Tür hinter sich zu und stürmt zum Auto. Ich stehe völlig verdattert da, und bevor ich realisiere, was hier vor sich geht, ist Otto davongebraust.
Nach einer Schrecksekunde widme ich mich dem kleinen Mann zu meinen Füßen. Zärtlich nehme ich ihn hoch. „Hallo mein Kleiner, du bist das süßeste Geschenk, das ich jemals bekommen habe", flüstere ich ihm ins Ohr und drücke ihn an mich. Er strahlt mich an und gibt gurrende Laute von sich. „Ob deine Mama bei diesem Deal wohl gefragt wurde? Wahrscheinlich nicht", vermute ich. Trotzdem will ich unser Patenkind nicht sofort zurückbringen; es erscheint mir sinnvoller, einige Stunden verstreichen zu lassen, um sicher zu gehen, dass Otto Tavurs Wut einigermaßen verraucht ist und er sein Kind wieder annimmt. Ich will den Kleinen nicht zum Spielball der Zornesausbrüche der Erwachsenen werden lassen.
Ich schicke meine Patienten heim und koche Klein-Wolfgang erst mal

einen Griesbrei. Anschließend gehen wir mit Clothilde ans Meer; er quietscht vor Vergnügen und plantscht mit wahrer Wonne, bis Hemd und Höschen nass sind. Auf dem Weg nach Ulagunan kaufe ich bei Tommy Cher noch etwas zum Anziehen für ihn, dann bringe ich Klein-Wolfgang zurück zu Lusy, die bereits sehnsüchtig vor dem Haus wartet. „Lusy, let us stay friends", bitte ich sie, denn ich habe diese Frau und unser Patenkind wirklich ins Herz geschlossen. „Little Wolfgang will always be our good child. I would be happy to see him from time to time!" Lusy lächelt mich an und nickt. Zum Abschied umarmt sie mich.

Zuhause wankt mir ein völlig betrunkener Ehemann entgegen: „Es gibt etwas zum Feiern, mein Schatz", lallt er mit schwerer Zunge. „Prost auf unsere neuen Projekte! Im Sommer ziehen wir nach Rabaul! Die deutsche Regierung hat mir grünes Licht gegeben."
„Und du fragst mich nicht einmal mehr, ob ich mitkommen möchte, oder ob ich überhaupt hier in diesem Land bleiben will?", will ich wissen. „Warum soll ich dich fragen? Wo der Mann Arbeit findet, gehört auch die Frau hin", konstatiert er.

Für mich beginnen einsame Zeiten. Das Leben plätschert dahin, mir fehlen meine Kinder. Das Boot liegt unbenutzt am Strand und erinnert mich jeden Tag schmerzlich an unsere Ausflüge nach Pidgin Island, die gemeinsamen Stunden voller Leben auf unserer kleinen Insel, und die Tage und Nächte, die ich mit Thorsten beim Fischen auf dem Meer verbrachte. Oft sitze ich unten am Strand, schaue sehnsuchtsvoll über das Wasser und wünsche mir nichts sehnlicher als jemanden, mit dem ich in meiner Muttersprache reden kann, der mich versteht. Eine gute Freundin, meine Schwester, meine Kinder, irgendjemanden, dem ich mein Herz ausschütten, mit dem ich meine Erlebnisse und Erfahrungen hier wirklich teilen kann – und wenn es nur für eine halbe Stunde wäre. Sicher. Mein Ehemann lebt an meiner Seite – und doch teilen wir nicht unsere Gedanken, unsere Gefühle, das was uns bewegt. Wie sehr wünsche ich mir mal wieder ein gutes

Gespräch mit Wolfgang, das tiefer geht, über die alltäglichen Belanglosigkeiten hinaus. Aber ich weiß, dass ich mit solchen Anliegen nicht an ihn herankomme. Ich überlege, ob das schon immer so war. Wann fing es an, dass wir nicht mehr miteinander reden konnten? Dass wir nur mehr nebeneinander her lebten, aber nicht mehr aneinander teilhatten? Manchmal habe ich die Hoffnung, dass sich unsere Situation bessert; wir erleben auch sehr schöne, intensive Zeiten miteinander. Aber sie sind so selten geworden.

Die Einsamkeit macht mir von Tag zu Tag mehr zu schaffen. Mit Schrecken merke ich, dass ich anfange, Selbstgespräche zu führen. Manchmal befällt mich unkontrolliertes Weinen. Ich leide unter Depressionen. Nachts finde ich keinen Schlaf, wälze mich im Bett unruhig hin und her, höre auf die vertrauten Geräusche des Dschungels. Draußen, im Busch, geht das Leben weiter, ganz egal, ob ich glücklich oder unglücklich bin. Selbst wenn ich eines Tages nicht mehr da sein sollte, werden die Geräusche die gleichen sein, das Zirpen der Grillen, die heulenden Laute der Fledermäuse, das leise Knacken der Äste. Ich nehme einige Schlaftabletten, um meine Gedanken auszuschalten und wenigstens nicht mehr Nachdenken zu müssen. Am Morgen wache ich völlig gerädert und mit Kopfschmerzen auf. Nur mit Unmengen von Kaffee schaffe ich es, mich über den Tag zu retten. Und dabei fühle ich mich immer kraftloser.
Eines Tages fasse ich mir doch ein Herz und bitte Wolfgang: „Lass uns doch am Wochenende mit dem Boot nach Pidgin Island rausfahren, ich bereite auch ein besonders leckeres Picknick für uns vor!" Hoffnungsvoll gespannt warte ich auf seine Antwort.
„Ich bin doch nicht dazu da, deine Vergnügungssucht zu unterstützen!", wirft er mir vor. Ich schlucke meine Enttäuschung hinunter und schweige – nicht zuletzt aus Angst, ohne Wolfgang meine gesellschaftliche Stellung zu verlieren und vollkommen in der Isolation zu versinken.

Nach wie vor kümmere ich mich um die kleinen und größeren Wunden der Dorfbewohner. Es macht mich glücklich, wenn ich helfen kann, und es lenkt mich etwas von meiner Einsamkeit ab. Mittwochs kommen Father Franz und Henry zum Mittagessen. Für einige Stunden lassen auch sie mich meine Situation vergessen.

Auch heute sind sie meine Gäste, und ich serviere gerade das Dessert, als Wolfgang, einen Brief schwenkend, zur Tür hereinkommt. „Eine Einladung zu einer Tagung nach Zaïre! Vier Wochen Afrika!", verkündet er triumphierend. „Das ist ja wunderbar!", rufe ich glücklich, „Afrika – da wollte ich schon immer mal hin!" Ich freue mich tatsächlich wie ein kleines Kind über diese unverhoffte Abwechslung. Auch Father Franz beginnt zu schwärmen: „Ich beneide euch! Die gemeinsame Zeit wird euch beiden so gut tun! Genießt die Reise, als wären es eure Flitterwochen!"

„Euch?", äfft Wolfgang Father Franz nach. „Was heißt hier euch? Das muss ein Missverständnis sein. Ich fliege allein nach Afrika!" Dabei grinst er mich frech an. Ich fühle, wie mir sein sarkastischer Ton den Hals zuschnürt. Wut und Enttäuschung machen sich in mir breit. Beherrscht stehe ich auf und gehe in mein Schlafzimmer. Ich gönne ihm nicht die Genugtuung, meine Tränen zu sehen, und es ist mir unendlich peinlich, dass Franz und Henry Zeugen dieser Szene werden müssen. Zitternd lehne ich an der Tür. „Wolfgang, komm endlich zur Vernunft! Inge leistet so viel hier, auch ihr tut etwas Abwechslung gut. Außerdem kannst du doch deine Frau nicht so lange allein in diesem baufälligen Haus lassen!", höre ich Father Franz argumentieren. „Ja, da hast du Recht. Dann wird sie eben diese vier Wochen zu den Nonnen nach Vunapope ziehen, da ist sie gut aufgehoben", bestimmt Wolfgang.

Zwei Wochen später fahre ich Wolfgang zum Flughafen nach Rabaul. Mein Mann befindet sich in bester Stimmung, denn bevor er nach Afrika weiterfliegt, wird er noch eine Woche in unserer Münchner Wohnung verbringen, „um nach dem Rechten zu sehen", wie er behauptet. Ich ahne, dass der Grund mal wieder Ingeborg heißt. Jahre später wird er mir gestehen, welch diebische Freude es ihm bereitet hat, Ingeborgs Ehemann und auch mir Hörner aufgesetzt zu haben.

Ich fühle mich unendlich gedemütigt und kann über meine eigene Dummheit und Leidensfähigkeit nur den Kopf schütteln. Was ist nur los mit mir? Warum finde ich nicht den Mut, diesen Mann zu verlassen? Was nimmt mir die Kraft, mich dagegen zu wehren?
Ich bin erleichtert, als Wolfgangs Maschine sich endlich in den Himmel hebt und meinen Blicken entschwindet. Langsam werde ich wieder ruhiger, mein Selbstbewusstsein meldet sich zurück. „Ich werde mich nicht mehr von dir manipulieren lassen!", beschließe ich in diesem Moment.

Da ich noch keine Lust habe, nach Hause zu fahren, schlendere ich in Rabaul über den Marktplatz. Überrascht entdecke ich Lady Stella, die Frau des Ministerpräsidenten, mit einem Korb voll Gemüse an einem Stand. Als sie mich sieht, winkt sie mir freudig zu. „Hallo, Frau Reder, schön Sie zu sehen", begrüßt sie mich herzlich. Ich wundere mich, dass sie mich noch kennt, da wir uns ja nur einmal auf der Weihnachtsfeier getroffen haben. Doch die First Lady plappert munter drauf los, und nur wenige Minuten später habe ich das Gefühl, dass wir beide uns schon seit Ewigkeiten kennen. „Haben Sie nicht Lust, mit mir essen zu gehen?", fragt sie dann spontan. „Natürlich, gerne!", stimme ich zu, denn nicht jeden Tag speist man in so vornehmer Gesellschaft. Im besten Hotel der Stadt werden wir beiden Damen hofiert. Lady Stella erzählt mir beim Essen, dass sie in Rabaul ein Haus hat und sich gerne hierher zurückzieht, um sich von den Strapazen und offiziellen Pflichten in der Hauptstadt Port Moresby zu erholen. Außerdem berichtet sie, dass sie auf Einladung der bayerischen Regierung im nächsten Jahr nach München reisen wird und schon sehr gespannt darauf ist, meine Heimat kennen zu lernen. Ich genieße das Schwätzchen mit ihr, und habe das erste Mal seit Monaten wieder das Gefühl, dass mein Leben lebenswert ist.

Euphorisch fahre ich nach Hause. Als ich in die Einfahrt unseres Hauses einbiege, erschrecke ich fast zu Tode: Halb nackte, wüst aussehende Krieger versperren mir den Weg. Sie haben die Augen

weit aufgerissen, stoßen unartikulierte Schreie aus und schwingen Beile und Keulen über ihren Köpfen. Einige stoßen wütend lange Speere in den Boden. Ich habe Angst. Mein Herz klopft. Instinktiv drücke ich die Knöpfe an den Türen nach unten. Dann entdecke ich Polizisten, die versuchen, die aufgebrachte Meute in Schach zu halten. Zwei Polizisten bahnen sich einen Weg durch die Menschenmenge. Sie führen jemanden, in Handschellen gefesselt, zum Auto. Unsere Blicke treffen sich kurz. Es ist Kominjell, Rundas Sohn.
Erst jetzt beginne ich, die Gesichter zu identifizieren. Viele der wilden Krieger kenne ich persönlich. Es sind Männer aus dem Dorf, eigentlich friedliche Arbeiter, die bei der Missionsplantage angestellt sind. „Go ahead, Missis", winken sie mir freundlich zu und machen den Weg frei. Clothilde kommt aus dem Haus und läuft auf mich zu. Während ich mit zitternden Beinen aussteige, erklärt sie mir aufgeregt, was passiert ist: Kominjell hat einen Hochländer mit einer Eisenstange erschlagen. Nun herrscht Krieg zwischen den beiden Volksstämmen, denn die Bluttat muss gerächt werden, Mord wird hier mit Mord gesühnt. Das Dorf ist bereits geräumt, alle Bewohner sind geflohen, sie werden sich die nächsten Wochen im Busch verstecken, um ihr Leben bangend.
An der Seite von Clothilde gehe ich ins Haus. Wir überlegen kurz, was wir tun wollen, und beschließen, hier zu bleiben – Wolfgang zum Trotz. Die Polizei wird Wachposten aufstellen und für unsere Sicherheit sorgen.
Wir verbarrikadieren Fenster und Türen. Draußen herrscht angespannte Stille. Noch immer besetzen bewaffnete Hochländer unser Grundstück. Nach Sonnenuntergang sitzen Clothilde und ich im Wohnzimmer zusammen. Ich bekomme Gänsehaut, wenn ich daran denke, wie es meinen Freunden aus dem Dorf gehen mag. Mosley, Thorstens Freund und der Sohn des Häuptlings, ist darunter, meine erste kleine Patientin Nasi und Runda, die junge Frau, die einen Arm verloren und deren Baby ich gegen Malaria behandelt habe. Und natürlich Torawas mit seiner Familie. Ich heule, wenn ich nur an die vielen Kinder denke. Wir versuchen ein bisschen zu schlafen.

In der Nacht werden wir durch schreckliches Quieken der Schweine und aufgeregtes Gackern der Hühner aufgeschreckt. Der Geruch von Verbranntem liegt in der Luft. An Schlaf ist nicht mehr zu denken. Zitternd sitzen wir bis zum Morgengrauen im dunklen Wohnzimmer. Bei Sonnenaufgang herrscht Totenstille. Wir wagen uns vorsichtig aus dem Haus. Auf dem Grundstück ist keine Menschenseele mehr zu sehen. Ich schaue Richtung Dorf. Rauchschwaden steigen dort aus dem Busch empor. In der Hoffnung, vielleicht jemandem helfen zu können, ob Mensch oder Tier, machen wir uns auf den Weg. Als wir uns den ersten Ruinen nähern, wird uns das Ausmaß der Katastrophe bewusst: Einige der Hütten stehen noch in Flammen, auf dem Boden liegen Schweine mit aufgeschlitzten Bäuchen, Hühner ohne Köpfe, tote Hunde und Katzen. Ein einziges blutiges Gemetzel. Mir wird schlecht. Entsetzt und angewidert sinke ich auf einen Baumstumpf. Hier kommt zweifellos jede Hilfe zu spät. „Come on, Missis, let us go." Clothilde fasst mich am Arm. Traurig verlassen wir diesen Ort.

Für mich beginnt die einsamste Zeit auf Papua. Clothilde und ich bewohnen allein das Haus. Kein Kinderlachen im Garten, morgens sitzt niemand auf der Treppe und bittet um Hilfe. Wo sie nur alle sein mögen? Es gab Zeiten, da wollte ich niemanden sehen – zum Beispiel, als sie unseren Hund Hektor gestohlen und verspeist hatten. Jetzt würde ich vieles dafür geben, wenn nur wieder Leben ins Dorf einziehen würde.
Zwei lange Monate sind wir allein, und ich habe die Hoffnung schon fast aufgegeben, meine Freunde aus dem Dorf vor unserem Umzug nach Rabaul noch einmal wieder zu sehen. Doch plötzlich steht eines Morgens zu meiner größten Freude Häuptling To Ling vor der Tür. Nach und nach kommen die Familien zurück und bringen wieder Leben ins Dorf. Runda erzählt mir, dass niemand geopfert werden musste. Die Dorfgemeinschaft konnte ihr Muschelgeld retten und sich damit bei den Hochländern freikaufen. Jetzt, wo die Fehde beendet ist, können alle wieder ruhig schlafen.

Trotzdem fangen die Familien wieder von vorne an. Die Hütten müssen neu errichtet, die Felder wieder bestellt und Vieh muss erworben werden. Ich schenke Runda einige Hühner, sie nimmt sie dankbar an. Und bald sitzen meine Patienten wieder morgens auf der Treppe und warten auf mich.

Heute sitze ich wehmütig auf den morschen Treppenstufen unseres Hauses und erfreue mich am Blick in den Garten. Es scheint fast so, als würden die Äste der alten Bäume, die sich im Wind wiegen, mir freundlich zuwinken. Mein Schäfchenbaum zeichnet sich wie immer bizarr gegen den blauen Himmel ab. Ich werde nie mehr seine Äste zählen, wenn ich vor Sorgen nicht einschlafen kann.
Zum Abschied gaukeln bunte Schmetterlinge über dem Bougainvilleabusch, der über und über mit lila leuchtenden Blüten übersät ist. Nur ungern unterbreche ich meine Träumereien. Aber man erwartet mich im Dorf; mir zu Ehren wird heute ein Abschiedsfest gegeben.
Mein Weg führt am Meer entlang. Der warme Sand rieselt sanft zwischen meine Zehen. Winzige Krebse flüchten vor mir in ihre Behausungen. Am gegenüberliegenden Ufer erheben sich die Vulkane über Rabaul. Die Schönheiten dieses paradiesischen Fleckchens, die mir jeden Tag so selbstverständlich erschienen, und die mir immer wieder aufs Neue die Kraft zum Durchhalten gaben, verankere ich tief in meinem Herzen.
Die Hunde bemerken zuerst mein Kommen und vermelden meine Ankunft mit lautem Gebell. Das letzte Stück des Weges begleiten sie mich mit übermütigen Sprüngen.
Der Dorfplatz ist sauber gefegt und mit bunten Blättern und Blüten geschmückt. Es hatte, wie so oft, in der Nacht geregnet. Das Sonnenlicht lässt die Regentropfen wie Diamanten auf den Blättern und Blüten des Mangobaumes funkeln, in dessen Schatten man mir einen Platz bereitet hat. Zunächst begrüßt mich der Häuptling. Dann legt mir Nasi einen kunstvoll geflochtenen Blütenkranz um den Hals. Fasziniert beobachten uns die vielen Kinder aus dem Dorf. Zum Glück kommt Clothilde mit einem großen Korb voll Süßigkeiten, die wir ver-

teilen. Das Strahlen der schwarzen Kulleraugen werde ich nie vergessen. Außerdem habe ich einen ganzen Korb voll Betelnüsse dabei. Das Verteilen überlasse ich dem Dorfältesten. Und bereits gestern habe ich die Zutaten für ein leckeres „Mu Mu" – Hühner sowie verschiedene Sorten Fleisch und Gemüse – ins Dorf schaffen lassen. Für Fisch und Meeresfrüchte haben die Einheimischen gesorgt.
Jetzt ist alles fein säuberlich und appetitlich auf Bambusbänken und Bananenblättern angerichtet. Die köstlichen Jam, Taro und Kochbananen lassen mir das Wasser im Munde zusammenlaufen. Auch Fisch und Fleisch, in Kokosnusscreme gekocht, sind sicherlich eine Gaumenfreude. Der Abschied fällt mir schwer.
Im Schatten einer Kokospalme sitzt To Ling. Während er sein Tonpfeifchen auf einem Stein ausklopft, bedeutet er mir mit einem Lächeln, neben ihm Platz zu nehmen. Kaum sitze ich, stellt sein Sohn Mosley besonders ausgesuchte Speisen vor uns hin. Nachdem der Ehrengast und der Häuptling versorgt sind, dürfen sich auch die anderen bedienen.
Immer wieder erstaunt es mich, wie gesittet es zugeht. Alles verläuft nach einem bestimmten Ritual: Zunächst dürfen die Männer, dann die Frauen, zuletzt die Kinder ans Buffet. Friedlich und still ist es, als alle Münder mit Essen beschäftigt sind. Selbst die Kleinsten sind mit Begeisterung bei der Sache, und die älteren Geschwister stopfen in deren Mäulchen, was hineinpasst. Mit Wonne sehe ich den süßen Krausköpfen zu, deren Gesichter bis zum Haaransatz beschmiert und voller Konzentration auf das Essen gerichtet sind.
Nach dem Essen werden Zeitungspapier und Tabak verteilt, daraus werden geschickt Zigaretten gedreht. Wehmütig denken der Häuptling und ich an die Ereignisse der letzten zweieinhalb Jahre zurück. Arg traf uns der Tod des alten Häuptlings, des Vaters von To Ling. Ich erinnere mich an seinen Todestag, als wäre es gestern gewesen.

Es war an einem Freitag im August letzten Jahres. Thorsten und ich waren mit dem Boot zum Fischen draußen, Wolfgang hatte geschäftlich in Port Moresby zu tun. Als wir abends zurückpaddelten und das

Boot an den Strand zogen, ging die Sonne in dramatischer Schönheit an einem wolkenlosen Himmel unter. Wir setzten uns auf einen Baumstumpf und genossen schweigend dieses einzigartige Schauspiel. Die Landschaft wurde in ein goldenes Licht getaucht, zum letzten Mal an diesem Tag leuchtete die Natur um uns herum in warmen Farben.

Plötzlich drang ein Mark erschütternder Schrei aus dem Dorf zu uns herüber. Wir zuckten zusammen. Lautes Wehklagen und jammernde Rufe erfüllten die Luft. „Was ist da los?", fragten wir uns. Wir beschlossen nachzusehen. Als wir uns dem Dorfplatz näherten, sahen wir die Männer im Kreis stehen, die Frauen lagen ausgestreckt auf dem Boden und schlugen ihre Kopfe in den Staub. Als die Dorfbewohner uns entdeckten, wichen sie zur Seite und bildeten eine Gasse. In ihrer Mitte lag aufgebahrt der alte Häuptling. Er sah aus, als hätte er sich zum Schlafen niedergelegt. Noch im Tod strahlte er eine charismatische Würde aus. Mich erfasste Trauer. Ich hatte den alten Mann sehr gemocht. Von einem Hibiskusbusch pflückte ich eine lachsfarbene Blüte. Ich näherte mich dem Toten voller Ehrfurcht und legte ihm die zarte Blume auf die Hände. Dann ließ ich den Tränen freien Lauf.

Er war ein außergewöhnlicher Mann gewesen, und sein Tod war ein großer Verlust für die gesamte Dorfgemeinschaft. Man zollte ihm größten Respekt, und in den nächsten Wochen würde keine Entscheidung gefällt werden, bei der man nicht den Geist des Toten um Rat anflehen würde.

Thorsten stand mit hängenden Schultern neben mir. Er wurde zum ersten Mal in seinem jungen Leben mit dem Tod konfrontiert. Nachdem wir beide vom toten Häuptling Abschied genommen hatten, gingen wir schweigend nach Hause. Keiner von uns beiden hatte Appetit. „Muss ich die Lichtmaschine ausmachen?" fragte Thorsten. „Nein, heute bleibt das Licht an!", entschied ich. „Dann lege ich mich ins Bett und lese noch etwas", entschuldigte sich Thorsten. Ich verstand ihn gut und zog mich auch in die Stille meines Zimmers zurück. Vom Dorf klang immer noch lautes Wehklagen durch die Nacht zu uns herüber. Es ließ mich erschauern. Die Männer machten sich jetzt auf den Weg, um die nächsten vier Wochen mit dem Toten an einem geheimen Ort im Busch zu verbringen. Ab morgen würden nur die Frauen und Kinder im Dorf zurückbleiben. Ein großer Nachtfalter hat sich, vom Licht angezogen, an das Kopfende meines Bettes verirrt. Welche Seele mich da wohl besuchen mochte? Noch einmal erinnerte ich mich an unser Abenteuer, bei dem mir der alte Häuptling das Leben gerettet hatte.

Wolfgang war für einige Tage nach Australien geflogen. Clothilde hatte mir überraschend gestanden, dass sie mit dem Boot umzugehen wusste, und zu unserer großen Freude fanden wir im Schuppen einen halb vollen Benzinkanister. Da wir in der Nähe der Küste bleiben wollten, würde uns der Sprit reichen.

Das Meer war spiegelglatt, als wir das Boot ins Wasser zogen. Ich staunte, wie gut Clothilde die Handgriffe beherrschte – Thorsten hatte es ihr gezeigt. In bester Stimmung fuhren wir Richtung Rabaul an der Küste entlang. Über den Dörfern sahen wir Rauch aufsteigen. Die Eingeborenen bereiteten ihr Abendessen. Da wir alles gut im Griff hatten, wurden wir mutiger und wagten uns etwas weiter aufs Meer hinaus. Eine Schule Delphine begleitete uns, sprang aus dem Wasser und führte Kunststückchen vor. Die Wellen schlugen leicht an den Rumpf des Bootes – ein entspannendes Geräusch. Wir stellten den Motor ab und ließen uns von den Wellen sanft hin und her schaukeln. Irgendwann mussten wir eingeschlafen sein.

Regentropfen prasselten mir aufs Gesicht. Mir war kalt. Ich schlug die Augen auf. Über uns hingen schwere, dunkle Wolken. Erschrocken fuhr ich hoch und rüttelte Clothilde an der Schulter: „Clothilde, schnell, wach auf. Schau dir den Himmel an. Ein Unwetter zieht auf, wir müssen sofort umkehren!", rief ich verzweifelt. Das Boot schaukelte bereits gefährlich hin und her. Clothilde war sofort hellwach und wankte zum Motor. Immer und immer wieder zog sie die Leine, aber der Motor wollte nicht anspringen. Je länger wir erfolglos versuchten, das Boot zu starten, desto größer wurde unsere Panik. Ich schaute mich um. Egal, wohin ich auch blickte, ich sah nur das unendliche Meer vor uns liegen, Wasser bis zum Horizont. Wir mussten abgetrieben sein. Panisch schrien wir um Hilfe. Aber wir waren uns bewusst, dass uns niemand hören würde, denn der Wind verschluckte unsere Schreie, und bei diesem Sturm war sicher kein Einheimischer mehr mit dem Schiff draußen.

Um uns herum bäumte sich das Meer auf. Wir klammerten uns am Rand des Bootes fest, wurden bei jeder Welle unkontrolliert hin und hergeworfen. Der Regen wurde stärker, wie aus Eimern ergoss sich das Wasser über uns. In wenigen Minuten waren wir bis auf die Haut durchweicht. Riesige Wellen trugen unsere Nussschale auf den Kamm der Wellenberge, dann knallten wir wieder hinab in die Täler. Wir waren zum Spielball der Naturgewalten geworden, und ich hatte noch nie in meinem Leben solche Todesangst gehabt. Meine Zähne klapperten aufeinander, ohne dass ich es kontrollieren konnte. Ich wusste nicht einmal, ob aus Angst oder vor Kälte. Langsam füllte sich auch unser Boot mit Wasser. Mit bloßen Händen versuchten wir es auszuschöpfen. Schließlich gaben wir auf, wir kauerten uns auf den Boden, saßen bis zu den Hüften im Wasser und versuchten weiter, uns fest zu halten, um bei diesem Seegang nicht über Bord gespült zu werden.

Es war stockdunkel um uns herum, ich konnte selbst Clothilde kaum noch sehen. Ich fühlte, wie unser Boot von einer riesigen Welle emporgetragen wurde, dann klatschte sie über uns zusammen und es gab ein dumpfes Geräusch. Irgendetwas war hart aufs Wasser aufgeschlagen. „Clothilde! Clothilde!", schrie ich hysterisch. „I'm still here!", rief sie gegen den Wind. „Ich bin *noch* hier!" *„Noch",* dachte ich, *„noch* – wie lange wird diese Hölle uns noch am Leben lassen?" Wir krochen aufeinander zu, klammerten uns aneinander fest. Clothilde betete ein Ave Maria. Ich betete um ein Wunder. Es war dunkel, kein Mond, keine Sterne waren zu erkennen. Wie viele Stunden

mochten schon vergangen sein? Wie viele Stunden lagen noch vor uns? Oder würde uns die nächste Welle über Bord spülen, und unser beider Leben war in wenigen Minuten zu Ende? Was würde meine Familie denken? Wann würde uns überhaupt der Erste vermissen? Würde je ein Mensch erfahren, wie wir ums Leben gekommen waren? Oder würde man glauben, dass wir auf mysteriöse Weise einfach verschwunden sind? Das Boot würde man suchen. Vielleicht würde es ja auch ans Ufer gespült werden. Dann könnte man sich vielleicht zusammenreimen, dass wir entweder ertrunken sind oder von Haien zerfleischt wurden. Hoffentlich mussten wir nicht zu sehr leiden.
„Inge, reiß dich zusammen", ermahnte ich mich selbst, und verdrängte die Gedanken, die sich meiner bemächtigten. Ich hatte das Gefühl, dass die See etwas ruhiger geworden war. Die nächste große Welle, auf die ich angsterfüllt wartete, blieb aus. Ich hörte Clothilde weiter Gebete flüstern. „Amen!" sagte sie dann laut. Ihre Bitten waren erhört worden. „Em Nau!", dachte ich, denn es hatte tatsächlich aufgehört zu stürmen. So plötzlich, wie das Unwetter aufgezogen war, hatte es sich wieder gelegt. Eilig versuchten wir jetzt, das Wasser aus dem Boot zu schöpfen, um die Gefahr des Sinkens abzuwenden. Clothilde hatte eine Mütze gefunden, während ich mit bloßen Händen schöpfte.
Die See wurde wieder spiegelglatt. Nur ein kleiner Windhauch war zu spüren. Die Wolken waren weitergezogen, an einem klaren Himmel leuchteten ein heller Mond und unzählig viele Sterne.
Ich weiß nicht, wie viele Stunden wir Wasser geschöpft haben, aber irgendwann war auch die Gefahr des Sinkens gebannt. Erst jetzt bemerkten wir, wie durstig und hungrig wir waren. Wir hatten viel Wasser geschluckt, und unsere Körper waren von einer Salzschicht überzogen, die Haare vom Meerwasser verklebt.
Clothilde schlief vor Erschöpfung ein, und ich beneidete sie um diesen Schlaf. Obwohl ich hundemüde war, fand ich keine Ruhe. Mir war kalt, meine Kehle war trocken; der Durst war unerträglich. Die Angst drohte mir die Luft abzuschnüren. Ich versuchte mich abzulenken, indem ich den Himmel nach einer Sternschnuppe absuchte.

Es musste schon weit nach Mitternacht sein. Die Relation für Zeit und Raum hatten wir verloren. Wo wir wohl treiben mochten? Ob uns jemals einer hier draußen finden würde? Ich hoffte auf ein Wunder. Meine Kinder waren viel zu jung, um ihre Mutter zu verlieren.

Irgendwann musste auch ich eingenickt sein. Denn als ich die Augen aufschlug, brannte gleißend heiß die Sonne auf uns nieder. Im Schlaf hatte ich wohl meine nassen Sachen ausgezogen; jetzt lag ich splitternackt im Boot. Pochende Kopfschmerzen marterten mich. Meine Haut brannte fürchterlich, und als ich an mir heruntersah, bemerkte ich, dass sich an Armen und Beinen bereits Blasen gebildet hatten. Meine Lippen klebten aneinander. Vorsichtig tastete ich sie ab. Es tat höllisch weh. Blut klebte an meinen Fingern. Langsam tastete ich nach meinen Kleidern und streifte sie über. Sie waren noch immer klitschnass. Clothildes alte Mütze, die uns in der Nacht als Schöpflöffel gedient hatte, zog ich mir so weit wie möglich in die Stirn. Clothilde selbst hatte sich ein T-Shirt zum Schutz gegen die Sonne um den Kopf geschlungen und kauerte apathisch neben mir. Das Boot war aus Metall und so aufgeheizt, dass wir das Gefühl hatten, auf einer heißen Herdplatte zu sitzen.

Die Stunden schlichen dahin. Nach dem Stand der Sonne zu urteilen, die mittlerweile senkrecht auf uns niederbrannte, musste es um die Mittagszeit sein. Wie lange würden wir diese Folter aushalten? Wir spielten mit dem Gedanken, einen Sprung ins Wasser zu wagen und uns kurz abzukühlen. Aber immer wieder umkreisten Haie unser Boot. Sie schienen nur darauf zu warten, dass wir unsere glühende Insel verließen.
Irgendwann wurde es kühler. Clothilde und ich nickten immer wieder ein. Unsere Körper schalteten auf Sparflamme. Irgendwann ging die Sonne unter, die Nacht brach herein und es wurde wieder erbärmlich kalt. Clothilde und ich lagen aneinandergeklammert im Rumpf des Bootes und versuchten zu schlafen. Der Durst brachte mich fast um den Verstand, meine Lippen brannten wie Feuer.

Am nächsten Morgen ging die Sonne auf, als wäre nichts gewesen. Erbarmungslos brannte sie auf uns herab. Mich verließen allmählich meine körperlichen Kräfte, und mit ihnen schwand der Mut und Überlebenskampf. „Ich kann nicht mehr, ich will nicht mehr...", wimmerte es in meinem Kopf, denn wir litten Höllenqualen in der Hitze. Aber Beten, ja, das schaffte ich noch. Ich faltete meine geschwollenen Hände und schickte Stoßgebete zum Himmel.
Wenig später riss mich Clothilde aus meinen Gedanken: „Missis, listen, I hear something!" Sie stellte sich auf die Bootsbank, ich hielt ihre Fesseln fest umklammert, damit sie nicht umkippte. Sie spähte angestrengt in alle Richtungen, doch ihn ihrem Gesicht wich das Fünkchen Hoffnung der grenzenlosen Enttäuschung. Es war nichts zu sehen. Schluchzend nahmen wir uns in die Arme. Wie sollte uns hier im Ozean auch jemand finden?
Nach einer Weile packte Clothilde mich aufgeregt am Arm: „Lukim, Missis!" Sie deutete auf einen winzigen Punkt am Horizont. Ich starrte angestrengt in die angezeigte Richtung. Erst allmählich nahm er Umrisse an. Es waren Boote, rettende Boote. Wir winkten, riefen, machten auf uns aufmerksam, aber die Männer hatten uns bereits entdeckt. Es waren die Leute aus dem Dorf, die sich tatsächlich auf die Suche nach uns gemacht hatten, allen voran der alte Häuptling Towang mit seinem Sohn. Winkend hoben sie das Paddel.
„I believe in wonders", flüsterte Clothilde neben mir. Ich umarmte sie. Jetzt überwältigten mich Freude und Erleichterung.

„Papa belong Jesus, mi peinding jupella, tupelle!", rief der Häuptling, als sie näher kommen „Oh Gott, Vater von Jesus, wir haben euch gefunden!" Die Männer sprangen in unser Boot. Vor Rührung und Erschöpfung brachten wir kein Wort heraus, aber ich drückte dankbar die Hand des alten Mannes, der mich auch ohne Worte verstand. In diesem Moment hatte ich das Gefühl, dass sich unsere Seelen getroffen haben. Und diese Verbundenheit blieb auch über seinen Tod hinaus.
Man reichte uns warmes Wasser. Vor Schmerzen schrien wir auf, als

die Flüssigkeit unsere Lippen benetzte. Dann ging es nach Hause. Drei Männer paddelten mit voller Muskelkraft unser Boot. Es dauerte Stunden, bis die Küste in Sicht kam, und die Sonne ging schon wieder unter, als wir endlich Menschen erkannten, die aufgeregt hin und her liefen. „Missis is back home!", riefen sie mit strahlenden Gesichtern. Es fühlte sich tatsächlich so an, als würde ich nach Hause kommen.

Wehmütig tauche ich aus meinen Erinnerungen auf. Es hat leicht zu regnen begonnen, die Abenddämmerung bricht herein. Clothilde packt unsere Sachen zusammen, wir müssen Abschied nehmen. Doch die Kinder klammern sich an meinem Arm fest und wollen mich nicht gehen lassen. „Missis, we'd like to bake some biscuits with you!", betteln sie. Ich muss lächeln, als ich mich an das letzte Weihnachtsfest erinnere. Zusammen mit den Kindern hatte ich in unserer Küche Plätzchen gebacken – wie stolz hatten ihre dunklen Augen gestrahlt, als sie mit ihren selbst geschaffenen Kunstwerken zurück ins Dorf geeilt waren, um sie ihren Müttern zu präsentieren.
Ich seufze laut. Jetzt muss ich wirklich gehen. Als ich dem jungen Häuptling zum Abschied die Hand reiche, sagt er: „Missis, please never forget us!"

Auf dem Heimweg komme ich an Rundas Hütte vorbei. Das Haus am Rande des Dorfes ist klein und baufällig. Schmutz und Unordnung wo man hinschaut. Lisa, eines ihrer fünf Kinder, schaut heulend aus der Tür. Ihre Beine sind mit Geschwüren übersät. Ich knie nieder und verspreche ihr einen Lolli, wenn sie mit mir zum Verbinden kommt. Bei dem Wort Lolli stürmen sofort ihre Geschwister aus der Hütte und umringen mich. Sie wollen sich diese letzte Gelegenheit auf keinen Fall entgehen lassen. Während Clothilde mit der Rasselbande schon einmal vorgeht, nutze ich die Zeit, mich von Runda zu verabschieden. „Missis, I have a gift for you", lächelt sie scheu und reicht mir eine Nautilus Muschel. Ich kann es kaum fassen. Diese Muscheln sind sehr selten und kostbar. Die Nautilus ist das älteste Lebewesen, das sich in seiner Art und seinem Aussehen über Millionen von Jahren nicht verändert hat. Fasziniert bestaune ich die schillernde Hülle. Runda kichert verlegen und fragt: „Missis, you are still gross?" (Bist du mir noch böse?) Ich weiß, dass sie auf das Hundemassaker anspielt. Dabei schaut sie verschämt in eine andere Richtung. „Mi no gross, mi worried long you" (Ich bin dir nicht böse, ich sorge mich nur um dich"), sage ich von Herzen und umarme sie. Ich möchte Kokopo in guter Erinnerung behalten. Die Menschen hier sind es wert.

Rabaul

Ich hole mir eine Tasse Kaffee und setze mich auf die Terrasse. Endlich kann ich mir eine Verschnaufpause gönnen, denn der größte Teil der Arbeit ist getan. Drei Monate leben wir nun schon hier in Rabaul, in einem wunderschönen großen Haus mit einem noch viel schöneren Garten. Und heute Abend werden wir eine große Einweihungsparty geben.
Wohl wollend lasse ich meinen Blick über die blühenden Büsche und Bäume schweifen. Den großen Franchipanibaum, der über und über mit lila Blüten bedeckt ist, die ihren betörenden Duft bis ins Haus verströmen, liebe ich besonders. Am Stamm des Baumes wachsen verschiedene Orchideen. Vor dem Gartenzaun wiegt eine Fächerpalme ihre großen Wedel im Wind. Wir leben hier in einem kleinen Paradies. Lichterketten funkeln in den Bäumen und werden unseren Garten bei Einbruch der Dunkelheit in romantischem Licht erstrahlen lassen. Auf dem Rasen warten gedeckte Tische auf etwa siebzig Gäste aus Politik, Wirtschaft, Kirche und der Nachbarschaft. Mosley dreht seit Stunden unermüdlich einen Ochsen am Spieß. Und unser „Windhaus" mitten im Garten wird von bunten Lichtern angestrahlt; hier werden die Mädchen in Kürze das Buffet aufbauen.
Dass alles so gut klappt, habe ich meinen vielen fleißigen Helfern aus Kokopo zu verdanken. Mosley, der Sohn des Häuptlings, kam sofort und brachte zwei starke Jungs mit, Nana schickte ihre beiden ältesten Töchter.
Bevor ich mich umziehe, fordere ich meine Helfer auf: „Nehmt euch bitte etwas zu trinken, es ist genug da." Der Erste, der meinen Worten Folge leistet, ist Wolfgang. Er scheint jetzt schon einen über den Durst getrunken zu haben.
Ich genieße es, endlich einmal wieder in die Rolle der Gastgeberin schlüpfen zu dürfen und so viele Menschen um mich zu haben. Sogar der Premierminister wird uns heute beehren. In Kokopo kam unser gesellschaftliches Leben viel zu kurz, keine Frage. Seitdem wir hier in Rabaul sind, merke ich, wie gut mir der Trubel und die Abwechslung tun.

Gut gelaunt schlüpfe ich in mein Abendkleid und gehe nach unten, um die ersten Gäste willkommen zu heißen. Joyce Silber, die Frau des hiesigen Sägewerkbesitzers, stürmt auf mich zu und begrüßt mich wie immer schrill und völlig überdreht. „Hello Inge, what a nice Party!" Joyce war die Erste, die mich im neuen Heim besuchte. Mit einem Hut so groß wie ein Wagenrad stand sie am Morgen nach unserem Einzug vor der Tür und klärte mich darüber auf, dass man bei Semi im Laden rund um die Uhr einkaufen kann, dass man bei Helen den besten Kuchen und bei Jacques die beste Frisur bekommt. Seitdem vergeht kaum ein Tag, an dem sie nicht mit irgendwelchen Neuigkeiten bei uns auftaucht. So bin ich immer auf dem Laufenden, was in Rabaul passiert. Doch heute unterbricht Marlene, die Frau des Managers der Plantage in Kokopo, Joyces Redeschwall: „Inge, schau dir das an!", ruft sie aufgeregt. „Das kannst du doch nicht zulassen! Schließlich gehört er zum Personal!" Ich drehe mich um, um zu sehen, was sie so entrüstet. Torawas bedient sich am Buffet. „Reg dich nicht auf", beruhige ich sie, „ich habe es ihm erlaubt. Er holt das Abendessen für seine Kinder." Und dann rufe ich Torawas zu, dass er auch etwas zu Trinken mitnehmen soll. Der lässt sich das, zu Marlenes Entsetzen, nicht zwei Mal sagen.

Ich gehe von Tisch zu Tisch. Im Laufe des Abends ernte ich viel Lob und Begeisterung für diese Feier, und es tut mir gut, so gut, die ehrliche Anerkennung unserer Freunde und Kollegen zu spüren. Wolfgang zieht sich früh zurück; es ist vermutlich besser so, denke ich bei mir, und schlucke die Enttäuschung hinunter. Als die letzten Gäste gut gelaunt aufbrechen, wird es bereits wieder hell. Müde und glücklich falle ich ins Bett, und als ich fünf Stunden später die Augen aufschlage, sind meine Helfer schon fleißig dabei, die Verwüstungen der Nacht zu beseitigen.

Die Reste des Buffets packe ich für Mosley und Nanas Töchter zusammen. Außerdem lade ich noch einen Kasten Bier und ein besonders saftiges Stück Fleisch für meine Kölner Nonne ins Auto. Wenn ich die

Jugendlichen nach Kokopo zurückbringe, möchte ich die Zeit nutzen, und die alte Dame mal wieder besuchen. Wie ich gehört habe, geht es ihr nicht gut. Sie ist seit einiger Zeit bettlägerig und ein Pflegefall. Nachdem ich die jungen Leute im Dorf abgeladen habe, fahre ich nach Vunapope. Als ich das Zimmer von Schwester Kunigunde betrete, sitzt sie im Bett, in den Händen eine Handarbeit. „Frau Reder, wie freue ich mich, Sie zu sehen!", begrüßt sie mich strahlend. „Ja, Schwester Kunigunde, ich muss doch dafür sorgen, dass Ihnen das Bier nicht ausgeht!", sage ich lachend und rücke mir einen Stuhl an ihr Bett. „Ich bin zu nichts mehr nütze", jammert sie, „meine Finger sind so steif, dass mir ständig die Nadeln aus der Hand fallen."
„Schwester, meinen Sie nicht, dass Sie in ihrem Leben genug Gutes getan haben? Jetzt sind die Jüngeren an der Reihe mit Arbeit", tröste ich sie. In diesem Moment kommt eine junge Nonne herein und bringt Schwester Kunigunde das Essen und ein Bier dazu. Genüsslich trinkt die alte Nonne einen großen Schluck und meint: „Frau Reder, Sie sind so ein gütiger Mensch. Es ist nur schade, dass Sie nicht in den Himmel kommen."
Das verschlägt mir erst einmal die Sprache. Als ich mich wieder gefasst habe, muss ich mir das Schmunzeln verkneifen. „Warum komme ich denn nicht in den Himmel?", frage ich nach. „Weil Sie doch evangelisch sind", antwortet Schwester Kunigunde im Brustton der Überzeugung. Ich nehme ihre kalten Hände in die meinen: „Machen Sie sich deshalb keine Sorgen", sage ich zu ihr, „sollte der liebe Gott auch von Protestanten ein Gebet erhören, so bitte ich ihn von ganzem Herzen, das größte und schönste Stückchen Himmel für Sie zu reservieren. Denn Sie haben es sich redlich verdient."
Ich kann Schwester Kunigunde nicht böse sein. Sie kam bereits als junge Frau, noch vor dem ersten Weltkrieg, hierher, und hat ihre damalige religiöse Überzeugung bis heute beibehalten. Die Annäherung der Konfessionen, Ökumene – diese Entwicklungen gingen an vielen Nonnen, die seit Jahren hier im Busch Missionsarbeit leisten, unbemerkt vorbei.
Vor einigen Monaten hatte ich ein ähnliches Erlebnis hier in Vunapope.

Es ging um Clothilde. Sie war einige Tage krank und deshalb nicht im Morgengottesdienst gewesen. Schwester Petra, eine holländische Nonne, nahm sie deshalb ins Gebet: „Du brauchst wohl nicht mehr in die Kirche, wo du jetzt bei Teufels wohnst?", fragte sie Clothilde sarkastisch. Verstört und entsetzt berichtete mir Clothilde von der Unterhaltung. Ich wurde richtig wütend und fuhr sofort zu Schwester Petra, um sie zur Rede zu stellen: „Wer ist hier Teufels?", fragte ich nach. Erst druckste sie herum, dann ließ auch sie mich wissen: „Sie sind evangelisch und kommen nicht in den Himmel." Diese Aussage brachte mich noch mehr in Rage. „Ach, dann kann die Alternative nur die Hölle sein?", wollte ich wissen. „Schwester, Sie haben Ihr ganzes Leben in Demut und Verzicht gelebt, nur für ein Stückchen Himmel. Wie können Sie so sicher sein, dass ausgerechnet Sie dort hineinkommen? Stellen Sie sich vor, der Liebe Gott – und nur er alleine bestimmt, wer hineinkommt und wer nicht – hat keinen Platz für Sie. Dann haben Sie sich Ihr ganzes Leben lang umsonst abgestrampelt. Denken Sie einmal darüber nach." Dann ging ich und ließ eine sprachlose Nonne zurück.

Nur eine Woche später stehen wir im strömenden Regen am Grab von Schwester Kunigunde. Als der Sarg in die Erde gelassen wird, verspüre ich tiefen Schmerz. Die schönsten Orchideen aus meinem Garten werfe ich auf ihren Sarg. „Lieber Gott", bete ich, „empfange diese wunderbare Frau bitte in allen Ehren. Und solltest du, entgegen allen katholischen Regeln, ein Stückchen Himmel für mich reserviert haben, trete ich es gerne an sie ab." In diesem Moment reißt die Wolkendecke auf und warmes Sonnenlicht fällt auf das Grab. Mir wird ganz leicht ums Herz, und es ist mir, als hörte ich Schwester Kunigunde sagen: „Frau Reder, hier oben ist es genau so schön, wie ich es mir vorgestellt habe. Sogar auf mein geliebtes Bier brauche ich nicht zu verzichten!"

Wohlig räkele ich mich auf dem Liegestuhl, den ich mir auf die Terrasse gestellt habe. Um mich herum leuchtet die Blütenpracht in unserem Garten. Zwischen den Blättern des roten Bougainvilleastrauches lugt der grüne Kopf einer Gottesanbeterin hervor. Ein Glücksgefühl durchströmt meinen Körper. Ich genieße die Ruhe und die Natur um mich herum in vollen Zügen.

Heute ist der erste Tag, an dem ich mal wieder zuhause bin. Die letzten drei Wochen habe ich im Büro verbracht, um mit Wolfgang eine Feasibilitystudie über die dringend notwendige Versorgung mit Trinkwasser für die Dörfer in New Ireland anzufertigen. Noch ist es oft so, dass das Süßwasser bei Ebbe tropfenweise aus den Klippen gewonnen und dann kilometerweit von den Frauen nach Hause transportiert wird. Da die Süßwasserversorgung auf den Inseln unter diesen Bedingungen natürlich völlig unzureichend ist, herrschen oft katastrophale hygienische Verhältnisse in den Dörfern.
Gestern Abend haben wir die Arbeit abgeschlossen. Es war ein Gefühl der Zufriedenheit, das mich erfüllte, als ich den letzten Punkt setzte; andererseits macht es mich auch ein bisschen traurig, denn bei der gemeinsamen Arbeit sind Wolfgang und ich uns wieder ein Stück näher gekommen, und auch die Tatsache, gebraucht zu werden, machte mich glücklich.
Ich bin so tief in meine Gedanken versunken, dass ich Wolfgang gar nicht kommen höre. Erschrocken fahre ich zusammen, als er plötzlich hinter mir steht. „Schau dir dieses tolle Werk an", sagt er stolz und legt mir die gebundene Studie auf den Schoß. „Zieh dir etwas Nettes an, ich lade dich in den Jagdclub zum Essen ein. Das hast du dir redlich verdient!"

Eine halbe Stunde später sitzen wir im Club. Wolfgang erhebt sein Glas und prostet mir zu: „Auf die gute Zusammenarbeit!" Er leert es in einem Zug und lässt sich sofort Nachschub bringen. Dann bestellt er ein drittes, ein viertes Glas Bier. Die Euphorie, die mich eben noch hatte jubeln lassen, weicht der Resignation. Und die Hoffnung auf einen schönen Nachmittag schwindet mit jedem Schluck Alkohol, den mein Mann in sich hineinschüttet.

Vierzehn Tage später bekommen wir grünes Licht von der deutschen Regierung: Dreihundert einfache Wasserpumpen sollen mit unserer Hilfe über die Inseln verteilt und installiert werden. Sir Julius, der Ministerpräsident, und die katholische Mission werden uns dabei unterstützen. Um uns einen genauen Überblick über die Situation zu verschaffen, fliegen Wolfgang und ich mit einem kleinen Flugzeug nach Namatanei. Von dort aus geht es mit dem Boot weiter zu den Tanga Inseln.
Hier werden wir von Pater Tom erwartet. Er ist Amerikaner, ich schätze ihn auf Mitte vierzig. In der kurzen Jeanshose und dem bunten Hemd wirkt er sehr attraktiv und hat so gar nichts von einem katholischen Priester. Pater Tom führt uns durch die Missionsstation zu unserem Zimmer. Es ist ein spartanisch eingerichteter Raum mit Zementboden und einem Doppelbett in der Mitte, darüber hängt ein Moskitonetz. Neben dem Zimmer finden wir eine Dusche, auch hier keine Fliesen und kein Duschvorhang. Aber in drei Jahren Papua Neuguinea habe ich mich an einiges gewöhnt.
Eine Nonne holt uns zum Kaffee ab. Sie erzählt, dass morgen Bischof Hesse erwartet wird, der ehemalige Priester bei den Bainings. Ich freue mich darauf, ihn so unerwartet schnell wieder zu sehen. Als neu ernannter Bischof macht Hesse seinen Antrittsbesuch, und es bietet sich an, dass Wolfgang und ich ihn auf der ersten Etappe seiner Reise durch die Dörfer begleiten.
Nach dem Abendessen ziehe ich mich in unser Zimmer zurück. Wolfgang hat eine Flasche Whisky mitgebracht und in Pater Tom einen trinkfreudigen Partner gefunden. Es wird also noch eine Weile dauern, bis er ins Bett kommt.
Als wir morgens aufstehen, ist der Bischof schon da. Bevor wir aufbrechen, zelebriert er mit Pater Tom die Heilige Messe, dann steigt er auf die Ladefläche eines Trucks, die mit Blumengirlanden geschmückt und auf der ein Sessel fest installiert ist. In seiner roten Bischofsmütze

und der weißen Sutane, die mit einheimischen Motiven bestickt ist, sieht er sehr würdevoll aus. Als er sich auf dem Sessel niedergelassen hat, reicht ihm Pater Tom den goldenen Bischofsstab. Jetzt wirkt er wie der Papst persönlich.
Wolfgang und ich sitzen vorne im Führerhaus. Nach einer halben Stunde erreichen wir das erste Dorf. Die Menschen stehen voller freudiger Erwartung am Straßenrand, sie jubeln uns zu und werfen sich voller Demut auf den Boden. Wolfgang nutzt die Gelegenheit, beugt sich aus dem Seitenfenster und breitet die Arme aus, als würde er die Eingeborenen segnen. Voller Begeisterung schreien einige Frauen: „Lukim this gutpella Bischof and neispella Marie bilong em!" („Seht euch den gütigen Bischof an und schaut doch, was für eine schöne Frau er hat!") Mir ist die ganze Situation unendlich peinlich, denn den Bischof können sie ja hinten auf seiner Ladefläche noch gar nicht sehen. Im „Triumphzug" erreichen wir den Dorfplatz. Und dort kommt endlich auch der Bischof zu seinem Recht. Etwas mitgenommen steigt er von seiner Ladefläche. Der hiesige Priester fällt vor ihm auf die Knie und küsst seinen Ring, die Dorfältesten machen es ihm nach. „Ehre, wem Ehre gebührt", flüstere ich Wolfgang grinsend zu. Dann stellt der Bischof meinen Mann vor: „Dispella man is bigpella man long water, long Germany." („Das ist der große Mann, der zum Wasser gehört und aus Deutschland kommt.") Eindrucksvoller hätte man uns hier kaum einführen können.

Nach dem Mittagessen trennen sich unsere Wege. Wir verabschieden uns von Bischof Hesse und steigen in ein altes, klappriges Auto, um uns in Begleitung eines Priesters, der es versteht, mit der Wünschelrute umzugehen, auf die Suche nach Süßwasser zu machen. Immer wieder halten wir in der Nähe von Dörfern an, steigen aus und gehen zu Fuß durch den Busch. An verschiedenen Stellen schlägt die Rute stark aus, und der Priester notiert sich diese sorgfältig in eine Karte. Ich bin überrascht, wie gut so ein Wünschelrutengang funktioniert. Selbst mir gelingt es, die Rute zu bewegen.
Während unserer Reise schreiben wir einen Wettbewerb aus. Das

Dorf, welches zuerst den Brunnenschacht ausgehoben hat und somit die erste Pumpe erhalten soll, wird preisgekrönt als Sieger gefeiert werden. Unser Besuch, die Aussicht auf eine Wasserpumpe und der damit verbundene Wettbewerb lösen jedes Mal große Aufregung unter den Bewohnern der Dörfer aus, und mit großem Enthusiasmus gehen die Leute an die Arbeit.

Wir übernachten in den Missionsstationen und machen uns jeden Morgen wieder auf den Weg. Es sind anstrengende, aber auch spannende Tage, die wir unter primitiven Bedingungen hier auf New Ireland im Busch verbringen, und ich fühle mich ein bisschen wie ein Pionier, wenn wir auf der Suche nach Wasser durch den Wald streifen.

Es gießt in Strömen, als wir zehn Tage später wieder in Rabaul landen. Zuhause erwartet uns eine unangenehme Überraschung: Clothilde ist nicht da. Abends bringt eine Tante sie vorbei. Wie ein Häufchen Elend steht sie weinend vor mir. Tröstend nehme ich sie in die Arme und erkundige mich teilnahmsvoll, was denn Schlimmes passiert sei. Die Tante erklärt mir den Sachverhalt: Clothilde hat sich in einen Polizisten verliebt. Leider ist er ein Tolai und kein Angehöriger ihres Stammes. Deshalb kommt er als Ehemann nicht in Frage. Jetzt wird die Tante das Mädchen in ihr Dorf zurückbringen. Dicke Tränen laufen Clothilde über das Gesicht, und sie tut mir unendlich Leid, denn sie ist mir in den letzten Jahren wie eine Tochter ans Herz gewachsen. Ich halte das schluchzende Mädchen im Arm, und gleichzeitig weiß ich, dass ich ihr nicht helfen darf. Ich kann mich nicht in Familienangelegenheiten einmischen; es würde Clothildes Lage nur verschlimmern. Es bleibt uns nichts anderes übrig, als Clothildes Sachen zu packen. Zuletzt überreiche ich ihr, ohne dass die Tante es merkt, ein Sparbuch. Ich habe es für sie angelegt, und in den Jahren, in denen Clothilde für mich gearbeitet hat, ist ein schönes Sümmchen zusammengekommen. Beim Abschied fließen viele Tränen.

Das Haus kommt mir plötzlich so leer vor. Ich laufe traurig umher und weiß nichts mit mir anzufangen. Clothilde fehlt mir an allen Ecken und Enden.

Drei Tage später kommt Schwester Maria vorbei; sie ist Brasilianerin und eine Nonne wie aus dem Bilderbuch. Von den Einheimischen wird sie „der Engel" genannt, denn sie betreut hier im Busch eine Leprastation und ist oft der einzige Lichtblick für die Schwerkranken. Im Schlepptau hat sie ein Mädchen mit sehr dunkler Haut und wuscheligen Haaren, die ihr Gesicht wie ein Mopp umrahmen. Schwester Maria schiebt die Kleine auf die Terrasse und stellt sie vor: „Das ist Rose, sie braucht Arbeit. Leider müsst ihr euch alleine bekannt machen, denn ich muss zu einer Patientin." Damit ist die Nonne auch schon wieder verschwunden. Rose steht vor mir, sie schaut verlegen auf ihre schmutzigen Füße und bohrt mit einem Finger in der Nase. „Hello Rose", versuche ich es freundlich, und lade sie ein, doch ins Haus zu kommen. Doch Rose macht überhaupt keine Anstalten, auch nur den Kopf zu heben. Wie angewurzelt steht sie da und hat noch immer den Finger im Nasenloch stecken. Ich rede auf sie ein, nehme sie an der Hand, bedeute ihr mit Gesten, mit mir zu kommen, doch alle meine Bemühungen stoßen anscheinend auf taube Ohren. Rose reagiert nicht. Ich bin der Verzweiflung nahe, als meine Rettung naht: Joyce Silber steht vor der Tür. Mit Hilfe der Eingeborenensprache lockt sie die verwirrte Rose aus der Reserve, und das Mädchen hebt zumindest den Kopf. Dann packt Joyce die Unglückliche entschlossen am Arm und schleppt sie zu dem Häuschen im Garten, das Roses neues Zuhause werden soll. Die beiden verschwinden, und es dauert eine ganze Weile, bis Rose mit triefend nassen Haaren, aber frisch geduscht, an der Hand von Joyce wieder auftaucht. „Das war Schwerstarbeit, sie hatte panische Angst, als plötzlich Wasser aus der Wand kam!", stöhnt Joyce. Doch immerhin kommt Rose nun ohne zu zögern mit ins Haus.
Als Joyce gegangen ist, versuche ich mein Glück. In einer Stunde erwartet mich Wolfgang im Büro, und ich versuche Rose das Nötigste beizubringen. Mit dem Finger zeige ich auf das Telefon: „You know dispella something telephone?", frage ich sie. („Kennst du dieses Ding, das Telefon heißt?") „No gad, Missis", antwortet sie.
„If dispella something telephone makes ring, ring, ring", erkläre ich,

und komme mir dabei wie ein Idiot vor, „you take it in your hands and hold it on your ear." Ich gebe ihr den Hörer in die Hand und zeige ihr genau, wie sie ihn richtig halten soll. Rose hebt den Kopf und wiederholt voller Stolz: „Ring, ring, ring." „Not jupella, dispella something telephone makes ring, ring, ring", wiederhole ich. „Mi save now", („Jetzt weiß ich Bescheid"), nickt Rose überzeugend mit dem Kopf. „You tell the people, Missis is long office", erkläre ich ihr. „Mi save now, you go long office", sagt sie entschlossen. Als ich gehe, stelle ich ihr Reis und Dosenfisch zum Essen hin, das Lieblingsgericht der Einheimischen. Und bevor ich mit gemischten Gefühlen das Haus verlasse, schärfe ich ihr noch ein: „Don't let anybody go in this house, not even Paul, the gardener!"

Im Büro kann ich mich nur schwer auf meine Arbeit konzentrieren, irgendwie ist mir mulmig zumute. Schließlich greife ich zum Telefon, um mich zu überzeugen, dass zuhause alles in Ordnung ist. Lange hebt niemand ab. Dann nimmt jemand den Hörer, aber es meldet sich keiner. „Rose, hello Rose!", rufe ich, „it's me, Missis Reder!" Aus weiter Entfernung höre ich eine Stimme. Vor meinem geistigen Auge sehe ich die zitternde Rose, den Hörer weit von sich gestreckt. Aufgeregt ruft sie nach Paul, dem Gärtner, der nicht ins Haus kommen soll. Als ich Pauls Stimme höre, lege ich auf und fahre zurück zu meiner unglücklichen Rose. „Dispella makes ring, ring, ring?", frage ich sie. „No gad, Missis", antwortet sie verlegen. „But yes!", sage ich zu ihr, „And also Paul was here." Ich sehe ihr an, wie es in ihrem Kopf arbeitet. In diesem Moment läutet das Telefon noch einmal. Rose wirft mir einen ängstlichen Blick zu. „Go on", fordere ich sie auf. Zaghaft hebt Rose den Hörer ab und hält ihn mit gebührendem Sicherheitsabstand an ihr Ohr. Sie lauscht und lässt ihn dann entsetzt fallen. Am ganzen Körper zitternd stammelt sie: „Missis Silber is sitting in dispella something telephone." („Frau Silber sitzt in diesem Telefon.") Noch eine ganze Weile steht Rose wie gelähmt im Zimmer. Als sie sich wieder beruhigt hat, sagt sie zu mir: „I am sorry, I can't work for you, Missis." Damit verlässt Rose diesen unheimlichen Ort.

Seit einer Stunde versuche ich, diesen kleinen weißen Ball vor mir zu treffen. Meist haue ich den Schläger knapp davor mit aller Wucht in den Boden; diese Spielweise tut weder meinem Rücken noch meinen Armen gut. Seitdem wir hier in Rabaul sind, hat sich mein Leben in Papua Neuguinea sehr verändert. Habe ich in Kokopo die meiste Zeit des Tages unter Eingeborenen verbracht, lebe ich hier in einem sozialen Umfeld, das sich aus Angehörigen unterschiedlichster Kulturen zusammensetzt. Viele australische Einwanderer sind darunter, aber auch zahlreiche Europäer und Amerikaner. Da die meisten von ihnen für Botschaften, Kulturinstitute oder Stiftungen ihres Heimatlandes arbeiten, genießen sie als Entsandte in einem Land wie Papua Neuguinea einen hohen Lebensstandard. Seit zwei Monaten bin auch ich Mitglied im Golfclub von Rabaul; Lady Stella hat mich hier eingeführt.

Aber irgendwie hatte ich mir dieses Spiel anders vorgestellt. Neidvoll spähe ich hinüber zu Margret McKinley, einer hübsche Papuanerin. Ihr Schläger saust elegant und mit einem leisen Zischen durch die Luft, und der kleine weiße Ball verschwindet irgendwo in der Ferne. Wo er letztlich landet, mag ich nicht einmal erahnen. Margret ist die beste Golferin vom Südpazifik mit Handicap 1 und das Vorzeigestück des Golfclubs.

Für heute habe ich genug. Frustriert gehe ich ins Clubhaus und genehmige mir ein Bier. An der Bar steht Don, Margrets Ehemann. „How is your golf doing?", fragt er mich. "I think I give it up. It's not my game", antworte ich wahrheitsgemäß. „Listen to me", beschwichtigt er mich, „if the ball is getting to fly, it's a better feeling than an orgasm!" Ich muss lachen. „Okay, Don, then I will try it again and again and again!", verspreche ich.

Wenige Wochen später mache ich meine Platzreife. Gott sei Dank nimmt Margret die Prüfung ab und sie drückt beide Augen zu. Am darauf folgenden Wochenende spiele ich mein erstes Turnier. Der erste Ball ein Airswing, das heißt, ich treffe den Ball erst gar nicht sondern schlage in die Luft. Wie peinlich. Der zweite Schlag befördert das kleine runde Ding ins Jenseits. Im hohen Gras suche ich danach, und als ich ihn endlich gefunden habe, brauche ich mehrere Schläge, bis ich wieder auf dem Fairway bin. So geht das Turnier weiter. Dort ein Luftschlag, hier ein Hacker. Vergeblich mühe ich mich im Bunker, dafür versenke ich den Ball zielsicher in jedem Wasserloch. Meine Mitspieler trösten mich, ich aber würde am liebsten im Boden versinken. Es heißt, dass Golfen demütig und bescheiden macht. Das stimmt zweifelsohne. Mit einem „blubb" kollert der Ball nach fünf Stunden schließlich ins 18. Loch, und ich freue mich wie ein König: Es ist geschafft! Als ich bei der Preisverleihung nach vorne gerufen werde, kann ich es kaum fassen. Man überreicht mir einen Regenschirm und ein Lehrbuch mit Golfregeln – ein Trostpreis für das schlechteste Ergebnis. Ich nehme es mit Humor.

Als ich mich am nächsten Tag wieder auf den Platz wage, steht ein etwa 12jähriger Junge vor mir. „May I be your Caddy?", fragt er mich, und stellt sich als Bob vor. Bob zieht mein Wägelchen und gibt mir den ein oder anderen Tipp. „Missis, keep your head down, look to the ball!", empfiehlt er mir. Ich befolge seinen Rat, und jetzt treffe ich den Ball wirklich besser.

Kurz vor dem Ende der Runde entdecke ich unter einem Baum ein kleines nacktes Etwas; im ersten Moment halte ich es für einen jungen Vogel, der aus dem Nest gefallen ist. Dann aber sehe ich extrem große Füße. Sollte es die Mißgeburt eines Huhns sein? Das kleine Ding zittert erbärmlich. Es tut mir so Leid, dass ich es vorsichtig einpacke und mit nach Hause nehme. In einem Karton mache ich ein warmes Nest zurecht. Dann schaue ich mir das merkwürdige Tier noch einmal an. Es hat einen gebogenen Schnabel, so ganz anders als bei Hühnern. Was soll ich ihm nur zu fressen geben?

Während ich noch überlege, kommt Joyce vorbei. „Look what a funny chicken I have found", sage ich und zeige ihr mein neues Haustier. Joyce lacht laut auf. „You know what this is?", fragt sie mich. "This is a young Kakadu!" Begeistert betrachte ich das kleine Ding. Ein Kakadu! Wir taufen ihn auf den Namen Koki, und Joyce empfiehlt mir, ihm fünfmal am Tag mit einer Pinzette weiche Früchte in den Schnabel zu stopfen.

Koki fühlt sich wohl bei mir, und dank der Pflege wird er von Tag zu Tag größer. Schnell hat er begriffen, dass ich seine Futterquelle bin, und wenn er hungrig ist, macht er durch großes Geschrei auf sich aufmerksam. So oft ich Zeit habe, nehme ich ihn auf den Schoß und kraule sein Köpfchen. Bald wachsen ihm rosa Stacheln, die zu Federn werden, und nach wenigen Wochen ist Koki ein wunderschöner weißer Kakadu mit gelbem Federhäubchen geworden, der sich richtig wohl bei uns fühlt. Er stolziert auf der Terrasse herum und ärgert die Hunde, macht sich über den Freßnapf unserer Katze her und imitiert – zum Leidwesen der Hühnerschar – das Krähen der Hähne. Bald weicht er mir kaum mehr von der Seite, und er ahmt auch meine Stimme und sehr bald meine Worte nach. Und wenn er sich hin und wieder verfliegt, bekomme ich ihn immer wieder zurückgebracht. „Wantok bilong Missis", sagen die Einheimischen, „ein Verwandter von Missis", denn der Kakadu spricht ja deutsch.

Im Wetteifer um den ersten Brunnen werden die Schächte auf New Ireland tiefer und tiefer. Nach nicht allzu langer Zeit erreicht uns die Nachricht, dass ein Dorf auf Tanga Island, mitten im Busch und fern jeder Zivilisation, den Wettbewerb um den ersten Brunnen gewonnen hat. Zu den bevorstehenden Feierlichkeiten, bei denen der erste Brunnen offiziell eingeweiht wird, dürfen natürlich der „bigpella Master long water and Missis bilong em" nicht fehlen.
Wir chartern eine kleine Maschine, die uns nach Tanga Island bringen soll. Kurz vor Abflug teilt mir dann allerdings mein Mann mit, dass er nicht fliegen wird. „Ich habe keine Lust, mich ein paar Tage in den Busch zu setzen, ich hasse diese Wilden", begründet er seinen Entschluss. „Vertrete du mich, du kannst das besser. Dich mögen die Kanaken." Anfangs bin ich enttäuscht. Doch insgeheim hatte ich bereits mit dieser Reaktion gerechnet. Gut, denke ich, dann werde ich eben alleine fliegen; es gibt mir Kraft, nicht nur als die „Missis belong em", sondern als eigenständige Persönlichkeit aufzutreten.

Nachmittags um zwei Uhr lande ich auf einer Graspiste vor der Missionsstation in New Ireland. Eine weiß gekleidete deutsche Nonne, ihr Häubchen flattert lustig im Wind, steht zu meinem Empfang bereit. „Herzlich willkommen in New Ireland, Frau Reder. Ich bin Schwester Margret", stellt sie sich vor. Auf dem Weg zum Haus strecken sich mir unzählige schwarze klebrige Hände entgegen. Ich schüttle sie alle.

Etwas später zeigt mir die Schwester die Missionsstation. Ihr ganzer Stolz ist das „Krankenhaus", das von zwei Nonnen geführt wird. Einen Arzt gibt es in dieser Einöde nicht. Mir fällt ein Mann von etwa vierzig Jahren auf, der bewegungslos auf einer Kokosmatte liegt. „Hat dieser Patient Malaria?", erkundige ich mich bei Schwester Margret. „Nein, das nicht. Aber jemand hat einen Zauber über ihn verhängt", erklärt sie mir. „Und was tun Sie dagegen?" Die Nonne zuckt mit den Schultern: „Gegen Zauberei können wir nichts ausrichten, da sind uns die Hände gebunden. Nur die Person, die den Zauber ausgesprochen hat, kann ihn auch wieder zurücknehmen. Doch unsere Nachforschungen stoßen auf eine Mauer des Schweigens."
In dieser Nacht liege ich lange wach, weil mir der Mann nicht aus dem Kopf geht. Ich weiß, dass der Geisterglaube auf Papua Neuguinea weit verbreitet ist. Und doch ist es immer wieder aufs Neue eine fremde Welt, in der ich mich hier bewege.
Am nächsten Morgen wartet beim Frühstück eine freudige Überraschung auf mich: Am Tisch sitzt ein sehr gut aussehender, hoch gewachsener Mann. Er stellt sich mir galant als Hendrik Wengler vor, ein Mitarbeiter der deutschen Botschaft in Port Moresby. „Frau Reder, ich freue mich sehr darauf, Sie die nächsten zwei Tage zu begleiten!", erklärt er charmant. Meine Wangen beginnen zu glühen, und ich ahne, dass mir eine leichte Röte ins Gesicht steigt. Ob er es bemerkt?
Gleich nach dem Frühstück brechen wir mit einem Lastwagen auf. Man bietet uns die Plätze im Führerhaus an, doch wegen der unerträglichen Hitze beschließen wir, lieber zu den Einheimischen auf die Ladefläche zu klettern. Drei Stunden lang rumpelt der Lastwagen über Stock und Stein, und es ist unvermeidlich, dass ich in jeder

Kurve gegen Herrn Wengler gedrückt werde. Dabei klopft mein Herz wie bei einem Teenager, und in mir melden sich Gefühle, die mich vollends verwirren. Irgendwann stehe ich auf und setze mich in eine andere Ecke; Herr Wengler sieht mich fragend an. Am Ziel angekommen, reicht er mir die Hand und fängt mich behutsam auf, als ich von der Ladefläche springe. Ich kann nur ein verlegenes „Danke" stammeln, und frage mich, wie es passieren kann, dass dieser Mann mich so aus dem Konzept bringt.

Begeisterte Menschen erwarten uns und führen uns zur Mitte des Dorfplatzes, wo der neue Brunnen mit Blumengirlanden geschmückt ist. Eine Gruppe wilder Tänzer eröffnet das Sing Sing, dann werde ich gebeten, einige Worte an die Gäste zu richten. „Ich grüße Sie alle sehr herzlich von Bigpella Master long water. Er hat eine schwere Malaria und liegt im Krankenhaus. Und er bedauert es sehr, nicht hier bei Ihnen sein zu können!", lüge ich. „Wie gut Sie schwindeln können und noch so zauberhaft dabei aussehen", neckt mich Herr Wengler, als ich mich wieder setze. Werde ich etwa schon wieder rot? Dann bittet man ihn, den Brunnen in Betrieb zu nehmen. Unter dem Jubel der Bevölkerung bedient er den Schwengel. Nach kurzem kräftigen Pumpen schießt das Wasser auf den roten Lehm des Dorfplatzes. Der Dorfälteste füllt einen Becher mit Wasser und reicht ihn ausgerechnet mir. Alles schaut gespannt auf mich. Ich hebe ihn an die Lippen und nehme einen großen Schluck. Es schmeckt grausig nach Erde und Lehm, und ist das Schmutzigste, was ich je in meinem Leben getrunken habe. Aber ich lächle tapfer nach allen Seiten und lobe: „Gutpella, neispella water!" („Es ist gutes Wasser!")

Das war das Zeichen, auf das alle gewartet haben. Jubelnd und schreiend stürmen die Kinder in die Mitte des Dorfplatzes und quietschen vor Vergnügen, wenn das kühle Nass auf ihre aufgeheizten Körper spritzt. In diesem Moment bedaure ich es, kein Kind mehr zu sein. Wie gerne würde ich es ihnen jetzt gleichtun, mit ihnen herumspringen und plantschen und ein wenig abkühlen. „Es ist nicht immer ein Vorteil, erwachsen zu sein", bemerkt Herr Wengler in diesem Augenblick. Er scheint meine Gedanken erraten zu haben.

Erschöpft von Sonne, Staub und Lärm würden wir uns gerne aus dem Treiben zurückziehen. Doch für die Dorfbewohner ist dies ein Festtag, und sie wollen ihn auch mit den weißen Gästen gebührend feiern. Höflichkeitshalber nehmen wir also die Einladung des Häuptlings an und machen unter seiner Führung einen Rundgang durchs Dorf.

Schon aus der Ferne sehe ich ein Bündel in der sengenden Sonne vor einer Hütte kauern. Neugierig gehe ich näher heran, und als ich erkenne, dass es eine alte Frau ist, packt mich das Entsetzen. Ich spreche sie an, doch sie reagiert nicht einmal mehr. Vom Tode gezeichnet starrt sie vor sich hin. Wütend drehe ich mich um und frage die umherstehenden Leute verärgert: „Seht ihr denn nicht, wie krank sie ist, und wie diese alte Frau leidet? Warum legt ihr sie nicht wenigstens in den Schatten der Hütte?"

„Sie liegt im Sterben", erklärt man mir ungerührt. „Sie darf nicht in der Hütte sterben, sonst muss das Haus verbrannt werden, denn ihr Geist würde ein Weiterleben hier unmöglich machen. Deswegen bleibt sie draußen." „Aber sie weiß das und ist damit einverstanden", mischt sich ihre Tochter ein. Für mich ist es trotzdem entsetzlich und unbegreiflich, einen sterbenden Menschen solchen Qualen auszusetzen. Doch für die Buschbewohner scheint es die natürlichste Sache der Welt zu sein.

Ich bin froh, als wir an diesem Abend unser Quartier erreichen. Wir sind in der Nähe des Dorfes auf einer etwas heruntergekommen wirkenden Kokosplantage untergebracht. Der Verwalter ist Australier und heißt Tim. Ein junges schwarzes Mädchen zeigt mir mein Zimmer. Hinter dem linken Ohr trägt sie keck eine Hibiskusblüte und deutet damit an, dass sie noch zu haben ist. Nach einem ausgiebigen Duschbad fühle ich mich angenehm erfrischt. Ich trete auf die Veranda und genieße den kühlen Windhauch, der die Nacht ankündigt. Die untergehende Sonne lässt die Landschaft noch einmal in warmen Goldtönen aufleuchten.

Das Mädchen hat den Tisch auf der Terrasse gedeckt. Herr Wengler

erscheint in Begleitung unseres Gastgebers. Wir verbringen den lauen Abend bei gutem Essen und interessanten Gesprächen. Als das Mädchen mir duftenden Kaffee eingießt, lehne ich mich entspannt zurück. Über mir funkeln die Sterne. „Wie gut, dass Wolfgang nicht dabei ist", schießt es mir durch den Kopf.
Erst weit nach Mitternacht ziehen wir uns in unsere Zimmer zurück.
„Es war ein gelungener Tag und ein wunderbarer Abend mit Ihnen. Schlafen Sie gut", verabschiedet sich Herr Wengler, und drückt mir einen zärtlichen Kuss auf die Wange.

Am nächsten Morgen trennen sich unsere Wege. Ein Boot bringt mich zurück zur Missionsstation, von dort aus fliege ich nach Rabaul. Herr Wengler wird von einem Hubschrauber abgeholt. Wann wir uns wohl wieder sehen?
In der Mission erzählt mir die Schwester, dass der verzauberte Mann gestorben sei. Eine Gänsehaut läuft mir über den Rücken. Kann Zauber einen Menschen töten?
Das nahende Geräusch der Propeller kündigt mir an, dass der Zauber ein Ende hat: Ich kehre zurück in meine Realität.

Wolfgang holt mich am Flughafen ab. Er scheint froh zu sein, dass ich wieder da bin. Mir aber kommt er seltsam fremd vor. Der Kuss, mit dem er mich begrüßt, ist mir unangenehm. Er führt mich ins Hamamas-Hotel zum Essen. Wir werden vom Geschäftsführer herzlich begrüßt und hofiert.
Ich erzähle ausführlich von den Feierlichkeiten und der Eröffnung des Brunnens. „Du machst deine Sache sehr gut und bist eine würdige Vertreterin", lobt Wolfgang. „Ich war nicht alleine, Herr Wengler von der deutschen Botschaft hat mich begleitet", erzähle ich ihm. Sein Gesicht verfinstert sich einen Moment. Mit einem verächtlichen Grinsen meint er dann: „Dann hattest du ja eine aufregende Zeit. Wie schade nur für dich, dass der Typ schwul ist." Diese Bemerkung trifft mich. Ein ungutes Gefühl macht sich breit. Schließlich starte ich einen kläglichen Versuch, Herrn Wengler zu verteidigen: „Was soll das? Es

steht uns nicht zu, darüber zu urteilen, ob Herr Wengler homosexuell ist oder nicht. Er hat Stil und Charme, das allein zählt. Von seiner liebenswürdigen Art könntest du dir durchaus eine Scheibe abschneiden."

Ich fühle mich müde und traurig und bin froh, dass mich Wolfgang nach Hause bringt.

Im Kühlschrank herrscht gähnende Leere, und ich beschließe, gleich zu Semi einkaufen zu gehen. Als ich den kleinen Laden betrete, ist Semi in die Buchhaltung vertieft. Er schaut kurz auf und ein Leuchten huscht über sein Gesicht: „Hello Missis Reder, nice to see you again!", begrüßt er mich. „Where have you been the whole time?" Ich muss lachen, denn ich war ja eigentlich nur zwei Tage weg.

Dann aber erzähle ich ihm begeistert von meinen Erlebnissen auf New Ireland, und er hört sehr aufmerksam zu.

Ich schätze Semi auf etwa 25. Er betreibt diesen kleinen Laden zusammen mit seiner Mutter. Ansonsten ist er aber ein Einzelgänger, denn die Papuas mögen ihn nicht. Hin und wieder läuft Semi in Frauenkleidern herum, das scheint den Eingeborenen unheimlich zu sein. Ich mag seine höfliche Art und das Engagement, mit dem er seinen Laden führt; sicher könnte ich auch nachts um zwei bei ihm klingeln, und Semi würde mich überaus zuvorkommend bedienen.

Drei Wochen später, es ist Sonntagmittag, erzählt mir Torawas, dass man Semi den Kopf abgeschlagen hätte. Mich packt das pure Entsetzen. Ich hoffe, dass mich diesmal meine Sprachkenntnisse tatsächlich trügen und fahre zu Joyce. Doch sie bestätigt mir den grauenvollen Mord. Am frühen Morgen, so hat sie erfahren, fielen sämtliche Männer eines nahe gelegenen Dorfes über Semi her. Mit einem Beil schlugen sie ihm den Kopf ab, weil ihnen sein Kleidungsstil schon lange ein Dorn im Auge war. Doch unmittelbar danach bereuten sie die Tat wohl, denn sie luden den zweigeteilten Leichnam auf einen Truck und fuhren ihn nach Vunapope ins Missionskrankenhaus. Dort baten sie die Dienst habende Schwester, ihm den Kopf wieder anzunähen. Die arme Nonne bekam wohl beim Anblick der Wilden, die ihr

Semis Kopf und den leblosen Körper entgegenstreckten, einen Schock und sackte auf einem Stuhl zusammen.
Eine Krankenhausangestellte rief die Polizei, die sich beim Anblick des Opfers und der reuigen Täter allerdings auch in einem schlechten Film wähnte. Keiner der Männer leugnete die Tat. Und trotzdem waren den Polizisten die Hände gebunden, denn sie waren nicht befugt, alle Männer eines Dorfes zu verhaften. So wird dieser schreckliche Mord wohl ungesühnt bleiben.
Sonntags ist Markttag in Rabaul, und auf dem Nachhauseweg will ich schnell noch etwas Gemüse holen, obwohl ich aufgrund der schlechten Nachrichten keinen Appetit verspüre. Auf meinem Weg über den Marktplatz komme ich an vielen kleinen Grüppchen Menschen vorbei. Sie alle haben heute nur ein Thema: Der Mord an Semi. Da stehen sie, ereifern sich, reden mit Händen und Füßen, schlachten alle Details aus.
Ich versuche immer wieder, mich in die Gedankenwelt der Menschen hineinzuversetzen, aber an Tagen wie heute gelingt es mir einfach nicht. Ich wünschte, ich wäre jetzt in Europa, würde mit einer Freundin im Café sitzen, über Belanglosigkeiten plaudern und anschließend heim zu meiner Familie fahren um das Abendessen zuzubereiten.
Eine Woche später ist Semis Laden geschlossen. Seine Mutter, so erfahre ich, ist zu Verwandten ins Hochland gezogen.

Wolfgang betreut ein neues Projekt in Lehir, New Ireland. Dort unterstützt die Bayerische Regierung eine Schule der katholischen Mission. Die Leiterin, Schwester Hedwig, ist eine deutsche Nonne. Sie war vergangene Woche unser Gast in Rabaul und beeindruckte mich sehr. Ich habe selten eine so charakterstarke und bodenständige Persönlichkeit erlebt wie sie. Als ich ihr von meinen Personalproblemen erzähle – ich bin noch immer auf der Suche nach einer Hilfe im Haushalt – sagt sie nach kurzer Überlegung: „Ich habe zwei gut angelernte Mädchen für Sie. Wenn Sie nächste Woche nach Lehir kommen, habe ich alles arrangiert und Sie können die beiden mitnehmen."

Wolfgang und ich fliegen nach New Ireland, dann geht es, zum großen Entsetzen meines Mannes, mit einem Motorboot der Mission weiter, denn Wolfgang hatte schon immer Angst vor dem Wasser. Die Überfahrt bis Lehir dauert fünf Stunden und ist die einzige Verbindung zwischen den Inseln.
Das Boot ist zum Bersten voll. Einheimische transportieren quiekende Schweine, denen sie die Beine zusammen gebunden haben, gackernde Hühner, Körbe voller Obst und Gemüse und Säcke voll Getreide. Für Wolfgang ist das zu viel. Immer wieder nimmt er einen großen Schluck aus der Whiskyflasche. Auf meinen vorwurfsvollen Blick hin sagt er: „Das brauche ich, um dieses Geschaukel zu überleben." Dass mein Mann ein ernstes Alkoholproblem hat, will ich zu diesem Zeitpunkt noch nicht wahrhaben. Er torkelt von einer Seite des Bootes auf die andere, und ich habe meine liebe Not, ihn fest zu halten, damit er nicht über Bord geht.

Lehir liegt sehr malerisch auf einem Hügel; der Kirchturm grüßt schon von weitem übers Wassers, und als wir näher kommen, sehe ich, dass auf den Weiden Kühe grasen. Schwester Hedwig erwartet uns winkend am Anlegesteg. „Wären hier keine Kokospalmen, könnte man glatt meinen, auf einer oberbayerischen Alm zu sein", scherze ich zur Begrüßung. „Ich bin aber leider keine Sennerin", lacht die Nonne. Wolfgangs Verhalten macht sie stutzig: „Geht es Ihnen nicht gut?", fragt sie besorgt. „Ich bin seekrank", entschuldigt er sich. Ich schäme mich für ihn.
Nachdem Wolfgang sich auf sein Zimmer und ins Bett zurückgezogen hat, begleite ich die Schwester auf ihrem Rundgang übers Missionsgelände. Wir betreten eine geräumige Küche, in der einige Schülerinnen Brot backen. „Das sind Erika und Vicky, die mit Ihnen nach Rabaul fliegen", stellt mir Schwester Hedwig zwei Mädchen vor. Ich schließe die beiden sofort ins Herz.
Auf unserem Rundgang kommen wir an einem Krankenhaus vorbei. Ich bin immer wieder erstaunt, dass jede größere Missionsstation ihr eigenes Krankenhaus hat; meist werden diese aus Misereor-Geldern

finanziert. „House Sik" nennen es die Einheimischen. Da es aber keine ärztliche Versorgung gibt, herrscht gähnende Leere in diesem großen Gebäude.

Zum Abendessen haben sich einige Nonnen aus Vunapope eingefunden. Sie führen eine Gesundheitskontrolle in den abgelegenen Dörfern durch, und zu meiner Freude darf ich sie am nächsten Tag begleiten.

Morgens um sechs brechen wir auf. Schwester Hedwig hat uns mit reichlich Proviant versorgt, und nach zwei Stunden Fahrt machen wir den ersten Stopp. Es hat wochenlang nicht geregnet, und die Nonnen vermuten, dass die Erträge der Gärten im Moment sehr mager ausfallen und die Leute deshalb ausgehungert sind. Mit einer mitgebrachten Glocke läutet eine Schwester mehrmals kräftig in den Busch hinein, und es dauert nicht lange, da füllt sich der Platz. In den nächsten Stunden versorgen wir ausgemergelte Frauen mit Babys, die sie in Netzen auf ihrem Rücken tragen, und Kinder, die wegen Malariafieber kaum aus den Augen schauen können, wir behandeln Männer, die auf einem Bein daherhumpeln und einen Besenstiel als Prothese benutzen, und unzählige Patienten mit bösen Geschwüren, eiternden Wunden und gebrochenen Gelenken. Besonders berührt mich das Schicksal einer jungen Frau mit einem Neugeborenen auf dem Rücken; sie kann sich vor Schwäche kaum mehr auf den Beinen halten und bricht vor uns ohnmächtig zusammen. Eine Schwester fängt sie gerade noch auf und bettet sie behutsam ins Gras. Seit Tagen hat diese Frau nichts mehr gegessen, berichten uns ihre Verwandten. Die Geburt des Kindes kostete sie ihre letzte Kraft, und weil sie so schwach war, konnte sie ihren Garten nicht mehr bearbeiten und folglich auch nichts ernten. Ich lasse mir meine Essensration aushändigen, und als die Frau wieder zu sich kommt, leiste ich mit meinen Broten erste Hilfe. Die Nonnen handeln ebenso, und wir verteilen unseren gesamten Proviant unter die Leute. Wir beschließen, die Frau und ihr Baby mit nach Lehir ins Krankenhaus zu nehmen und sie dort wieder aufzupäppeln.

Nach vier Stunden ist der letzte Patient versorgt. Erschöpft gönnen wir uns eine Pause. Dann gehen wir zu Fuß in ein nahe gelegenes Dorf. Aus einer Hütte tragen die Schwestern eine völlig verwahrloste alte Frau. Ihr Körper ist mit Exkrementen, Ausschlag und Geschwüren übersät. Ihre Augen sind zugeschwollen und völlig verklebt. Die Nonnen betten sie auf eine Kokosmatte und versuchen wiederholt, den bestialisch stinkenden Körper zu reinigen. Nach dem Waschen behandeln sie die offenen Wunden. Aus einer anderen Hütte befördern die Schwestern ein völlig abgemagertes Kind ans Tageslicht. Seine Haut ist mit Pusteln übersät, der kleine Bauch aufgedunsen. Der deformierte Kopf scheint größer als der ganze Körper. Das Kind ist völlig verschreckt und gibt seltsame Laute von sich. Auf seinen verkümmerten Gliedmaßen versucht es, zurück in die Dunkelheit und den Schutz der Hütte zu kriechen. Nach der Körpergröße zu urteilen, schätze ich das Mädchen auf höchstens zwei Jahre. Doch nach näherer Untersuchung sind die Nonnen der Ansicht, dass es mindestens zehn sein muss. Mit einem Wasserkopf geboren, hat sich all die Jahre niemand um das arme Geschöpf gekümmert. Selbst die Schwestern, die aufgrund ihrer Tätigkeit hier einiges gewohnt sind, schauen erschüttert auf das arme Wesen. Ich mag das, was sich vor meinen Augen abspielt, gar nicht glauben, und wünsche mir, dass ich aus diesem bösen Traum gleich erwachen möge.

Die Nonnen sind sich einig, dass dieses Kind nicht so weiter vegetieren darf; sie reden mit den Angehörigen, und als diese signalisieren, sie seien froh, diese Schande endlich los zu sein, beschließen die Schwestern, die Kleine mit nach Lehir zu nehmen. Dank einer Beruhigungsspritze verbringt das arme Geschöpf die Fahrt schlafend in den Armen einer Nonne.

Rechtzeitig zum Abendessen sind wir zurück in der Missionsstation, wir übergeben unsere Patienten in die Obhut einer Schwester im House Sik und sitzen schließlich hungrig und ausgelaugt am Tisch. Das gemeinsame Mahl verläuft sehr schweigsam; zu tief sind die Eindrücke dieses anstrengenden Tages. Da wir mitten in der Nacht nach Rabaul aufbrechen werden, entschuldige ich mich, um mich ins Bett zurückzuziehen. Doch die heutigen Erlebnisse lassen mich nicht zur Ruhe kommen.

Um drei Uhr morgens sind Erika und Vicky schon startklar, als Wolfgang und ich die Treppe hinunter kommen. Die Mädchen sind sichtlich nervös. Mit ein paar Scherzen versuche ich, ihre Aufregung zu mildern.

Wir fahren mit einem kleinen Boot zurück und sind die einzigen Passagiere. Wolfgang findet in der Kajüte zwischen Säcken mit getrockneten Kokosnüssen einen Platz zum Schlafen. Die Mädchen und ich bleiben an Deck. Es ist eine wunderbare Nacht. Die Sterne funkeln am Himmel, und ab und zu fällt eine Sternschnuppe herab. Ich erkläre den Mädchen, dass sie sich etwas wünschen dürfen, das aber nur in Erfüllung geht, wenn sie den Wunsch niemandem verraten. Die beiden überlegen eine Weile, und nach ihren strahlenden Augen zu urteilen, haben sie sich etwas Schönes gewünscht.

In Namatanai angekommen, muss ich all meine Überredungskunst aufwenden, um die Mädchen ins Flugzeug zu bewegen. Es ist ihr erster Flug, und schließlich siegt die Neugierde. Staunend blicken sie nach den ersten Minuten der Angst aus dem Fenster, und sie reden noch lange von diesem Erlebnis.

Vicky und Erika leben sich schnell in Rabaul ein. Sie haben im Garten ein eigenes kleines Häuschen, und als wir unseren nächsten Heimaturlaub planen, weiß ich unsere Tiere und das Haus in bester Obhut.

In zwei Wochen werden wir nach Deutschland fliegen. Wolfgang hat im Büro noch einiges zu erledigen, deshalb bin ich heute mitgefahren, um ihn bei der Arbeit zu unterstützen. Ich blättere gerade den Projektordner durch, als es an der Tür klopft. Auf mein energisches „Herein!" hin, öffnet sich die Tür und ein Kanake tritt ein. Als ich ihn nach dem Grund seines Besuches frage, tut er sehr geheimnisvoll. Fast ängstlich schielt er nach allen Seiten, geradeso, als würde er verfolgt. Dann schaut er verlegen auf seine Schuhspitzen und flüstert: „Mi leikim tok long Masta, Missis." Ich rufe Wolfgang. Nach der herzlichen Begrüßung zu urteilen, kennen sich die beiden bereits.

Als sich unser Besucher vergewissert hat, dass niemand außer uns im Büro ist, und von mir vermutlich keine größere Gefahr ausgeht, zieht er ein in Lumpen gewickeltes Etwas unter seinem Hemd hervor. Vorsichtig wickelt er das Päckchen aus. Es kommt eine graue, auf mich eher unscheinbar wirkende Steinfigur zum Vorschein. Wolfgang ist völlig aus dem Häuschen und reagiert euphorisch: „Ein Iniet! Ein Geist in Stein!", ruft er erfreut aus. Der Fremde stellt die Figur auf Wolfgangs Schreibtisch und vermeidet angestrengt jeglichen Blickkontakt mit dem Geist. Erst später werde ich erfahren, dass in Papua der Aberglaube existiert, dass jeder, der nicht dem Iniet-Kult angehört, aber einem Steingeist ins Gesicht schaut, sein Augenlicht verliert. „Du glaubst nicht, wie lange ich nach einer solchen Figur gesucht habe", erklärt Wolfgang, an mich gewandt. Stolz streicht er über das Mitbringsel und zückt dann den Geldbeutel. Er drückt dem Überbringer einige Geldscheine in die Hand, dieser bedankt sich und verlässt fluchtartig die Szenerie. Ich kann über diesen seltsamen Auftritt nur ungläubig den Kopf schütteln.

Zuhause finden wir schnell einen Platz für unseren neuen Mitbewohner: Er soll auf dem Regal über der Stereoanlage stehen. Als Wolfgang sich am Abend in sein Zimmer zurückgezogen hat, nehme ich mir die Zeit, die Iniet-Figur etwas genauer zu begutachten. Es handelt sich um eine etwa 35 Zentimeter hohe Statue, die einen sitzenden Mann darstellt. Er hat die Ellbogen auf die Knie und das Kinn in die Handflächen gestützt; von seinem Gesicht sind nur die eingekerbten Augen und die Nase zu erkennen. Es braucht viel Phantasie, um sich vorzustellen, dass dieses kleine Steinmännchen ein böser Geist sein soll, der, wie die Legende erzählt, bereits zahlreichen Menschen den Tod gebracht hat. Ich schmunzele und ernenne ihn insgeheim zu unserem guten Hausgeist. Er scheint damit einverstanden zu sein.

Vicky und Erika ergreift am nächsten Morgen Panik beim Anblick des Iniet-Geistes. „Missis, wenn du diesen Gesit nicht schnellstens entsorgst, musst du sterben!", prophezeien sie mir allen Ernstes. Es bedarf vieler beruhigender Worte, bis die Figur an ihrem Platz stehen bleiben darf.

Erstaunlicherweise reagieren aber nicht nur die Mädchen ängstlich. Auch einige Tolais, die bei uns vorbeischauen, legen beim Anblick der Steinstatue merkwürdige Verhaltensweisen an den Tag. Ein Mitglied der Provinzregierung, das bei uns zu Gast ist, rät uns gar, die Iniet-Figur so schnell und tief wie nur irgend möglich im Busch zu vergraben. Wenn ich allerdings weiter nachhake, und mehr über die Hintergründe erfahren möchte, hüllt man sich in Schweigen.

Und je weniger ich erfahre, desto neugieriger werde ich. Schließlich rufe ich Father Franz an. Er verspricht mir am Telefon, meinen Wissensdurst zu stillen, und am Wochenende mit ausreichend Literatur aus der Missionsbücherei vorbei zu kommen.

Ich kann den Samstag kaum erwarten. Dann steht Father Franz endlich vor der Tür, unter dem linken Arm trägt er einen Stapel Bücher. „Komm herein, du wirst bereits sehnsüchtig erwartet", begrüße ich ihn. Während wir bei einer Tasse Kaffee zusammen sitzen, erzählt Father Franz mir das Wenige, was er über den Iniet-Kult weiß: „Ende des 19. Jahrhunderts war der Iniet-Kult auf der Gazellenhalbinsel weit verbreitet. Fast jeder männliche Eingeborene gehörte diesem Kult an. Die Versammlungsplätze lagen tief im Busch. Den Frauen und Ungläubigen war das Betreten des Territoriums strengstens untersagt; wenn sich trotzdem jemand dorthin verirrte, war dies sein Todesurteil. Auch die Mitglieder des Kults mussten unter Androhung der Todesstrafe Stillschweigen bewahren. Aber natürlich sickerte das eine oder andere Gerücht durch. Angeblich kam es bei den Zusammenkünften zu unsittlichen und homosexuellen Praktiken.

Den katholischen Missionaren war der Iniet-Kult, der im Übrigen nichts mit dem Duk Duk Kult der Tolais zu tun hat, ein Dorn im Auge, störte er doch ihre Bekehrungsversuche erheblich. Im Jahr 1902 wurde der Iniet-Kult dann offiziell verboten – offiziell. Es scheint, als ob zahlreiche Anhänger dieses Verbot ignorierten, denn noch heute werden den in Stein gehauenen Geistern, wie ihr einen habt, geheimnisvolle

Kräfte nachgesagt. Es ist immer noch üblich, die Figuren in der Nähe der Hütten oder Häuser von „Feinden" oder „Verrätern" zu vergraben und diesen Menschen dadurch den Tod zu wünschen."

„Das klingt ja schaurig", gebe ich zu. Ich hole unseren Iniet-Geist aus dem Regal. Er sieht so harmlos aus. „Ich denke, er wird durch die gute Behandlung, die wir ihm angedeihen lassen, friedlich werden!", scherze ich.

Über Port Moresby fliegen Wolfgang und ich nach Manila, wo wir drei Tage Zwischenstopp eingeplant haben. Wolfgang hat dort einige Meetings mit Kollegen der deutschen Botschaft und Regierungsleuten zu absolvieren. Der Taxifahrer chauffiert uns durch das Verkehrschaos dieser brodelnden Stadt. Hier hält sich niemand an irgendwelche Vorschriften; wer am lautesten hupt, erzwingt sich die Vorfahrt. Zwischen den fahrenden Autos springen junge Burschen umher, die Zigaretten, Zeitungen und Drinks anbieten. Zum Schutz gegen die Autoabgase haben sie Mund und Nase vermummt. „Please, don't open the window", bittet uns der Fahrer, denn im Straßengewühl lauern die Diebe und warten nur darauf, endlich zugreifen zu können. Selbst während der Fahrt reißen sie den Touristen Ketten vom Hals und scheuen auch nicht vor dem Risiko zurück, dabei jemanden zu erwürgen.
Wir steigen wie immer im Peninsula, einem der schönsten Hotels in Manila, ab. Ich freue mich auf den großzügig angelegten Pool und unser gewohntes Zimmer im 10. Stock mit Blick aufs Meer. Wolfgang geht sofort los, um zu telefonieren und seine Geschäfte zu erledigen. Der Abend verläuft sehr harmonisch, doch am nächsten Morgen beim Frühstück wirkt Wolfgang fahrig und nervös. „Ich treffe mich um zehn Uhr noch einmal mit den hiesigen Mitarbeitern und bin zum Mittagessen wieder zurück", verabschiedet er sich und gibt mir einen Kuss. Ich gehe eine Runde schwimmen und lege mich dann an den Pool, genieße das Plätschern des Wasserfalls, die Farbenpracht der Blumen, die Kokospalmen, die sich im Wind wiegen und den Drink, den mir ein zuvorkommender Kellner serviert. Es könnte mir nicht besser gehen.

Gegen Mittag ziehe ich mich um und gehe hinunter in die Halle, um auf meinen Mann zu warten. Ich möchte nicht ohne ihn essen. Doch die Stunden vergehen, es wird zwei Uhr, drei Uhr, vier Uhr, und kein Wolfgang ist zu sehen. Er wird viel Arbeit haben, entschuldige ich ihn vor mir selbst. Schließlich bestelle ich mir noch eine Tasse Kaffee, es ist die Vierte an diesem Nachmittag. Und zum dritten Mal frage ich an der Rezeption, ob sie nicht eine Nachricht für mich haben. Ich komme mir schon langsam komisch vor. Der junge Portier schüttelt mitleidig den Kopf. Nein, immer noch nichts. Wolfgang könnte wenigstens anrufen und kurz Bescheid geben, dass er sich verspäten wird.

Zum Abendessen mache ich mich besonders hübsch. Wieder setze ich mich in die Halle, immer die Drehtür im Auge. Ich fühle mich langsam wie auf dem Präsentierteller, und habe das Gefühl, dass einige Leute mich schon anstarren. Im Geiste sehe ich meine Mutter vor mir, bei der wir das erste halbe Jahr unserer Ehe wohnten. Wenn Wolfgang nicht nach Hause kam, und ich wartend am Fenster stand, spöttelte sie: *„Man wartet.* Gibt es wohl zwei Worte, die mehr Leid und Hoffnung in sich tragen als diese?" Wobei sie das „diese" besonders in die Länge zog. Wie ich sie damals für diese Worte gehasst hatte. Und wie Recht ich ihr hier, weit weg von zuhause, geben musste.
Hatte meine Mutter schon damals geahnt, dass unsere Ehe eine einzige Achterbahnfahrt werden würde, zwischen himmelhochjauchzend und zu Tode betrübt? Ich erinnere mich noch gut an den Tag unserer Hochzeit. Es ist vierundzwanzig Jahre her. Und unsere Voraussetzungen waren nicht die Besten gewesen. Von Wolfgangs Familie war niemand erschienen; als religiöse Katholiken wollten sie es nicht akzeptieren, dass wir uns evangelisch trauen ließen. Mein Vater war gestorben, niemand führte mich zum Altar. Meine Mutter war zwar gekommen, konnte sich aber die Bemerkung nicht verkneifen, dass Wolfgang keine Garantie für die Zukunft wäre. Ihrer Ansicht nach trank er damals schon zu viel. Ich aber war verliebt und schlug alle Ermahnungen in den Wind. Hätte ich damals gewusst, wie viel Kraft und Energie ich in meiner Ehe verbrauchen würde, ich hätte es mir

bestimmt anders überlegt. Andererseits wären dann meine beiden Kinder nicht da, die ich so sehr liebe.

Es ist bereits weit nach Mitternacht, als ich aufs Zimmer gehe. Unruhig wälze ich mich im Bett hin und her, an Schlaf ist überhaupt nicht zu denken. Ob Wolfgang etwas zugestoßen ist? In dieser Stadt geschehen tagtäglich unzählige Gewaltverbrechen. Ich stelle mir vor, wie Wolfgang an einer Straßenecke niedergeschlagen, ausgeraubt und in irgendein finsteres Loch verschleppt wird. In Manila ist alles möglich. Vermutlich ist ihm nicht einmal jemand zu Hilfe geeilt. Wahrscheinlich haben die Passanten weggeguckt, handelt es sich doch um einen Ausländer, den sowieso keiner kennt. Vielleicht hat man ihn inzwischen gefunden, er liegt schwer verletzt in einem Krankenhaus, und die Ärzte wissen nicht, wen sie verständigen sollen, weil er keine Papiere mehr bei sich hat. Ich werde fast verrückt vor Angst um meinen Mann, wandere ziellos im Zimmer umher. Hätte ich heute Nachmittag gleich zur Polizei gehen sollen? Was aber, wenn Wolfgang sich einfach nur herumtreibt, mal wieder bei einer Prostituierten ist?

Ich bin froh, als es draußen dämmert und dann die Sonne aufgeht. An der Rezeption erfrage ich die Nummer der deutschen Vertretung, weil ich wissen möchte, wann Wolfgang gestern das Haus verlassen hat. Da die Kollegen, mit denen sich mein Mann getroffen hat, um diese Uhrzeit noch nicht im Büro sind, setze ich all meine Überredungskunst ein, um von der Sekretärin die Privatnummer zu erhalten. Mit zitternden Händen wähle ich die Nummer von Peter, einem Freund und Mitarbeiter der Botschaft. „Wir waren nur bis vorgestern Mittag mit deinem Mann zusammen", erklärt er überrascht. Wie in Trance lege ich auf. Ich ziehe mich an, gehe nach unten in die Lobby und sitze einen weiteren Tag lang in der Hotelhalle, die Drehtür keine Minute aus den Augen lassend. Doch mein Mann kommt nicht. Irgendwann fange ich an, die Menschen zu zählen, die unser Hotel betreten. Bevor ich völlig verrückt werde, beschließe ich, aufs Zimmer zu gehen.

Als ich im Fahrstuhl nach oben fahre, drängt sich in letzter Sekunde ein Saudi herein. Ich bekomme sofort Schweißausbrüche, und mein Herz beginnt zu rasen. Schlagartig werden Erinnerungen an die Zeit in Bagdad wach. Mein Mann lag damals im Krankenhaus, und ich wollte ihn besuchen. Deshalb rief ich ein Taxi, nannte dem Fahrer den Namen und die Adresse des Krankenhauses, und als er nickte und mir damit signalisierte, dass er verstanden habe, stieg ich ein. Er fuhr durch das Strassengetümmel Bagdads, und ich kannte mich noch nicht sehr gut aus, deshalb war ich anfangs verunsichert. Dann aber wurde mir klar: Ins Krankenhaus fuhr der Kerl nicht, denn das Straßenbild veränderte sich mehr und mehr, die Häuser wurden spärlicher. Er fuhr aus der Stadt heraus, Richtung Euphrat und Tigris. Ich redete auf ihn ein, schrie ihn irgendwann an, er solle umkehren, nannte ihm immer wieder den Namen des Krankenhauses, doch er lachte nur schmutzig und antwortete mir in einer Sprache, die ich nicht verstand. Mich erfasste Panik. Was erhoffte sich der Fahrer von mir? Geld? Sex? Beinahe wöchentlich konnte man in der Zeitung lesen, dass wieder eine Leiche aus dem Tigris gezogen worden war. Und als Ausländerin war ich leichte Beute. Wer sollte mich dort suchen, falls mir etwas zustoßen würde? „Lieber Gott, lass mich nicht so sterben, bitte lass mich nicht so sterben!", betete ich, und ich zitterte vor Angst am ganzen Leib. Ich musste handeln. Und ich sah nur einen Ausweg: Ich stieß mit aller Kraft die Wagentür auf und sprang aus dem Auto. Hart schlug ich auf der ungeteerten Straße auf, rollte zur Seite und blieb benommen am Straßenrand liegen. Ich hörte, wie der Taxifahrer scharf bremste und der Wagen hielt. Aus dem Augenwinkel beobachtete ich, wie ein Kleinbus stoppte, dann stürzte eine Meute Männer auf mich zu. Sie rissen an meinem Mantel, zerrten brutal an meinen Haaren und begrapschten meinen Körper. Ich weiß nicht mehr, ob ich geschrien habe, aber ich weiß, dass ich noch immer inständig diesen einen Satz betete: „Lieber Gott, lass mich bitte nicht so sterben, bitte nicht so sterben."
Plötzlich ließen die Männer los und stieben auseinander. Über mir stand ein Wachmann, das Gewehr im Anschlag. Ich wusste nicht, ob

das Gutes bedeutete oder meine Situation gleich noch schlimmer werden würde. Der Mann fragte mich etwas, aber ich verstand ihn nicht; ich stand unter Schock, kauerte im Dreck und schluchzte; kein Wort brachte ich heraus. Von irgendwoher holte der Wachmann schließlich Hilfe; es war ein Weißer, ein Mitarbeiter der britischen Botschaft, der dort in der Nähe wohnte. Die beiden Männer fragten mich nach meinem Namen und nach meiner Adresse, aber ich konnte noch immer nichts sagen. Der Brite lud mich in sein Auto und fuhr los, durch Bagdads Straßen. Irgendwann bog er auch in die Straße ein, in der wir lebten, und ich deutete auf unser Haus. Ich rang nach Worten, aber es war, als hätte ich meine Sprache verloren. Kein Laut kam über meine Lippen. Plötzlich sah ich ein bekanntes Gesicht vor mir. Vor Dankbarkeit rannen mir die Tränen über das Gesicht. Unsere Nachbarin, eine Ärztin aus Manila, stand vor mir. Sie hatte den Wagen halten sehen und war aus dem Haus gelaufen, als sie mein verzweifeltes Gesicht hinter der Windschutzscheibe erkannte. Sie half mir beim Aussteigen, führte mich ins Haus und kümmerte sich um mich, bis Wolfgang wieder aus der Klinik entlassen wurde.

Bis heute haben diese Erlebnisse tiefe Wunden hinterlassen. Und jetzt, eingeschlossen mit diesem Araber, sind sie wieder präsent. Ich zittere am ganzen Körper, sehe die schwarzen Augen vor mir, die mich unverhohlen anstarren. Der Kerl mustert mich von Kopf bis Fuß. Dann sagt er von oben herab: „What's your name? Perhaps I invite you for dinner tonight." Ich schaue ihn an, bringe aber kein Wort heraus. Erst als sich die Tür öffnet und ich wieder Luft bekomme, sage ich hasserfüllt und voller Wut: „Listen to me: I would never go out with a dirty guy!" Dann flüchte ich in mein Zimmer und werfe die Tür hinter mir ins Schloss.

Ich lehne mit dem Rücken an der Wand. Meine Nerven liegen blank. Das Zittern will nicht aufhören. Die Zeit in Bagdad war die Hölle für mich gewesen. Wir hatten damals einen Koch, der Petra angefasst hatte. Wenn Wolfgang nicht zuhause war, und ich Geräusche im Haus hörte, schickte ich die Kinder unters Bett, und ich stand, mit einem Samurai-Schwert bewaffnet, hinter der Tür, um uns im Notfall

zu verteidigen. Ich lebte ständig mit der Angst, überfallen oder als Frau missbraucht zu werden. Und Wolfgang lachte nur, wenn ich ihn bat, uns nicht so oft alleine zu lassen.
Heulend werfe ich mich aufs Bett. Das alles übersteigt meine Kräfte. Ich fühle mich hintergangen und im Stich gelassen. Immer wieder dieses Gefühl der Einsamkeit, der Hilflosigkeit, das sich meiner bemächtigt. In diesem Moment bin ich mir sicher, dass Wolfgang in den Armen einer billigen Hure liegt. Allein beim Gedanken daran, dass er irgendwann wieder auftaucht, sein unverfrorenes Grinsen auf den Lippen, werde ich von Weinkrämpfen geschüttelt. Und es ekelt mich, wenn ich mir vorstelle, wie er nach Alkohol riecht und versucht, mich anzufassen. Wie oft musste ich das schon erleben. Ich kann diese Demütigungen, dieses Ausgeliefertsein, nicht länger ertragen. Ich muss meinen Mann verlassen und wieder von vorne anfangen. Ein neues Leben beginnen, ein Leben nach meinen Vorstellungen. Dann wäre ich zwar auch erst einmal alleine, aber die Voraussetzungen wären andere. Ich könnte nach Deutschland gehen, hätte meine Freunde um mich. Meine Kinder wären in meiner Nähe. Ich müsste diese Verletzungen nicht mehr aushalten. Wenn Wolfgang zu einer anderen Frau ginge, könnte mir das egal sein. Wir wären beide frei und müssten einander nicht mehr weh tun. Allerdings befürchte ich, dass Wolfgang nicht nur mir, sondern auch den Kindern das Leben zur Hölle machen würde. Wie oft hat er es mir schon angedroht, wenn ich mich der Prophezeiung, mich scheiden zu lassen, ankam? Bislang lachte er nur höhnisch. Ich bin finanziell abhängig von ihm, unsere Kinder natürlich auch.
Unsere Kinder… habe ich das Recht, unsere Familie zu zerstören? Will ich ihnen tatsächlich das Zuhause, das sie sowieso nur zeitweise genießen können, auch noch weg nehmen?
Ich fühle mich so schwach, so elend und schwach. Und dann sehe ich Wolfgang wieder vor mir, wenn er mit seinen Schwüren und Beteuerungen, sich zu bessern, zu mir kommt. Vielleicht haben wir doch noch eine Chance? Vielleicht wird alles wieder gut? Was muss geschehen, damit sich das Leben für uns zum Positiven wendet,

damit unsere Gefühle füreinander wieder stark werden? Wir hatten uns doch geschworen, den zukünftigen Weg gemeinsam zu gehen. Wir wussten beide, dass es schwer werden würde, dass ein Leben im Ausland unsere Ehe auf eine harte Probe stellen würde, immer und immer wieder.
Natürlich, wir genießen auch viele Annehmlichkeiten, haben keine finanziellen Sorgen, solange wir zusammen bleiben. Ich lerne interessante Menschen kennen, zu denen ich sonst nie Kontakt finden würde. Aber ich bin auch so allein, so furchtbar allein, selbst mit meinem Mann an meiner Seite. Wieder sehe ich diese Hure vor mir und Wolfgangs Grinsen, ich kann seinen schlechten Atem förmlich riechen. Es ist ein Teufelskreis, in dem ich mich befinde. Wie ich mich auch drehe und wende, ich komme nicht los von ihm. Ich kann so nicht weitermachen. Ich kann nicht mehr. Meine Kräfte sind aufgezehrt, ich bin am Ende. Ich werde Schluss machen. Mit diesem verfluchten Leben Schluss machen. Endlich Ruhe finden. Frieden finden. Nicht mehr grübeln, nicht mehr kämpfen, nicht mehr vergeblich warten müssen. Immer wieder schütteln mich Weinkrämpfe. Ich beiße in mein Kopfkissen und möchte sterben. Dann wieder hebe ich den Kopf. Ich starre gegen die weiße Wand und möchte schreien, aber kein Laut kommt aus meiner Kehle.
Ich weiß, dass Wolfgang verschiedene Tabletten in seiner Reisetasche aufbewahrt. Langsam gleite ich vom Bett. Auf allen Vieren krieche ich über den Fußboden. Wo ist seine Tasche? Wo hat er sie nur abgestellt? Die Umrisse der Möbel nehme ich nur durch einen Tränenschleier wahr. Dort drüben, neben dem Stuhlbein, dort ist sie zu erkennen. Ich schiebe mich näher. Die Tasche. Die rettende Tasche. Ich ziehe den Reißverschluss auf. Hektisch wühle ich mich durch seine Wäsche. Hier ein kleiner Karton. Da noch eine Packung. Und noch eine. Für einen kurzen Moment erstaunt es mich doch, wie viele es sind. Ich weiß, es handelt sich um Schlafmittel, die Wolfgang für die Langstreckenflüge bunkert. Vielleicht auch für andere Gelegenheiten, Situationen wie diese hier, in denen man nichts mehr sehen und nichts mehr hören möchte, in denen man sich nur wünscht, dass

alles aufhören möge, dass endlich alles aufhören möge.

Ich höre dieses eigenartige, beruhigende Geräusch, als ich die erste Tablette aus der Verpackung drücke. Dieses leise „Klick", das Hoffnung und Befreiung verspricht. Die Befreiung von Schmerzen, auch von seelischen Schmerzen. Ich stecke die erste Tablette in den Mund, dann drücke ich die zweite heraus. Wieder dieses leise Knacken, das Ruhe offeriert. Eine dritte Tablette, eine vierte, eine fünfte. Und noch eine. Und noch eine. Mein Mund ist voll. Ich kann unmöglich alle auf einmal hinunterschlucken. Langsam robbe ich Richtung Minibar und ziehe den kleinen Kühlschrank auf. Die Alkoholfläschchen reihen sich vielversprechend und dekorativ aneinander. Es gibt Momente, da sieht man einfach keinen anderen Ausweg.

Whisky scheint mir am geeignetsten. Ich nehme das Fläschchen heraus und drehe den Schraubverschluss. Wieder ein leises Knacken. Ich setze die Flasche an die Lippen und spüle alles hinunter. Den ganzen Dreck, den Frust, den Ärger, die Verletzungen, die Einsamkeit. Ich will nicht mehr fühlen.

Langsam wird alles leichter. Wie aus weiter Ferne höre ich noch das Telefon läuten, aber nur ganz, ganz leise. Es muss mich nicht mehr kümmern. Endlich kann ich vergessen.

Von ganz weit her dringen Stimmen an mein Ohr. „Missis Reder, Missis Reder, wake up!" Ich spüre leichte Schläge auf meine Wange. Der Versuch, die Augen zu öffnen, misslingt mir. Meine Lider sind schwer wie Blei. Warum kann man mich nicht in Ruhe lassen? Ich will doch nur schlafen, nur schlafen.

Ich fühle mich, als würde ich im Nebel schweben. Dann wieder diese Stimme. „Wake up!", befiehlt sie mir. Ich will nicht. Wieder Schläge ins Gesicht. Noch einmal versuche ich, die Lider zu heben. Schemenhaft erkenne ich eine Gestalt vor mir. Ich möchte schlafen. Aber sie rüttelt an meinen Schultern, hebt meinen Oberkörper hoch. Ich kann nicht aufstehen, ich will meine Ruhe. Aber sie schreit mich an. Immer wieder. Ihr Gesicht dicht vor meinem. Ich kenne sie nicht. Noch einmal

schreit sie mich an: „Wake up, Missis Reder, can you hear me?" Der Versuch, meine Gedanken zu ordnen, misslingt. Deshalb starre ich sie an. Wer ist diese Frau? Sie trägt einen grünen Kittel.
„Welcome back on earth!", lächelt sie dann und streicht über meine Stirn. Warum fällt mir das Atmen so schwer? Ich greife an meine Nase. Die Frau lächelt und hält meine Hand fest. In einem Nasenloch steckt eine Sonde. Es ist ein unangenehmes Gefühl. Ich versuche mich zu orientieren. Über meinem Bett hängt eine Flasche. Flüssigkeit tropft über eine Kanüle in meinen Arm. Dazu diese Frau in Grün. Ich muss in einem Krankenhaus sein. Panik erfasst mich, ich versuche aufzustehen. Die Frau drückt mich sanft ins Kissen zurück. Sie rückt einen Stuhl an das Kopfende meines Bettes, nimmt meine Hand in die ihre und presst sie – für eine Frau außergewöhnlich fest und kräftig. „I am Doctor Nelson", stellt sie sich vor. „Please call me Judith." Sie lächelt. "We have had a hard fight for your life, but God bless you, Missis Reder, you were gonna make it!"
Schlagartig kommt die Erinnerung zurück. Mir wird übel. Immer und immer wieder muss ich mich übergeben. Judith stützt mich dabei, hält mir den Kopf und tupft die Schweißperlen von meiner Stirn. Mein Magen ist leer, und doch will der Würgereiz nicht nachlassen.
Völlig erschöpft sinke ich schließlich in die Kissen zurück. Mit einem nassen Lappen wischt Judith mir den Mund ab. Mein Kopf schmerzt, als würde er zerspringen. Ein Weinkrampf schüttelt meinen Körper. Judith zieht eine Spritze auf. „This is Valium", erklärt sie mir. „You will fall in a deep sleep. Later we should talk a little bit. But take it in your mind: No man never ever in the world is worth giving your live away for him!"
Das Valium beginnt zu wirken. Wieder werde ich sehr, sehr müde. Judith zieht sich auf Zehenspitzen zurück. Im Wegdämmern nehme ich noch wahr, dass sie an der Tür fast mit jemandem zusammenstößt, der ohne anzuklopfen das Zimmer betreten hat. „Wie geht es meiner Frau?", fragt er sehr laut, ja, er schreit es fast. „Bitte tun Sie alles, damit sie sich wohl fühlt, egal, was es kostet!", höre ich ihn sagen. Doch noch bevor er an mein Bett treten kann, packt ihn

Judith am Arm und bugsiert ihn zurück zur Tür. „Your wife needs to relax!", erklärt sie mit einer Stimme, die keinen Widerspruch duldet.

Zwei Tage später holt mich Wolfgang aus dem Krankenhaus ab. Kleinlaut steht er vor mir. „Was habe ich dir nur angetan", jammert er. „Ich verspreche, dass ich ab jetzt ein besserer Ehemann werde!" Ich fühle mich noch immer unendlich erschöpft und seltsam benommen. Mir fehlt die Kraft, mit ihm über den Vorfall zu reden. Schweigend fahren wir ins Hotel. Wolfgang hilft mir aus dem Wagen und reicht mir seinen Arm. In der Halle steht der Empfangschef und begrüßt mich mit einem großen Blumenstrauß.

Abends geben wir ein Abschiedsessen für die Kollegen. Auch Peter, den ich in meiner Verzweiflung angerufen hatte, und seine Frau Helga sind dabei. Ihr habe ich es zu verdanken, dass man mich gefunden hat. Denn Helga war es, die am Abend meines Selbstmordversuchs immer und immer wieder versucht hat, mich telefonisch zu erreichen, nachdem Peter ihr erzählt hatte, dass ich Wolfgang vermisste. Als niemand abhob, informierte sie die Rezeption. „Missis Reder should be in her room, the keys are not here", erklärte man ihr. "Maybe she is already sleeping." Doch als Helga mich am nächsten Morgen immer noch nicht erreichte, ließ sie nicht mehr locker und rief den Empfangschef an. Dieser ließ die Tür öffnen und fand mich leblos am Boden liegend. Während die Ärzte im Krankenhaus um mein Leben kämpften, versuchte man Wolfgang zu finden. Doch erst am nächsten Tag tauchte er angetrunken im Hotel auf.

Wir sitzen im Flugzeug auf dem Weg nach München. Fasziniert schaue ich auf die Felder unter mir, die sich wie Teppiche unter uns ausbreiten. Braune Äcker, grüne Wiesen und dazwischen gelber Raps. Es ist Frühling in Deutschland, und ich bin dankbar, dass ich ihn erleben darf. Wolfgang, der neben mir sitzt, scheint meine Gedanken zu erraten. Zärtlich legt er seine Hand auf die meine. Ich sehe Tränen in seinen Augen. „Ich verspreche dir, so bald wie möglich einen Psychiater aufzusuchen. Nie mehr möchte ich dir solchen Kummer bereiten", verspricht er. „Es würde mich glücklich machen", antworte ich.

Als wir eine halbe Stunde später mit unserem Gepäck aus der Flughafenhalle treten, steht Thorsten vor mir. Glücklich schließe ich ihn in die Arme und danke Gott, dass ich am Leben bin.

Wir verbringen wunderbare Wochen zuhause. Abgesehen von kleinen Ausrutschern, wenn mein Mann getrunken hat, kann ich mich über ihn nicht beschweren. Er bemüht sich sehr, ein guter Ehemann zu sein. Überraschend lädt er mich fünf Tage nach Paris ein. Für uns ist dieser Urlaub wie unsere zweiten Flitterwochen. Wir residieren im Hilton in unmittelbarer Nähe des Eifelturms, bummeln – wie zwei frisch Verliebte – Händchen haltend durchs Quartier Latin. Am Mont Martre malt ein Straßenkünstler ein Bild von mir. Am letzten Abend gehen wir ins Lido. Dort wird uns eine faszinierende Show geboten. Wunderschöne Frauen mit extrem langen Beinen wirbeln in farbenfrohen Kostümen über die Bühne. Akrobaten verbiegen ihre Körper, als wären sie aus Gummi. Clowns bringen uns zum Lachen. Immer wieder drückt Wolfgang zärtlich meine Hand, oder er sieht mir verliebt in die Augen. Die gemeinsame Zeit tut uns beiden sehr gut. Ich schaffe es tatsächlich, mich bei ihm fallen zu lassen, seine Gegenwart und Fürsorge sauge ich auf wie ein trockener Schwamm. Sollten wir wirklich die Chance für einen Neuanfang nutzen können? Oder muss ich mit der Angst leben, bald wieder in tiefe Depressionen zu fallen? Ich verdränge die negativen Gedanken immer wieder, ermahne mich, jede Sekunde des Glücks zu genießen, die mir das Leben an der Seite meines Mannes hier schenkt.

Als wir wieder in Deutschland sind, trifft es sich, dass Lady Stella und Sir Julius ihren Staatsbesuch während unseres Heimaturlaubs absolvieren. Die Bayerische Regierung hat uns gebeten, die beiden hier zu betreuen und ihnen Land und Leute näher zu bringen. Jetzt stehen wir erwartungsvoll auf dem Rollfeld des Münchner Flughafens, um die Staatsgäste in Empfang zu nehmen.

Soeben ist die Maschine der Lufthansa gelandet. Die Türen öffnen sich. Lächelnd schreiten Lady Stella und Sir Julius die Gangway nach unten. Wir begrüßen uns herzlich, und ich überreiche ihr einen weiß-blauen Blumenstrauß. Während sich das Personal um das Gepäck kümmert, werden wir in der Lounge mit Champagner und kleinen Leckereien verwöhnt. Dann verabschiedet sich Wolfgang, weil er noch Termine wahrzunehmen hat.

Eine Stunde später werden wir in einem Mercedes der Luxusklasse, der uns für die Zeit des Besuches nebst Fahrer zur Verfügung steht, ins Hotel Bachmayr nach Rottach Egern am Tegernsee chauffiert, wo für Lady Stella und Sir Julius für die Dauer ihres Aufenthalts eine Suite gebucht ist. Ich esse mit den beiden noch gemeinsam Mittag, dann gönne ich ihnen nach der langen Reise ihre wohl verdiente Ruhe.

Als ich nach Hause komme, ist Wolfgang noch nicht da. Ich decke den Tisch und richte für uns beide das Abendessen, warte eine Stunde, zwei, drei, vier Stunden. Schmerzlich steigt die Erinnerung an die Tage in Manila wieder in mir auf. Wo mag Wolfgang nur stecken? Eigentlich wollte er zum Essen zurück sein. Er könnte zumindest anrufen, wenn er sich verspätet, könnte sagen, dass ich ohne ihn anfangen soll zu essen. Ich schmiere mir ein Brot, bekomme aber kaum einen Bissen hinunter. Zu tief sitzt der Schmerz, zu gravierend sind die Verletzungen. Gegen Mitternacht hole ich mir mein Bettzeug und wandere aufs Sofa. Auf dem Couchtisch liegt das Bild, das der Künstler am Mont Martre von mir gemalt hat. Das unnatürlich Mona Lisa-Lächeln scheint mir wie Hohn. Ich kann es nicht fassen, dass es gerade mal eine Woche her ist, dass Wolfgang diese Bild von mir malen ließ. Plötzlich scheint es mir, als würde ich aus einem schönen Traum erwachen und jäh in die Realität zurück geholt.

Gegen ein Uhr höre ich ein leises Kratzen und Rumpeln an der Wohnungstür. Wolfgang kommt endlich nach Hause. Erst beim dritten Versuch findet er das Schlüsselloch. Er scheint wieder getrunken zu haben. Gott sei Dank legt er sich ohne weitere Ausfälle gleich ins Bett.

Am nächsten Morgen holt uns der Fahrer gegen 11.00 Uhr ab, um uns nach Wildbad Kreuth zu bringen. Wir sind dort zu einem offiziellen Empfang mit Vertretern aus Politik und Wirtschaft eingeladen. Bei unserer Ankunft hat sich bereits ein illustres Grüppchen honoriger Persönlichkeiten eingefunden. Wolfgang stellt mich galant in der Runde vor. Immer wieder versetzt er mich in Erstaunen. Mein Mann hat zwei Gesichter, und niemand merkt ihm heute an, dass er gestern getrunken hat. Ich bin hin und her gerissen. In solchen Momenten genieße ich es, die Frau an seiner Seite zu sein. Ich bewundere ihn für seine Eloquenz, seinen Charme, seine Ausstrahlung. Auf der anderen Seite darf ich mir sicher sein, dass die nächste Enttäuschung nicht lange auf sich warten lassen wird. Wolfgang wird die nächst beste Gelegenheit wieder nutzen, um fremd zu gehen. Er wird wieder mehr trinken, als ihm gut tut. Er wird mir verbale Beleidigungen entgegenschleudern, die mich in der Seele verletzen. Wie viel kann ein Mensch, kann eine Frau ertragen? Oder sollte ich mir die Frage ganz anders, ja viel konkreter stellen: Wie viel bin ich persönlich bereit, zu ertragen? Wie viel Kraft habe ich noch? Wiegen Momente des gemeinsamen Glücks die Augenblicke der Einsamkeit auf? Ist unsere Ehe „noch im Gleichgewicht"?

Ich verdränge die negativen Gedanken, denn bei Tisch herrscht eine lockere, ja fast fröhliche Atmosphäre. Mein Tischnachbar entpuppt sich als Staatssekretär, der einige unterhaltsame Anekdoten aus dem Oberbayerischen zum Besten gibt. Dann hält Sir Julius eine Rede. Er lobt die Arbeit meines Mannes auf Papua und dankt der bayerischen Regierung für die Wirtschaftshilfe in seinem Land. Lady Stella lächelt mir zu. Ich lächle zurück. Es fühlt sich fast so an, als würde dieses Lob auch mir gelten, und das tut richtig gut.
Nach dem Essen werden wir noch durch das Haus geführt. Wir bestaunen die schönen Zimmer mit antiken Möbeln. Hier waren einst Kaiser und Könige, unter ihnen auch der Zar von Russland, zu Gast. Heute werden die Gebäude hauptsächlich als Seminar- und Tagungszentrum genutzt. Während wir den Erklärungen des Hausherrn lauschen,

ergreift Wolfgang meine Hand und drückt sie. Liebevoll schaue ich ihn von der Seite an. Er scheint sehr konzentriert und schaut nicht zurück.

Die kommenden Wochen sind anstrengend und aufregend zugleich. Wir begleiten Sir Julius und Lady Stella zu allen offiziellen Anlässen und Empfängen. Dabei zeigt sich recht schnell, dass wir uns auch privat sehr gut verstehen. Folglich verbringen wir auch unsere Freizeit zusammen. Wir fahren mit den beiden nach Garmisch und wandern zu Fuß um den Eibsee. Lady Stella, die solche Märsche natürlich nicht gewohnt ist, hat vom vielen Laufen Blasen an den Füßen. Aber das grandiose Zugspitzpanorama, das sich im klaren Wasser des Sees spiegelt, entschädigt sie für alle Qualen. Tapfer steht sie den sieben Kilometer langen Rundweg durch.

Wenige Tage später plane ich eine Wanderung ins Kaisergebirge. Wir fahren Richtung Kufstein, allerdings stoppen uns an der österreichischen Grenze die Zöllner. Sir Julius und Lady Stella haben kein Visum. Interessiert blättern die Beamten in den farbenfrohen Pässen der Papuas, die mit Paradiesvögeln geschmückt sind. Schließlich lassen sie uns doch passieren – mit den besten Wünschen für unsere fremden Gäste.
In Kufstein klettern wir zum Pfandlhof hoch. Unter blühenden Apfelbäumen essen wir zu Mittag. Um uns herum erheben sich majestätisch die Berge, dank des Föhns scheinen sie zum Greifen nah. Lady Stella kann sich an den grünen Wiesen nicht satt sehen, und immer wieder fotografiere ich sie inmitten der Blumenpracht.

Auf Einladung von Freunden fahren wir mit unseren Gästen am darauffolgenden Wochenende nach Rosenheim und besuchen ein Bierfest mit zünftiger Blasmusik; Sir Julius kann es kaum fassen, dass das Bier hier aus Maßkrügen getrunken wird. Es dauert nicht lange, da sind unsere Exoten der Mittelpunkt unseres Tisches, schnell reiht sich Krug an Krug und man prostet dem papuanischen Staatsoberhaupt bayerisch-bodenständig zu. Sir Julius versucht mitzuhalten; der ungewohnte Bierkonsum macht sich bereits auf dem Heimweg bemerkbar, und als wir endlich im Hotel ankommen, bittet der Ministerpräsident inständig um einen Ruhetag.

Lady Stella und ich nutzen die freie Zeit für einen Besuch im hoteleigenen Schwimmbad, in der Sauna und im Kosmetikstudio. Immer öfter haben wir das Gefühl, als würden wir beiden Frauen uns seit Jahren kennen, und wir liegen nebeneinander und plauschen, als wären wir die dicksten Freundinnen. Ich erzähle Lady Stella viel von meinem Leben, unseren Reisen, und auch der Einsamkeit, die mich hin und wieder beschleicht. Von den Eheproblemen mit Wolfgang erzähle ich nichts.

An unserem letzten Abend sitzen wir noch morgens um zwei bei einem Glas Wein zusammen. In wenigen Stunden werden die beiden in die Schweiz weiter reisen, um dort noch einige Tage privat Urlaub zu machen. „Why aren't you coming with us?", schlägt Sir Julius überraschend vor. Wolfgang und ich sehen uns kurz an. Dann nicken wir beide spontan. Warum fahren wir nicht einfach mit?

Wolkenlos blau zeigt sich der Himmel, als wir nach Caux fahren, wo wir in einem Schloss übernachten, das tausend Meter über dem Meeresspiegel auf einer Terrasse hoch über dem Genfer See liegt. Die schönsten Zimmer stehen zu unserer Verfügung, und der herrliche Blick vom Balkon auf die Walliser und Savoyer Alpen verschlägt mir die Sprache. „Wie viel Schönes erlebe ich dank meiner Ehe!", denke ich, und wieder einmal bin ich mit mir und meinem Leben versöhnt. Dank unserer Gäste verliefen die vergangenen Wochen völlig spannungsfrei; Wolfgang und ich konnten die gemeinsame Zeit aus vollem Herzen genießen, ohne dass es auch nur ein böses Wort zwischen uns gegeben hätte. Wer kann das schon nach mehr als 24 Jahren von seiner Ehe behaupten?

Drei Tage verbringen wir in dieser herrlichen Landschaft, bevor wir durchs Berner Oberland nach Zürich weiterfahren und im führenden Hotel am Platz absteigen. Während Lady Stella und ich den Tag für einen ausgiebigen Einkaufsbummel nutzen, geben sich unsere beiden Männer sehr geheimnisvoll. Beim Abendessen lüften sie dann ihr Geheimnis: Lady Stella und Sir Julius feiern heute ihren fünfzehnten Hochzeitstag, und sie bekommt von ihrem Mann eine Cartier-Uhr geschenkt. Wolfgang möchte dem wohl nicht nachstehen und flüstert mir ins Ohr: „Ich habe auch schon mal vorab dein Silberhochzeitsgeschenk gekauft." Stolz streift er mir eine goldene Rolex übers Handgelenk. Ich bin mehr als überrascht. Mein sparsamer Ehemann schlägt mit diesem Kauf gewaltig über die Stränge. Möchte er sich vor unseren Gästen zeigen? Oder will er mir damit beweisen, dass es sich für so wunderbare Wochen, wie wir sie in unserem Heimaturlaub erlebten, für ein Leben im Luxus und teure Geschenke, lohnt, auch einmal Demütigungen und Verletzungen in der Ehe zu ertragen? Oder kommt dieses Geschenk tatsächlich von Herzen? Irgendwie tut es mir Leid, dass mich schon wieder Zweifel beschleichen, und ich diese Kostbarkeit nicht einfach nur dankbar annehmen kann.

Als wir am nächsten Morgen um elf Uhr unsere Freunde am Züricher Flughafen verabschieden, sind wir alle ein bisschen traurig, dass die schöne gemeinsame Zeit zu Ende geht. Und doch tröstet es uns, dass wir uns bereits in zwei Wochen in Rabaul wiedersehen.
Im Auto finde ich einen Brief von Sir Julius und Lady Stella, in dem sie sich überschwänglich für die freundschaftliche Betreuung bedanken.

Zwei Wochen später sind auch wir wieder auf dem Weg nach Papua. Im Flugzeug hänge ich meinen Gedanken nach. Wie wir wohl unser Haus und die Tiere vorfinden werden? Ob Vicky und Erika alles im Griff haben? Das Auswärtige Amt hat uns darüber informiert, dass in Rabaul der nächste Vulkanausbruch unmittelbar bevorsteht. Dabei müsse man auch mit schwereren Erdbeben rechnen. Wir mögen Sorge tragen, dass wir darauf vorbereitet sind. Mir ist unheimlich zumute, weil ich die Gefahr nicht einschätzen kann. Trotzdem muss Wolfgang natürlich zurück an seinen Arbeitsplatz.
„Rabaul waits for the Big Bang!", ist die erste Schlagzeile auf der

Titelseite einer englischsprachigen Zeitung, die uns am Flughafen von Port Moresby ins Auge fällt. Auf dem Anschlussflug nach Rabaul ist der bevorstehende Vulkanausbruch das beherrschende Gesprächsthema an Bord.

Ich bin froh, als wir nach der langen Reise endlich wieder zuhause sind. Sofort kommen unsere beiden Hunde auf uns zugestürmt. Übermütig vor Freude springen sie an mir hoch. Sie sind in ihrer Ausgelassenheit kaum zu bändigen. Allerdings bin ich entsetzt, sie so ausgemergelt zu sehen. Ihre Körper bestehen nur noch aus Haut und Knochen. Ich bin etwas irritiert, denn schließlich hatte ich mehr als genug Hundefutter für die Zeit unserer Abwesenheit besorgt und den Mädchen erklärt, dass sie die Hunde jeden Tag füttern sollten. Auch Vicky und Erika haben sich äußerlich sehr verändert. Pausbäckig und wohl genährt begrüßen sie uns: „Welcome back home, Missis and Masta!", strahlen sie uns an und legen uns einen Blumenkranz aus Franchipaniblüten um. Torawas schleppt unsere beiden Koffer die Treppe hoch. Offensichtlich ist auch er erfreut, uns wohlbehalten wieder zu sehen. Schüchtern nimmt er meine Hand, die ich ihm zur Begrüßung entgegenstrecke. Es scheint immer noch ein ungewohntes Ritual für ihn zu sein.

Wolfgang gönnt sich nur eine kurze Verschnaufpause und fährt dann ins Büro. Und ich mache einen Rundgang durchs Haus, um zu sehen, ob alles in Odnung ist. Ich bin erstaunt, als ich feststellen muss, dass unsere sämtlichen Vorräte aufgebraucht sind. Das ist eigentlich unmöglich, denn man hätte eine ganze Fußballmannschaft davon satt kriegen können. Säckeweise stand Reis im Vorratsraum, und der Dosenfisch stapelte sich im Regal. Auch meine vierzehn Legehennen suche ich vergeblich im Garten. Trotz meiner liebevollen Lockrufe zähle ich nur noch fünf halb verhungerte Hühner, die dort herumstaksen. Und auch das Hundefutter ist verschwunden. Die Mädchen können das unmöglich alles aufgegessen haben. Ungehalten stelle ich sie schließlich zur Rede: „Why didn't you feed the dogs? And where are the hens,

the sacks full of rice and the tinfish?" Als ich ihre unglücklichen Gesichter sehe, füge ich etwas freundlicher hinzu: „Have you ever been hungry here? Didn't you always get your wages?"
Vicky, die Ältere der beiden, fasst sich ein Herz. Verschämt schaut sie auf ihre Hände und flüstert: „Missis, wantoks bilong jumi, gat tumas hungri long bigpella stomak long Em." (Missis, es tut mir Leid, unsere Verwandten sind immer hungrig und brauchen viel zu essen, um ihren Bauch zu füllen.") Jetzt, wo sie gebeichtet hat, atmet sie erleichtert auf. Und ich kann mir ungefähr vorstellen, was während unseres Heimaturlaubs hier los war. Die Verwandten der Mädchen – und Verwandtschaft ist in Papua ein sehr weitläufiger und dehnbarer Begriff – haben die Gunst der Stunde genutzt und unser Haus belagert. Dabei wurden nicht nur die Vorräte samt Hühnerzucht und Hundefutter vernichtet, sondern auch der Lohn der Mädchen in Naturalien umgesetzt.
Erst zwei Tage nach unserer Rückkehr stelle ich fest, dass auch unsere Stereoanlage nicht mehr funktioniert. Ich spreche Vicky und Erika darauf an, aber die Mädchen beteuern mir, dass sie sie nicht angefasst haben. „Wie sollten wir auch? Du hast es uns verboten. Und außerdem haben wir dich gewarnt!", erklären sie mir entrüstet.
„Wie gewarnt?", frage ich irritiert.
„Schau doch", sagt Erika, und deutet Richtung Regal. „Dispella samsing Iniet Geist ist immer wieder und wieder auf die Musikanlage gesprungen, bis sie kaputt war." Was soll ich hierzu noch sagen?

Nach einer Woche geht alles wieder seinen gewohnten Gang. Die Wantoks der Mädchen wissen, dass hier nichts mehr zu holen ist und lungern nicht mehr ums Haus herum. Die Hunde bekommen eine extra Portion Futter und sind glücklich, dass wir wieder da sind. Trotzdem sitzen wir hier wie auf Kohlen, denn der Vulkan hüllt Rabaul von Tag zu Tag in dunklere Rauchwolken, und wir können die Gefahr gleichsam riechen. Die Regierung von East New Britain hat für den Ernstfall bereits Vorkehrungen getroffen und die herrlichen Baumriesen, die die Straßen nach Kokopo und Kerawatt säumen, und deren dichtes Blattwerk Mensch und Tier angenehmen Schatten spendete, zu armseligen Stämmen zusammengestutzt. Man möchte vermeiden, dass herumliegende Äste die Menschen bei ihrer Flucht aus der Stadt behindern. Uns wurde zudem ein Haus in Kerawatt zur Verfügung gestellt, wo wir vorübergehend wohnen können, falls die Situation es erfordert. Wir haben es bereits mit dem Nötigsten eingerichtet und Ställe für die Tiere gebaut.

Und eines Nachts ist es so weit. Plötzlich klirrt das Geschirr in den Schränken, Bilder fallen von den Wänden, Möbel kippen um. Wolfgang stürzt aus seinem Zimmer und brüllt mir zu: „Renn' zum Landcruiser!" In Todesangst eile ich aus dem Haus. Blumentöpfe auf der Terrasse fallen um, Blätter rauschen im Sturm, Bäume biegen sich, als sollten sie gleich samt Wurzelwerk aus der Erde gerissen werden. Vicky und Erika stürzen kreischend aus ihrem Häuschen. Doch bevor wir alle noch das Auto erreichen, ist das Schlimmste schon vorbei. Noch zwei kleinere Nachbeben sind zu spüren, dann hat sich die Erde wieder beruhigt.

Zitternd sitzen wir in der Küche und trinken Kaffee. „Oh God, what a bigpella guria", flüstert Erika immer wieder. Wolfgang ist der Meinung, dass wir nicht mehr allzu lange warten sollten, um Rabaul zu verlassen.

Obwohl der Vulkan jeden Tag ausbrechen kann, bringt Wolfgang überraschend einen Gast mit nach Hause. „Das ist Dr. Siebert. Er ist Augenarzt und wird einige Tage bei uns wohnen", stellt er ihn vor. „Da ich morgen nach Port Moresby fliege, bist du sicher froh, nicht allein zu sein", fügt er maliziös hinzu.

Ich kann es nicht fassen. Eigentlich wollte ich mit nach Port Moresby fliegen, und Wolfgang wusste das. Ich hatte mich so auf ein paar Tage Abwechslung gefreut, und mich bereits telefonisch mit Frau von Sänger verabredet. Nun setzt er mir diesen Gast vor die Nase und erzählt mir nicht einmal, wo er diesen Fremden aufgelesen hat. Die Story mit dem Augenarzt nehme ich weder Wolfgang noch diesem ominösen „Dr. Siebert" ab. Mein Mann weiß sehr wohl, wie ich diesen ungepflegten Typus hasse. Und Dr. Siebert gehört dazu: Sein dicke Bauch hängt unappetitlich über eine zu kurze Hose, fettige Haarsträhnen fallen ihm in die Stirn, seine Kleidung scheint wochenlang keine Waschmaschine mehr gesehen zu haben.

„Vielen Dank für Ihre liebenswürdige Einladung", flötet Dr. Siebert mit einer unnatürlich süßlichen Stimme, die ihn keineswegs sympathischer macht. Ich antworte gar nichts und versuche auch nicht, meine Abneigung zu verbergen. Unser deutscher Gast dagegen fühlt sich sofort zuhause. Er holt sich ein Bier aus dem Kühlschrank, lässt sich von den Mädchen etwas zu essen bringen und genießt das Leben in unseren vier Wänden in vollen Zügen.

Es dauert nicht lange, und er hat unsere Vorräte an „South Pacifiv Special Beer" geleert; da er dem Alkohol mindestens so gerne zuspricht wie mein Mann, greift er anschließend – selbstverständlich ohne zu fragen – auf dessen Whisky zurück. Wolfgang ist leider nicht da, deshalb bin ich unsicher, wie ich auf das Benehmen dieses Mannes reagieren soll. Er bedient sich aus dem Kühlschrank, bis nichts Essbares mehr darin zu finden ist, hetzt die Mädchen durch die Gegend, als wären sie seine persönlichen Dienstboten, lässt sein Zimmer von den beiden aufräumen und putzen und denkt vermutlich nicht einmal im Traum daran, ihnen auch nur einen Kina Trinkgeld zu geben. Das Makaberste an seinem Benehmen aber ist die Tatsache, dass er täglich mit einer langen Spritze in unserem Garten umherläuft und Insekten jagt. Und sobald er einen schönen Schmetterling oder einen Coconut-Beetle – das ist ein riesiger Käfer mit großen Scheren, der die jungen Triebe des Kokosnussbaumes anknabbert – sieht, stürzt sich Dr. Siebert auf sein Opfer und stößt ihm die lange Nadel seiner Spritze in den Leib, um es für seine Sammlung zu töten. Ich verachte ihn dafür.

Nach acht Tagen liegen meine Nerven blank. Ich überlege fieberhaft, wie ich diesen Schmarotzer los werde. Ich kann und will ihn nicht länger in meinem Haus ertragen. Andererseits habe ich mir unhöfliche Bemerkungen bislang verkniffen, da ich immer noch nicht weiß,

woher Wolfgang diesen Menschen kennt.
Nach zehn Tagen ist meine Geduld am Ende. Und dann kommt mir der Zufall zu Hilfe. „Missis, wanpella man like to speak with you", sagt Vicky. Hinter ihr steht ein schüchterner junger Mann in der Tür. Zuerst verstehe ich nicht, was er von mir will. Dann kommt Vicky mir zu Hilfe und übersetzt: Unser Gast, Herr Dr. Siebert, schuldet diesem jungen Mann 200 Kina Fahrtkosten für das Taxi.
Meine Stunde ist gekommen. Wütend stapfe ich die Treppe hoch und poche laut an seine Tür. „Herr Dr. Siebert", rufe ich ungehalten, „Sie werden gewünscht!" Er öffnet die Tür einen Spalt und lugt verschlafen heraus. „Sie schulden dem jungen Mann Geld", erkläre ich ungehalten. „Eine Taxirechnung von 200 Kina ist noch zu begleichen." Doch Herr Dr. Siebert weigert sich, zu bezahlen. Stattdessen bietet er dem Fahrer an, dessen Wantoks augenärztlich zu untersuchen. Da platzt mir der Kragen: „Wenn Sie den jungen Mann nicht auf der Stelle bezahlen, rufe ich die Polizei!", drohe ich ihm an. „Und übrigens: Meine Geduld ist am Ende. Ihre Zeit in unserem Haus ist abgelaufen. Bevor Sie auf die Idee kommen, auch mir gegen Bezahlung in die Augen schauen zu wollen, packen Sie bitte Ihre Sachen und verschwinden Sie von hier!"
Verdutzt schaut er mich an: „Aber wo soll ich denn heute Nacht schlafen?", stottert er. „Das Travellodge Hotel hat sicher noch Zimmer frei", empfehle ich. „Und jetzt raus!"
Als ich mich umdrehe, merke ich, wie meine Hände zittern. So einen Auftritt hätte ich mir selbst gar nicht zugetraut. Wie Wolfgang wohl reagiert, wenn er erfährt, dass ich seinen Gast auf die Straße gesetzt habe? Ich bezahle dem jungen Taxifahrer die Schulden und gebe ihm das Geld für die Fahrt ins Hotel. Dann warte ich in der Tür darauf, dass Dr. Siebert endlich das Haus verlässt. Als er an mir vorbeigeht, kommt kein Abschiedsgruß über meine Lippen. Ich möchte diesen Mann nie mehr wieder sehen.

Am nächsten Morgen wache ich mit wahnsinnigen Kopfschmerzen auf. Meine Arme, meine Beine, mein Kopf sind schwer wie Blei; ich kann mich kaum bewegen. Mein Mund ist trocken, und ich bin klatschnass geschwitzt. Ich schaffe es nicht, mich zu erheben. Erschöpft falle ich in die Kissen zurück und rufe nach Vicky. Als sie in der Tür steht, schaut sie mich erschrocken an: „Missis", stellt sie fest, „you have a bigpella Malaria. I will call Sister Maria."

Eine Woche lang kämpfe ich mit Fieberschüben, Brechreiz und Gliederschmerzen. Schweiß rinnt an meinem Rücken und zwischen meinen Brüsten herab, und ich dämmere die meiste Zeit vor mich hin. Schwester Maria kommt jeden Tag vorbei und verabreicht mir Unmengen von Malariatabletten. Mich in diesem Zustand nach Kerawatt zu schaffen, gliche einer Folter.
Doch irgendwann habe ich es überstanden. Eines Morgens fühle ich mich besser, das hohe Fieber sinkt und ich beginne wieder klar zu denken. Allerdings fühle ich mich noch sehr schlapp, und als ich in den Spiegel schaue, habe ich tiefe, dunkle Ränder unter den Augen. Trotzdem sind meine Lebensgeister zurückgekehrt. Was den Vulkan betrifft, hat sich die Lage inzwischen etwas entspannt; es wird noch einige Jahre dauern, bis er halb Rabaul in Schutt und Asche legt.
Übermorgen erwarte ich fünfundzwanzig Frauen zum Mittagessen. Und in zwei Wochen feiern Wolfgang und ich unsere Silberne Hochzeit. Es sind noch eine Menge Vorbereitungen zu treffen.

Vor einigen Monaten bin ich der Organisation „Frauen helfen Frauen" beigetreten, dessen Schirmherrin für Papua Neuguinea Lady Stella ist. Alle vier Wochen treffen sich die Frauen der Organisation in einem anderen Haus. Und heute bin ich die Gastgeberin. Noch ziemlich geschwächt von der Malaria stehe ich in der Küche und brate Wiener Schnitzel. Die Arbeit geht mir schwer von der Hand, die Zeit läuft mir davon und und ich bin am Verzweifeln. Nie und nimmer schaffe ich es, bis zwölf Uhr so viele Schnitzel zu braten.
Vicky hat mir die ganze Zeit interessiert beim Panieren zugeschaut. Jetzt schiebt sie mich zur Seite: „Let me do dat, Missis", sagt sie bestimmt. Es erstaunt mich immer wieder, wie schnell die beiden

Mädchen lernen. Geschickt hantiert Vicky mit Panade und Bratpfanne, und Punkt Zwölf liegen goldbraun gebratene Schnitzel schön dekoriert auf einer Silberplatte.
Die Mahlzeit beginnt mit einem festen Ritual, das mir nicht immer leicht fällt. Wir fassen uns alle an den Händen und bitten Gott um seine Hilfe für alle Not leidenden Frauen. Dann leisten wir einen Schwur auf die Fahne und das Land Neuguinea. Letzteres kostet mich Überwindung, denn Papua ist schließlich nicht mein Vaterland. Andererseits liebe ich die Menschen hier, und ich bin auch bereit, mich ein Stück weit nach ihren Gepflogenheiten zu richten.

Wir Frauen haben es uns zur Aufgabe gemacht, anderen in Not geratenen Frauen zu helfen. Das Geld sammeln wir aus Mitgliedsbeiträgen und Spenden. Vor einigen Wochen konnten wir zum Beispiel einer allein erziehenden Mutter mit sieben Kindern helfen, der die Hütte abgebrannt war. Zum Glück war niemand verletzt worden, doch das ganze Hab und Gut war ein Raub der Flammen geworden. Als Lady Stella, Joyce Silber und ich am Unglücksort eintrafen, saß die Frau mit stumpfem Blick vor der Asche ihres Heims, ihre Kinder scharrten sich um sie herum. Wir mussten sofort handeln und brachten die Frau mit ihren Kindern in einer Notunterkunft unter, kauften Kleidung und Lebensmittel für sie ein und trafen uns anschließend zum Krisengespräch in Lady Stellas Haus. Wir brauchten zweitausend Kina, um das Haus wieder aufzubauen. Das Holz stiftete Joyce Silber, die Bambusstangen konnten in Lady Stellas Garten geschlagen werden. Jede von uns stellte ihren Hausboy einige Tage frei, so dass die Männer an die Arbeit gehen konnten.
Das nötige Bargeld erwirtschafteten wir durch einen Flohmarkt, den wir Sonntags auf dem Marktplatz veranstalteten. Die dort angebotenen Sachen wurden uns förmlich aus der Hand gerissen.
Bereits eine Woche später konnte die Mutter mit ihren Kindern in das neue Haus einziehen. Ihre strahlenden Augen werde ich nie vergessen. Und es tat mal wieder sehr gut, zu sehen, was Frauen alles bewirken können.

Ich lausche auf die Geräusche des neuen Tages. Vicky und Erika hantieren bereits in der Küche. Draußen zirpen die Grillen. Ein Käuzchen ruft in der Morgendämmerung. Die Papageien krächzen und die Eisvögel zwitschern mit ihnen um die Wette. Es ist der Morgen unserer Silberhochzeit. Und ich wache allein in meinem Bett auf. Wie immer. Wann habe ich das letzte Mal morgens die Augen geöffnet, und mein Mann lag neben mir? Wolfgang und ich teilen das Bett nur, wenn wir im Hotel übernachten. Ich versuche mich zu erinnern. Es war in Zürich, vor ziemlich genau zehn Monaten, als wir mit Sir Julius und Lady Stella in die Schweiz gefahren sind. Wie sehr sehne ich mich nach einer Umarmung, nach ein bisschen Zärtlichkeit. Aber Wolfgang verhöhnt mich, ignoriert mich, wenn ich ihn darauf anspreche. Dabei müssten wir so dringend darüber reden. Ich habe nicht mehr die Kraft, um seine Liebe zu kämpfen. Fünfundzwanzig lange Jahre. Eigentlich wäre es Grund genug, diesen Tag glücklich und mit Stolz anzugehen. Gemeinsam anzugehen. Aber ich liege hier allein.
Neben Thorsten ist seit einer Woche auch meine Freundin Anneliese mit ihrem Mann Joschi bei uns zu Gast. Sie kamen aus Deutschland angereist, um mit uns unsere Silberhochzeit zu feiern.
Anneliese brauchte nicht lange, um zu durchschauen, wie es um unsere Ehe bestellt ist.

Vor vier Tagen kam Wolfgang überraschend mittags aus dem Büro heim, stürmte in sein Zimmer, stellte die Klimaanlage ein und zog demonstrativ die Vorhänge zu. „Komm", sagte er, packte mich am Arm und zog mich mit sich, „ich habe Lust auf Sex." Vor dem Fenster mähte Torawas den Rasen. Die Mädchen spähten verstohlen hinter uns her, als Wolfgang die Tür schloss. Unsere Gäste saßen mit den Kindern auf der Terrasse. Der Krach des Rasenmähers und die Vorstellung, jemand könnte an der Tür horchen, ließen mich erstarren. Aber um des lieben Friedens willen ließ ich alles über mich ergehen. Wolfgang kam schnell zum Orgasmus und bemerkte dann trocken: „Das war aber nicht das Gelbe vom Ei. Ebenso gut hätte ich mich auch auf ein Brett legen können." Ich fühlte mich gedemütigt.

Lustlos stehe ich auf, um mich für den großen Tag schön zu machen. Ich dusche, nehme ein Dirndl aus dem Schrank, kämme mein Haar, schminke mich. Dann trete ich hinaus auf die Terrasse und traue meinen Augen nicht: Schwester Maria hat den ganzen Garten dekoriert, überall leuchten mir Blumen und Blüten entgegen. Und über der Terrassentür schweben zwei silberne Tauben, jede trägt einen Ring im Schnabel. „Was soll das ganze Theater?", schießt es mir durch den Kopf. Aber ich spiele Begeisterung und Freude.
Anneliese und Thorsten kommen heraus. „Lass dich umarmen und dir zur Silberhochzeit gutes Durchhalten wünschen", flüstert mir Anneliese ins Ohr, während sie mich drückt. Meine Augen füllen sich mit Tränen, ohne dass ich es verhindern kann. Auch Thorsten nimmt mich in die Arme und meint: „Mutti, reg' dich nicht auf, es wird alles gut werden."
Nach dem Frühstück fahren wir gemeinsam in die Kathedrale nach Rabaul. An die hundert offizielle Einladungen haben wir in den letzten Wochen verschickt. Der Ministerpräsident Sir Julius und Lady Stella zählen ebenso zu unseren Gästen wie der deutsche Botschafter mit Gattin und Tochter, und natürlich haben sich auch alle Freunde eingefunden.
Wolfgang und ich schreiten durch das Mittelschiff zum Altar. Wir nicken lächelnd nach allen Seiten. Ein Chor singt, die Kirche ist mit Blumen geschmückt und auch hier baumeln die silbernen Tauben verheisungsvoll über unseren Köpfen. Der Bischof und Father Franz lesen gemeinsam die Messe. Ich höre kaum zu. Was habe ich nicht alles in diese Ehe investiert. Anfangs hatte ich fest daran geglaubt, dass wir füreinander bestimmt seien. Doch irgendwann hatte es zu kriseln begonnen. Und ich kann nicht einmal sagen wann. Vermutlich viel früher, als ich es wahrhaben wollte. Wolfgang hatte schon seit langem ein Problem mit dem Alkohol. Und wenn er zu viel getrunken hatte, lief er jedem Rockzipfel hinterher. Vielleicht war es auch meine Schuld, dass ich ihm immer wieder vergeben hatte, wenn er reumütig vor mir stand und beteuerte: „Ich liebe doch nur dich!"
Als der Bischof den Segen spricht, werde ich aus meinen Gedanken

gerissen. Draußen warten unsere Freunde, sie applaudieren uns zu, es folgen Umarmungen und Glückwünsche. Ein flüchtiger Kuss auch von Wolfgang: „Ich danke dir für die 25 Jahre, die du an meiner Seite ausgehalten hast. Auf unser nächstes Vierteljahrhundert will ich mit dir alleine anstoßen." Ich schaue ihm in die Augen. Sie sind so vertraut, und doch so fremd. Tief in meinem Innern liebe ich ihn immer noch.

Wir haben zum Nachmittagskaffee in unseren Garten eingeladen. Eine bunt gemischte Gesellschaft feiert ausgelassen 25 Jahre Hoffnung und Liebe. „Ich bin hamamas!", sagen die Einheimischen, wenn sie glücklich sind. Glücklich bin ich nicht. Ich fühle mich müde und ausgelaugt.

Dem Namen zum Trotz treffen wir uns abends im Hamamas Hotel zum Gala-Diner. Lady Stella und Sir Julius richten uns dieses Fest als Dankeschön für die angenehme Zeit und unsere Gastfreundschaft in Europa aus. Ich stehe bewundernd vor der mit kostbarem chinesischem Porzellan gedeckten Tafel; die lachsfarbene Dekoration aus Blumen und Federn, gläsernen Kugeln und blütenförmig gefalteten Stoffservietten entspricht ganz dem erlesenen Geschmack von Lady Stella. Überwältigt schließe ich sie in die Arme.

Als wir morgens um drei nur noch in kleiner Runde zusammensitzen, wiederholen Sir Julius und Lady Stella ihre in Europa ausgesprochene Einladung, sie in ihrem Haus auf New Ireland zu besuchen. Sir Julius schlägt vor, dass wir gleich am nächsten Tag fliegen sollten, denn dann könnten auch Anneliese und Joschi dabei sein. Spontan sagen wir zu.

Während des Frühstücks erklärt Wolfgang, dass er nicht mitkommen wird. Ich verschlucke mich am Frühstücksei, reagiere aber nicht auf seinen Einwurf.

Am frühen Nachmittag steigen wir in die kleine Propellermaschine. Als das Flugzeug abhebt, fühle auch ich mich leichter. Wie unbeschwerte Kinder hängen wir an den Scheiben und brechen in Begeisterung aus, als wir über die Bucht von Rabaul fliegen. Noch immer raucht der Tavurvur; bedrohliche Wolken steigen aus seinem Inneren in den Tropenhimmel. Der Blick ist atemberaubend.

Auf New Ireland fahren wir mit dem Auto an der Küste entlang. Das Wasser wechselt seine Schattierung immer wieder von türkis- zu tintenblau, die Sonne strahlt von einem wolkenlosen Himmel und lässt die Natur um uns herum aufleuchten. Der Weg führt uns durch saubere, kleine Dörfer, Menschen stehen vor ihren Hütten und winken uns zu. „Das ist das Paradies", flüstert Anneliese ergriffen, und Joschi nickt zustimmend. Nach über zwei Stunden erreichen wir Huris, den Landsitz des Ministerpräsidenten. Er liegt traumhaft auf einer Anhöhe, im Rücken die Berge, davor der weite Ozean. Wir stehen auf der Terrasse und genießen schweigend die Aussicht. Lady Stella begegnet uns mit wohl tuender Gastfreundschaft.
Voller Ungeduld sehne ich mich nach dem Meer. Und endlich laufen wir durch pulvrig weißen Sand in das glasklare Wasser hinein. Um unsere Beine streifen Schwärme beigebraun gefärbter Zebrafische. Dann liege ich fast schwerelos im Wasser, bewundere weiße, gelbe, rosa und violett eingefärbte Korallen, bestaune Fische in Blau und Schwarz, manche haben gelbe Punkte am Schwanz. Welch faszinierende Farben und Muster die Natur doch schafft! Für mich ist es eine Märchenwelt, in die ich eintauche, und immer und immer wieder ein einzigartiges Erlebnis.

In dieser Woche tummeln wir uns jeden Tag im Meer. Das Wasser umschmeichelt mich warm und weich, ich schmecke das Salz auf meinen Lippen und fühle die Sonnenstrahlen auf meiner Haut. Abends sitzen wir im aufgeheizten Sand, singen Lieder und lauschen dem Schlag der Wellen. Selten war ich so glücklich.
Einmal beobachten wir eine Gruppe einheimischer Frauen, die einen traditionellen Tanz einübt. Sie laden uns ein mitzutanzen, und wir kommen der Aufforderung gerne nach, auch wenn wir uns die Schrittfolgen nicht merken können. Die Frauen amüsieren sich königlich über unsere Tollpatschigkeit. Ein anderes Mal frage ich ein sehr altes

Mütterchen am Strand nach ihrem Alter. „Es sind schon viele Monde vergangen. Ich werde bald sterben", gibt sie mir zur Antwort. Joschi bittet darum, sie mit seiner Polaroid fotografieren zu dürfen, und die alte Frau nickt. Er gibt ihr das quadratische Stück Papier, auf dem sich allmählich die Umrisse ihres Gesichts entwickeln. Entsetzt schreit die Eingeborene auf, wirft das Bild von sich und stammelt etwas von Zauberei. Neugierig schleichen die anderen Dorfbewohner herbei, begutachten das Bild und zeigen mit dem Finger immer wieder auf die alte Frau. Und dann möchte jeder so eine Zauberei haben. Irgendjemand holt auch den Dorfältesten herbei, der sich mit seiner ganzen Kinderschar in Position setzt. Und Joschi macht es sichtlich Spaß, den Dorffotografen zu spielen und Fotos zu verteilen.

Unvergesslich bleibt mir der Ausflug zur Geisterinsel, wie ich sie für mich getauft habe. Stella lädt uns alle in ihr Motorboot ein, und zusammen mit einigen Frauen und Männern aus dem Dorf fahren wir hinaus zu einer vorgelagerten Insel. Doch je näher wir dem Eiland kommen, desto schweigsamer werden die Eingeborenen. Stella erklärt uns, dass auf der Insel ein Geist wohne, den man bei guter Laune halten müsse. Deshalb dürften wir nur flüstern.
Solche Aussagen klingen befremdlich in europäischen Ohren, und doch sollte man die Menschen hier ernst nehmen. Ich habe Lady Stella als weltoffene Frau kennen gelernt, und als Gattin des Ministerpräsidenten versteht sie es sehr wohl, sich auf internationalem Parkett zu bewegen. Ihre Kinder besuchen Internate in Australien, und alle Familienmitglieder sind gläubige Katholiken. Trotzdem respektiert sie die Lebensweise und auch den Geisterglauben der Einheimischen. „Ich habe so viel mit eigenen Augen gesehen. Hier wohnen noch gute und böse Geister, mitten unter uns", erklärt sie uns leise, als wir an Land gehen.
Während die Männer den Fisch für das Mittagessen angeln, schlendern wir über die Insel. Wir finden einen riesigen Schildkrötenpanzer mit mehr als einem Meter Durchmesser. Das Tier muss sehr alt gewesen sein. Lady Stella erklärt uns, dass Schildkröten zum Sterben

genau an die Stelle zurückkommen, an der sie einst geschlüpft sind. Als wir kurz darauf eine gekeimte Kokosnuss finden, schlägt Stella vor, sie an der schönsten Stelle der Insel einzupflanzen. „Sie wird wachsen, und wenn wir schon längst zu Asche geworden sind, wird eine Schildkröte kommen, im Schatten ihrer Wedel Eier legen und sie im Sand vergraben. Die Jungen werden schlüpfen, ins Meer schwimmen, und Jahrzehnte oder auch Jahrhunderte später, wenn ihre Zeit gekommen ist, zurückkehren und hier sterben. Ein ewiger Kreislauf."

Hungrig kehren auch wir zu unserem Lager zurück. Der frische, in Bananenblättern eingewickelte und über offenem Feuer gegrillte Fisch mit Kokosnussfleisch schmeckt köstlich. Ich würde in diesem Moment kein Fünf-Sterne-Menue dafür tauschen.

Mitten im Mahl legen sich die Einheimischen plötzlich flach in den Sand und stellen sich schlafend. Stella breitet rasch eine Kokosmatte aus und bedeutet uns mit einem Kopfnicken, uns ebenfalls hinzulegen. Mir ist eigenartig zumute, als wir schweigend nebeneinander ruhen. Was wohl in den Köpfen der Menschen hier vorgehen mag? Welchen Sinn dieses Ritual haben mag? Oder müssen wir uns gar vor jemandem verstecken, wird gleich etwas Unerwartetes passieren? Je länger wir schweigend daliegen, desto unheimlicher wird mir zumute. Irgendwann erheben sich die Männer und winken uns wortlos zum Boot. Leise steigen wir ein und paddeln hinaus aufs Meer. Als wir die Insel weit hinter uns gelassen haben, erklärt uns Stella: „Die Männer haben eine schwarz-gelb gestreifte Schlange gesehen; sie ist der Geist der Insel und hat sich gezeigt, um auszudrücken, dass sie in Ruhe gelassen werden will. Durch unser Hinlegen und Schweigen haben wir ihr diese Ehrerbietung erwiesen. Es mag euch komisch vorkommen, aber vor vier Jahren kamen fünf weiße Männer mit ihrem Motorboot zur Insel. Sie veranstalteten ein lautes Trinkgelage mit Whisky und Bier. Fischer, die vorbeikamen, warnten sie, denn sie hatten die schwarzgelbe Schlange nahe am Ufer gesehen. Die Männer aber ignorierten die Warnungen, fingen die Schlange und töteten sie. Erst Tage später fand man ihr Boot führerlos auf dem Meer. Von den Männern fehlt bis heute jede Spur." Ehrfurchtsvoll schaue ich zurück. Ja, man muss diese Menschen und ihre Kultur ernst nehmen und respektieren. Sie leben seit Jahrtausenden in engem Einklang mit ihrer Umwelt, und haben sich vieles bewahrt, was wir Europäer schon lange verloren haben. Dazu zählt auch das Wissen um die Macht der Natur.

Traurig nehmen wir Abschied vom Paradies. Als wir in der kleinen Maschine nach Rabaul zurückfliegen, hängt jeder schweigend seinen Gedanken nach. Anneliese und Joschi treten bereits übermorgen ihren Heimflug an. Sie werden mir sehr fehlen. Der Gedanke an die nahende Einsamkeit lässt mich frieren.

In Rabaul angekommen, treffen mich Wolfgangs Worte wie vergiftete Pfeile: „Ich fliege nach Manila. Und zwar allein!" Die Erinnerung an mein vergebliches Warten und den Selbstmordversuch steigt in mir hoch und schnürt mir die Kehle zu. Manila. Das bedeutet, dass sich Wolfgang wieder tagelang im Bordell amüsieren wird, während ich hier sitze und auf ihn warte. „Nimm mich mit!", flehe ich ihn an. „Nein. Dafür haben wir kein Geld", sagt er harsch. Ich fühle mich gedemütigt, aber ich widerspreche ihm: „Wenn du mich nicht mitnimmst, fliege ich zurück nach Deutschland. Ich werde nicht wieder tagelang auf dich warten. Ich sehe es nicht mehr ein." Er nimmt mich nicht ernst: „Du und allein nach Deutschland? Wovon willst du denn leben? Du gehst ja doch nicht, obwohl du mir tatsächlich einen Gefallen damit tun würdest!"
„Wie lange willst du noch so weiterleben, Inge?", fragt mich Anneliese zum Abschied am Flughafen. „Verlasse diesen Mann, er ist deiner nicht wert!" Ich kann ihr nicht antworten. Meine Kehle ist wie zugeschnürt. Deshalb drücke ich die Freundin ein letztes Mal.

Zuhause angekommen, rufe ich Stella an, um mich für ihre Gastfreundschaft und die wundervolle Zeit zu bedanken, die wir auf Huris verbracht haben. Als ich ihr von meinem Entschluss erzähle, nach Deutschland zu fliegen, pflichtet sie mir sofort bei: „Richtig, sehr gut! Verlasse ihn so schnell wie möglich. Eure Silberhochzeit war doch nur eine

Farce!" Diese spontane Bemerkung treibt mir einmal mehr die Tränen in die Augen. Hat Stella doch mehr mitbekommen, als ich bislang vermutete? Oder bin nur ich diejenige, die immer wieder die Augen vor der Wahrheit verschließt, ja blind ist?

Innerhalb weniger Stunden empfehlen mir zwei meiner Freundinnen, meinen Mann zu verlassen. Und im Innersten weiß ich schon, dass ich diesen Schritt irgendwann tun muss. Ich werde nach Deutschland zurückkehren; immerhin sind dort meine Kinder. Und einsamer als auf Papua Neuguinea werde ich in Deutschland sicher nicht sein. Ich ringe mit mir. Und dann wage ich den Schritt: Ich rufe bei der Airline an und buche meinen Rückflug nach Deutschland für den kommenden Dienstag.

Kaum habe ich den Hörer aufgelegt, klingelt das Telefon wieder. Es ist Hendrik Wengler von der deutschen Botschaft in Port Moresby. Mein Herz klopft sofort ein bisschen schneller, als ich seine Stimme höre. Ein Kamerateam will einen Film über Rabaul und hundert Jahre deutsche Kolonialgeschichte drehen, so erklärt er mir. Und man bräuchte mich als Fremdenführerin, Kontakterin und Dolmetscherin. Leider wird er selbst nicht bei den Dreharbeiten dabei sein, denn er tritt kommenden Dienstag seinen Heimaturlaub an und wird nach Deutschland fliegen. Diese Information macht mir die Entscheidung noch schwerer. Wie gerne hätte ich die 24 Stunden Flug an der Seite von Hendrik Wengler verbracht. Aber Herr Wengler überzeugt mich, das Kamerateam zu begleiten, weil es natürlich auch für uns und unsere Arbeit hier am anderen Ende der Welt eine einmalige Chance ist, in Deutschland Medienpräsenz zu zeigen. Also verschiebe ich meinen Flug um einige Tage.

Mit dem Lieferwagen hole ich das Kamerateam vom Flughafen ab. Herr Scharlau, der Leiter der Gruppe, ist ein sehr gut aussehender Mann mit ergrautem Haar und einnehmendem Charisma. Drei Kameraleute begleiten ihn, und sie haben immens viel Technik dabei. Wir filmen die Queen-Emma-Treppe in Kokopo, besuchen Otto Wolf, Sohn eines deutschen Geschäftsmanns und einer Eingeborenenfrau, der wie alle Mischlingskinder in der Mission aufwuchs, weil Mulatten in den Dörfern nicht anerkannt wurden.

Als ich erfahre, dass das Kamerateam bis Singapur auf die gleiche Maschine gebucht ist wie ich, freue ich mich. So habe ich zumindest anfangs noch nette Begleitung an meiner Seite.

Am Abend vor unserem Abflug lade ich die Medienleute zu einem opulenten Fischessen in unser Haus ein. Ich freue mich darauf, wieder einmal Gäste zu bewirten, und bin stolz auf den wohlschmeckenden Fisch und die Meeresfrüchte, die ich nach Papua-Art mit einheimischen Gewürzen in Butter gedünstet habe.

Der australische Rosé hebt die Stimmung, und wir verbringen einen ausgelassenen und sehr fröhlichen Abend, als das Telefon klingelt. Es ist Wolfgang. Er meldet sich aus Manila. „Wie schön, dass du nicht geflogen bist. Ich befürchtete schon, du hättest diesmal Ernst gemacht. Ich komme mit dem nächsten Flugzeug zurück und verspreche, nie mehr so ekelhaft zu sein. Hast du Besuch? Da ist so viel Lachen im Hintergrund."

„Ja, ich habe Besuch. Und ich fliege übermorgen", teile ich ihm kurz angebunden mit. „Bitte warte, bis ich zurück bin. Ich bringe dir eine große Überraschung mit. Ich werde dich auf Knien um Vergebung bitten. Wenn du dann immer noch fliegen willst, kaufe ich dir ein Ticket erster Klasse. Lass uns reden. Ich höre dir wirklich zu", bezirzt er mich. Doch diesmal bleibe ich hart: „25 Jahre lang hattest du Zeit, und 25 Jahre lang hast du mir nicht zugehört. Es reicht. Ich will nicht mehr. Ich kann nicht mehr." Dann lege ich auf. Den ganzen Abend klingelt das Telefon, immer und immer wieder. Ich beachte es nicht. Diesmal werde ich es schaffen.

Es ist unglaublich. Ich sitze im Flugzeug auf dem Weg nach Deutschland. Ich hatte tatsächlich den Mut zu gehen. Wie stolz bin ich auf mich! Mit geschlossenen Augen fühle ich das angenehme Prickeln des Champagners auf der Zunge.

In München angekommen, nehme ich mir ein Taxi – keine S-Bahn.

Im Geiste sehe ich das böse Gesicht meines Mannes. Aber ab jetzt entscheide ich, was ich will. Die farbenfrohe Herbstlandschaft um mich herum hebt meine Stimmung. Ich freue mich auf die schöne Wohnung, die eigenen Möbel um mich herum. Zu meinem Erstaunen hat Wolfgang bei seinem letzten Besuch hier sogar ein Telefon installieren lassen.

Zuerst rufe ich Petra an. „Mutti, du, um diese Zeit?", fragt sie überrascht. „Ist das nicht zu teuer?" „Häschen, wir können reden, so lange wir wollen, ich bin in Deutschland!", sage ich fröhlich. Wie viel haben wir uns zu erzählen! Es ist ein ausführliches Gespräch zwischen Mutter und Tochter, und ich genieße es, am Telefon einmal nicht unter Zeitdruck zu stehen. Anschließend rufe ich Thorsten in Salem an. „Mutti, du hier!", ruft auch er freudig. Ich bin froh, zuhause zu sein.

Der nächste Weg führt mich zur Bank. Das Konto läuft auf unser beider Namen. Wolfgang hätte wohl nie vermutet, dass ich einmal alleine am Schalter stehen würde. „Zehntausend Mark und ein Scheckheft", wünsche ich mir. „Selbstverständlich, gnädige Frau", antwortet der Banker zuvorkommend freundlich. „Tja, lieber Wolfgang, Manila wäre billiger gewesen!", grinse ich vor mich hin, und es geht mir gut dabei. Ich laufe gut gelaunt durch die Straßen, schlendere in ein Feinkostgeschäft und kaufe deutsche Wurst, Schwarzwälder Schinken und Schwarzbrot. Zuhause nehme ich das Rosenthal-Porzellan und das Silberbesteck aus dem Schrank und feiere mein eigenes kleines Fest. Dann werde ich übermütig. Hendrik Wengler hat mir seine Telefonnummer in Deutschland hinterlassen. Ich zögere lange, doch dann gebe ich mir einen Ruck und wähle die Heidelberger Nummer. Es meldet sich eine freundliche ältere Dame. „Mein Sohn ist nicht da, aber ich werde ihm ihre Grüße gerne ausrichten", erklärt sie. Eine halbe Stunde später klingelt das Telefon. „Hallo Frau Reder, wie schön, von Ihnen zu hören!", ruft Herr Wengler vergnügt. „Darf ich Sie in München besuchen? Wir könnten morgen aufs Oktoberfest gehen!", schlägt er vor. Mein Herz klopft sofort wieder schneller. „Ich freue mich sehr", antworte ich, und nachdem wir uns für den nächsten Abend verabredet haben, hüpfe ich in der Wohnung herum wie ein verliebtes junges Mädchen.

Morgens um sechs springe ich aus dem Bett, wienere die Wohnung, gehe einkaufen und zum Friseur. Ich habe Lust auf Schweinebraten mit Knödeln und bereite alles vor. Und dabei spüre ich die berühmten Schmetterlinge im Bauch. Tausende müssen es sein.

Es klingelt, und der Aufzug scheint heute besonders langsam zu sein. Doch dann steht er endlich vor mir. „Wie schön, Sie zu sehen", begrüßt er mich. „Statt Blumen habe ich Champagner mitgebracht." „Champagner" schießt es mir durch den Kopf. „Wenn ich den trinke, kann ich für nichts mehr garantieren."
Es ist, als würden wir uns schon lange kennen. Und doch stehen wir uns befangen gegenüber. Jeder ahnt, was geschehen könnte, was vermutlich auch geschehen wird. Schweigend essen wir, und erst beim Dessert meint er: „Es schmeckt so viel besser zu zweit." Ich biete ihm das du an. Selbstverständlich hilft er mir beim Abräumen und nimmt das Geschirrtuch in die Hand. „Ich freue mich so sehr, bei dir zu sein", flüstert er mir ins Ohr. Dann küsst er meine Augen, meine Nase und behutsam meinen Mund.
An den Wies'n-Besuch denkt keiner von uns beiden mehr. Wir kuscheln zusammen auf der Couch, reden und schweigen miteinander bis morgens um drei. Doch dann bitte ich ihn, ins Gästezimmer zu gehen. „Ich brauche noch etwas Zeit." Er versteht. „Du bist eine bewundernswerte Frau. Aber dann träume wenigstens von mir", scherzt er.

Am nächsten Morgen weckt mich Kaffeeduft und ein leises Klopfen an meiner Schlafzimmertür. „Guten Morgen, das Frühstück ist fertig!", lächelt Hendrik in der Tür. Auf dem Tisch stehen frische Semmeln und eine langstielige rote Rose. Es wird das schönste Frühstück, an das ich mich erinnern kann. Hendrik streichelt zärtlich über die Innenfläche meiner Hände, und ein Kribbeln durchflutet mich. In diesem Moment klingelt das Telefon. Es ist Wolfgang.
„Wann kommst du wieder zurück? Ich bin krank, ich brauche dich!", sagt er. Da ich nicht antworte, fragt er nach: „Bist du allein?" „Wer sollte denn bei mir sein?", frage ich zurück. Ich bin wütend. Auf ihn,

auf mich. Nicht einmal am anderen Ende der Welt lässt er mich in Ruhe. Warum nur habe ich den Hörer abgenommen?

Nach diesem unsäglichen Telefongespräch wollen wir uns den Tag nicht verderben lassen. Wir machen uns auf zum Oktoberfest. Hand in Hand spazieren wir bei strahlendem Sonnenschein und weiß-blauem Himmel über die Wies'n, fahren Riesenrad und Geisterbahn, lachen über den billigen Jakob und hauen den Lukas. Ich fühle mich wie eine Zwanzigjährige und kann mich nicht erinnern, wann ich das letzte Mal so voller Lebenslust war. Am späten Nachmittag finden wir noch einen Platz im Löwenbräuzelt. In einer Box rutschen die Besucher enger zusammen und nehmen uns in ihre fröhliche Runde auf. Es wird ein langer, sehr vergnüglicher Abend. Spät marschieren wir zur letzten S-Bahn.

Am nächsten Morgen erwartet mich ein Katerfrühstück, das Hendrik im Bett serviert. Und dann beginnt für mich der Himmel auf Erden. Hendrik streichelt mich, beginnt bei den Zehen, massiert sanft meine Beine, berührt flüchtig den Venushügel. Dann streicht er mir über den Bauch, tastet meine Brüste, küsst meine Augen und jeden Einzelnen meiner Finger. Mit seiner Zunge öffnet er meine Lippen. Mein Herz klopf rasend. Zärtlich dringt er in mich ein. Eine Welle der Lust durchflutet meinen Körper. Gemeinsam kosten wir das Glück aus. Unser Verlangen ist tief, der andere scheint so vertraut. Ich schreie mein Glück in den Tag hinaus. „Du bist voller Leidenschaft und Hingabe", flüstert mir Hendrik ins Ohr. „Du bist frigide, keine richtige Frau", hat mir Wolfgang mehr als einmal vorgeworfen.
Dieser Tag vergeht mit Liebe und Lachen, mit Erzählen und Gedanken darüber, wie eine gemeinsame Zukunft aussehen könnte. Als ich abends in den Armen dieses Mannes einschlafe, erfüllt sich für mich ein Traum, und meine jahrelangen Sehnsüchte werden endlich gestillt.

Am nächsten Tag fahren wir ins Kaisergebirge, klettern von Kufstein aus hoch zum Pfandlhof, um dort Mittag zu essen. Am Nachmittag wandern wir an der Antonius-Kapelle vorbei zu einem alten Erbgutshof. Dort sitzen wir in der Sonne, bestaunen die prächtige Bergkulisse um uns herum, Trollblumen und Enzian, Gebirgsbach und Almen. Die Bäuerin stellt jedem ein Glas Buttermilch und ein Schinkenbrot hin. Nicht weit von uns steht eine kleine Hütte mit Geranien an den Fenstern. Ein Blick, der gleiche Gedanke: Hier möchten wir die Nacht verbringen.

Bevor wir in dicken, weiß-rot karierten Federbetten versinken, machen wir noch einen Abendspaziergang. Schwarz zeichnen sich die Umrisse der Berge und Wälder gegen den nachtblauen Himmel ab. Wir begeistern uns an den Sternen und dem milchig-weißen Mond. Hendrik hat den Arm um mich gelegt. Ich könnte zerspringen vor lauter Glück.

Mitten in der Nacht werde ich wach, schleiche mich auf den Balkon. Alles erscheint mir so unwirklich. Nach 25 Jahren Ehe liege ich hier mit einem anderen Mann.

Einmal hatte ich Wolfgang gefragt: „Wenn ich dich betrügen würde, so, wie es bei dir zur Selbstverständlichkeit geworden ist, was würdest du tun?" Er antwortete: „Ich würde dich umbringen. Mich betrügt man nicht!"

In Papua Neuguinea ist es jetzt vier Uhr Nachmittags. Ich mag nicht daran denken und flüchte zurück ins Bett, kuschle mich wieder in Hendriks Arme. Vor mir liegt ein dornenreicher Weg, aber es wird auch ein befreiender sein.

Am nächsten Tag muss Hendrik zurück nach Heidelberg. „Darf ich wieder kommen?", fragt er beim Abschied. „Ich kann es kaum erwarten", sage ich.

Am Abend läutet das Telefon. Ich schrecke auf. Eine innere Stimme sagt mir, dass es nicht Hendrik ist. Ich hebe ab. Ein Gespräch aus Papua. Am Apparat ist Father Franz. „Inge, ich war die ganze Nacht bei deinem Mann. Er ist sehr krank. Du musst jetzt stark sein. Er braucht dich, bitte komm so schnell wie möglich zurück." Stumm schreie ich: „Nein! Nein, ich will nicht, ich werde mir mein Leben nicht wieder kaputt machen lassen." Father Franz erzählt mir, dass Wolfgang

Krebs habe und ohne mich nicht mehr leben wolle. Er erinnert mich an unser Trauversprechen, zueinander zu stehen, in guten wie in schlechten Zeiten. Er spricht davon, wie schlecht es Wolfgang ginge, wie ihn der Lebenswille verlasse, wenn ich nicht da sei. Seine Stimme ist so eindringlich und fordernd, dass ich am Ende tatsächlich verspreche, zurückzukommen. Wütend knalle ich den Hörer auf, stoße das Telefon von mir, als sei es ein böser Geist. Ich zittere, Weinkrämpfe schütteln mich. Hendrik und ich haben keine Chance. Er in der Botschaft in Port Moresby, Wolfgang nur eineinhalb Flugstunden entfernt in Rabaul. Wie sollte ich da leben können?
Während sich meine Gedanken noch im Kreis drehen, klingelt das Telefon wieder. Diesmal ist es Hendrik. Er sei gut in Heidelberg angekommen, sagt er, und: „Ich vermisse dich jetzt schon so sehr."
Nachdem er aufgelegt hat, presse ich den Hörer weiter an mein Ohr, als könnte ich die Zeit mit ihm dadurch etwas länger festhalten.

Ich schiebe die Rückkehr nach Rabaul noch etwas vor mich her. Hendrik und ich gönnen uns eine Woche Urlaub in einem guten Hotel in Oberstaufen. Natürlich muss ich ihm erzählen, dass mich Father Franz angerufen und gebeten hat, zurückzukommen, weil Wolfgang Krebs habe. „Wolfgang ist jedes Mittel recht, dich zurückzuholen, ich kenne ihn zur Genüge", kommentiert Hendrik die Situation. „Niemals ist er an Krebs erkrankt." Auch Thorsten, den ich einen Tag im Internat besuche, fragt mich hoffnungsvoll: „Mutti, bleibst du jetzt in Deutschland?" Als ich verneine, und ihm die Situation erkläre, antwortet auch er: „Ich glaube nicht, dass Vati krank ist. Es ist doch nur ein Trick von ihm, um dich zurückzuholen."

Trotzdem sitze ich eine Woche später heulend im Flugzeug auf dem Weg nach Papua. Neben mir sitzt Margit, meine Freundin aus Wien, die mich vergeblich zu trösten versucht. Als ich ihr am Telefon von meinen Problemen mit Wolfgang und der neuen Romanze mit Hendrik berichtete, entschloss sie sich spontan, mit mir zu fliegen: „Ich werde dir in dieser Situation zur Seite stehen!", sagte sie, und ich bin ihr unendlich dankbar. Seit zwanzig Jahren sind wir befreundet, und haben zusammen schon andere schwere Stunden durchlebt. Vor einiger Zeit hat sich Margits Mann das Leben genommen, weil er vom Alkohol nicht los kam. Sie machte sich die größten Vorwürfe, dass sie es nicht verhindern konnte. Stundenlange Gespräche haben wir geführt, in denen ich versuchte, Margit seelisch aufzurichten. Jetzt steht sie mir bei.

Ich schließe die Augen und spüre noch Hendriks Lippen auf den meinen. Margit fragt mich etwas, aber mir steckt ein Kloß im Hals und deshalb stelle ich mich schlafend. Hätte die Freundin nicht schon am Flughafen auf mich gewartet, ich wäre bei Hendrik geblieben.

In vier Wochen ist auch sein Heimaturlaub zu Ende. Die Tatsache, dass Port Moresby nur eineinhalb Flugstunden von Rabaul entfernt ist, tröstet mich etwas.

Im Flugzeug kehrt Ruhe ein, und Margits gleichmäßige Atemzüge verraten mir, dass auch die Freundin schläft. Ich aber finde keine Ruhe. Meine Nerven sind zu angespannt, ich kann nicht aufhören, über meine absurde Situation nachzugrübeln. Schließlich krame ich in meiner Handtasche nach einer Tablette. Sie verhilft mir zu einem unruhigen, von Albträumen geplagten Schlaf.

Als das Frühstück serviert wird, finde ich nur langsam in die Wirklichkeit zurück. Magenschmerzen und Herzflattern machen sich bemerkbar. Nur lustlos knabbere ich am Brötchen. Margit, die mir dabei zusieht, legt mir eine Hand fürsorglich auf die Schulter. Durch das monotone Motorengeräusch nicke ich wieder ein. Als ich die Augen aufschlage, befinden wir uns bereits im Anflug auf Manila. Bis zum Weiterflug nach Papua sind wir zwei Tage lang Gäste von Helga und Peter, den Kollegen, die mir im vergangenen Jahr das Leben retteten.

Ihr Fahrer Mike erwartet uns bereits und verstaut das Gepäck im Kofferraum. Nach einstündiger Fahrt durch die laute und stinkende Stadt biegen wir in eine Nebenstraße ein. Nach dem ohrenbetäubenden Lärm empfängt uns hier wohl tuende Stille. Der Chauffeur drosselt die Geschwindigkeit. Wir fahren durch eine Allee blühender Tulpenbäume. An einer geschlossenen Schranke stoppt der Wagen. Ein

Soldat mit Maschinenpistole im Anschlag nähert sich uns. Er unterhält sich kurz mit Mike, überprüft unsere Personalien, nickt dann freundlich und winkt uns durch die sich öffnende Schranke. Der Weg zu den Privilegierten und Reichen dieser Stadt ist frei.

Helga und Peter erwarten uns schon und zeigen uns unsere Zimmer. Dann lassen sie uns kurz allein. Ich schließe dankbar die Tür und lasse mich erschöpft in einen Sessel fallen. Ein paar Minuten nur, denn wenig später steigt mir der Duft von Grillfleisch in die Nase und weckt meine Lebensgeister. Ich springe unter die Dusche, krame ein leichtes Sommerkleid aus dem Koffer, schlüpfe hinein und eile nach unten.

Der Tisch ist liebevoll gedeckt und das Essen schmeckt vorzüglich. In heiterer Runde lassen wir den Abend früh ausklingen, denn Margit und ich sind doch sehr müde von der langen Reise.

Neun Uhr morgens. Wie herrlich habe ich geschlafen! Nach einem ausgiebigen Frühstück fahren wir drei Damen ins Handycraft-Center, durchstöbern einen Laden nach dem anderen, und wenn uns eine fein gearbeitete Skulptur oder eine handgewebte Tischdecke gefällt, feilschen wir munter um den Preis und haben riesigen Spaß dabei.

Zum Mittagessen gehen wir ins Peninsula-Hotel. Als sich die schwere Glastür öffnet und der Manager auf uns zusteuert, habe ich schlagartig die Bilder aus dem vergangenen Jahr vor Augen. Ich verstecke mich hinter einer Säule, und meine Freundinnen verstehen sofort. Sie verwickeln den Manager in ein kurzes Geplänkel, dann gehen sie in den hoteleigenen Garten. Als der Manager hinter einer Tür verschwunden ist, folge ich ihnen unbemerkt nach.

Nachdem wir einen Cocktail bestellt haben, ist die Welt für mich wieder in Ordnung. Gedanken an die Vergangenheit verdränge ich aus meinem Kopf, ich will mich auf die Zukunft konzentrieren. Es wird viel Kraft kosten, mich von Wolfgang zu lösen. Aber ich werde es schaffen.

Als Mike uns am nächsten Tag zum Flughafen bringt, prasselt tropischer Regen auf den heißen Asphalt. Der Verkehr staut sich schlimmer als je zuvor, und wir schaffen es nur über unbefestigte Nebenstraßen, gerade noch rechtzeitig zum Abflug da zu sein. Ich friere und spüre, wie mir das Atmen schwer fällt.

„Bitte weck mich erst, wenn wir in Rabaul sind", bitte ich Margit und nehme gleich zwei Schlaftabletten hintereinander. Ich habe das Gefühl, das alles nicht mehr ertragen zu können.

„Fünf Minuten lang habe ich dich wie eine Stoffpuppe hin und hergerüttelt, du warst nicht wach zu kriegen", meint Margit. „Schau nach unten, wie herrlich dieses Rabaul zwischen den Kokosplantagen liegt!"

Beim Verlassen der Maschine nimmt uns schwülwarme Luft den Atem. Schlagartig wird mir bewusst, dass es der größte Fehler war, zurückzukehren. Aber diese Einsicht kommt leider zu spät. Wolfgang kommt uns entgegen und streicht sich über den Schnurrbart; eine Geste der Verlegenheit. Seine Unsicherheit versucht er mit einem Scherz zu überspielen: „Wir kennen uns doch von irgendwoher!", sagt er, und sein Lächeln wird zur Grimasse. Überschwänglich begrüßt er Margit. Kein Anzeichen irgendeiner Krankheit.

Zuhause kommen zuerst die Hunde angerannt und springen an mir hoch. Mein Mann meint: „Es ist schön, dich wieder hier zu haben", dreht sich um, steigt in sein Auto und fährt davon. Erleichtert atme ich auf. Erika und Vicky legen uns beim Betreten des Hauses Blumenkränze um. „Missis, mipela hamamas you kam lukim mipela!" (Missis, wir sind glücklich, dass du zurück bist!) „Poroman bilong you?", (Freundin von dir?) fragen sie neugierig, und dann, Margit zugewandt: „Gutpella Poroman bilong em!" (Hast aber eine nette Freundin!).
Margit bewundert unsere Orchideen und die Vielzahl tropischer Blumen. Auf der Terrasse lauschen wir den Stimmen der Natur. Dann macht sich bleierne Müdigkeit bemerkbar. Ehe Wolfgang nach Hause kommt, liegen Margit und ich friedlich schlafend in meinem Bett unter dem Moskitonetz.
In den kommenden Wochen geht es mir richtig gut. Wolfgang stellt

uns ein voll getanktes Auto zur Verfügung und lässt uns in Ruhe. Ich zeige Margit mit Begeisterung das fremde Land und bin froh, wenn ich meinem Mann aus dem Weg gehen kann.

Heute wollen wir in der Kulaulodge zu Mittag essen, einem traumhaften Lokal, direkt am Meer gelegen. Es ist aus Buschmaterial gebaut und der Innenraum ist mit alten Masken dekoriert. Schon beim Betreten fühle ich mich immer wieder in eine Welt der Geister und Mythen versetzt.
Gut gelaunt sind wir auf dem Weg. Wir holpern über eine Schotterpiste, unser Wagen rumpelt von einem Schlagloch ins Nächste. Der Regen hat ein Übriges getan und die Wurzeln der Urwaldriesen freigelegt. Aber uns kann nichts schockieren. Aus dem Autoradio tönt der Song „dream, dream, dream, all what I can do is dream..." Lauthals singen wir beide mit. Wir kommen in die Nähe eines Dorfes, und die Leute laufen uns entgegen. Sie winken uns zu, gestikulieren, und wir sind so guter Dinge, oder besser gesagt albern, dass Margit die englische Königin imitiert und dem Volk mit huldvollem Kopfnicken für die enthusiastische Begrüßung dankt. „Dass du hier beliebt bist, wusste ich ja, Inge, aber mit so einem Empfang habe ich trotzdem nicht gerechnet!", scherzt sie. Plötzlich baut sich mitten auf dem Weg der Dorfleader auf. Erschrocken trete ich auf die Bremse. Ich steige aus und will ihn begrüßen, doch er geht mit ernstem Gesicht an mir vorbei und um mein Auto herum. „Was haben wir getan?", ist mein erster Gedanke. Wir haben weder ein kostbares Schwein angefahren noch ein Huhn übersehen. Mittlerweile hat sich eine ganze Menschentraube um uns herum versammelt. Jetzt zeigt der Häuptling mit dem Finger auf mein rechtes Hinterrad. Es ist völlig platt. Kilometerweit sind wir anscheinend auf der Felge gefahren, und haben es bei diesen Schlaglöchern nicht einmal bemerkt. Jetzt wissen wir, was die Rufe der Dorfbewohner tatsächlich bedeuteten.
Ratlos schaut mich Margit an: „Kannst du einen Reifen wechseln?", fragt sie zweifelnd. „Das wird nicht nötig sein", antworte ich, „ich glaube, wir haben genügend Helfer hier!"

Aufgeregt diskutieren die Einheimischen. Jeder möchte mit anpakken. Zum Glück haben wir ein Reserverad dabei. Allerdings müssen wir sehr schnell feststellen, dass der Wagenheber fehlt. Der Leader wendet sich an einen jungen Burschen und befiehlt ihm etwas, woraufhin dieser Richtung Dorf losläuft. An uns gewandt meint der Häuptling dann: „Missis, you wonem wori tumas long car bilong you. Olman jah bai fixim car bilong you." („Missis, du brauchst dir keine Sorgen zu machen. Wir Männer werden das Auto in Ordnung bringen.") Da wir sowieso nichts tun können, beschließen wir, einen Abstecher ins Dorf zu machen, bis das Auto repariert ist.

Wie immer werden wir neugierig zunächst von Hunden, dann von Kindern und Frauen begrüßt.

Man rollt eine Kokosmatte auf dem Boden aus, bittet uns, Platz zu nehmen und reicht jedem von uns eine Kokosnuss, um den Durst zu stillen. Es dauert nicht lange, da kommt ein junger Bursche angelaufen und verkündet: „Em nau, Missis, mi gettim car bilong yupella ready now, is pinis!" (Missis, das Auto ist fertig!") „Thank you tu, mas", sage ich. („Danke euch vielmals.") Wir versprechen wieder zu kommen und werden dann von vielen Kindern zum Auto begleitet. Sie winken uns so lange nach, bis wir sie aus den Augen verlieren. Mit dreistündiger Verspätung kommen wir in der Kulaulodge an. Das Buffet ist inzwischen abgeräumt, aber auf der herrlichen Terrasse mit Blick auf das tiefblaue Meer schmecken uns auch Fish and Chips. Gut gelaunt kommen wir abends nach Hause zurück. Dort erwartet uns Wolfgang mit einem bösen Gesichtsausdruck und eiskalten Augen. „Wo kommt ihr denn her?", herrscht er uns an. „Meine Gutmütigkeit hat ein Ende. Ab jetzt werden andere Seiten aufgezogen. Gib den Autoschlüssel her!", befiehlt er mir. Wortlos lege ich die Schlüssel auf den Tisch und gehe nach oben. Margit versucht, ihn zu beruhigen und erzählt von unserem Ausflug. Er packt die Schlüssel, setzt sich ins Auto und fährt davon.

An diesem Abend gehen wir früh ins Bett, aber ich kann lange nicht einschlafen. Hendrik kehrt am nächsten Tag nach Port Moresby

zurück, und ich warte sehnsüchtig auf seinen Anruf, wünsche mir, endlich seine Stimme zu hören. Wie es wohl weitergehen wird, wenn er wieder in meiner Nähe ist? Kurz nach Mitternacht schrecke ich aus dem Schlaf hoch. Auch Margit fährt erschrocken neben mir zusammen. Wolfgang trommelt mit beiden Fäusten wie ein Besessener gegen die Schlafzimmertür. „Was um Himmels Willen ist denn los?", rufe ich. „Margit! Margit!", antwortet er mit lallender Stimme. Seinem Benehmen nach ist er volltrunken. Seufzend erhebt sich Margit und streift sich den Bademantel über: „Ich gehe mal nachschauen. Wahrscheinlich gibt er vorher sowieso keine Ruhe."
Ich werde wach, als Margit wieder ins Bett schlüpft. „Was gab es denn so Wichtiges zu besprechen?", frage ich neugierig. „Ach, ein gewisser Herr Wengler bereitet deinem Mann Probleme", antwortet Margit mit einem Grinsen, und deutet auf die Tür, wo Wolfgangs Schatten zu sehen ist. „Kennst du diesen Mann?"
„Aber natürlich kenne ich ihn. Er arbeitet für die deutsche Botschaft und ist ein Mann zum Verlieben! Nicht nur, dass er gut aussieht, nein, er hat auch Stil und Charme. Nur schade, dass er für die Damenwelt kein Interesse zeigt. Er ist nämlich schwul", erzähle ich ihr laut und deutlich. Erheitert bemerken wir, dass sich der Schatten zurück zieht.

Am nächsten Morgen sprühe ich nur so vor guter Laune. Ein Lied trällernd, komme ich ins Wohnzimmer. „Na, du bist ja in Hochstimmung. Wann landet denn die Maschine mit deinem Liebsten?", neckt mich Margit. „In zwei Stunden ist er da!", sage ich glücklich, und bin dabei nervös wie ein Teenager.
Jedes Mal, wenn das Telefon läutet, stürze ich hin und reiße den Hörer an mich. „Puh, hoffentlich ist diese Hochspannung bald vorbei, damit du wieder normal denken kannst", bemerkt Margit. Doch die Anspannung wird im Laufe des Tages immer größer, denn Hendrik meldet sich nicht. Ich wage mich kaum mehr aus dem Haus, lungere nur noch in der Nähe des Telefons herum, aber er ruft nicht an. Abends spielen Margit und ich Karten, um uns abzulenken. Wieder nichts. In der Nacht finde ich kaum Ruhe. Erst am Nachmittag des

darauffolgenden Tages klingelt das Telefon, und ich spüre: Er ist es. Mit zitternder Stimme melde ich mich. Und dann stammle ich nur belangloses Zeug: „Hattest du einen guten Flug? Wie war das Wetter in Deutschland? Hast du viel Arbeit auf dem Schreibtisch?" Von meinen Gefühlen, meiner Sehsucht kommt kein Wort über meine Lippen. Hendrik beantwortet höflich alle meine Fragen. Und ich könnte mich für meine Distanziertheit selbst ohrfeigen. Er muss glauben, ich liebe ihn nicht mehr.

In wenigen Tagen ist Weihnachten. Die Vorbereitungen fordern Zeit und Aufmerksamkeit, und so komme ich nicht dazu, weiter über mein idiotisches Verhalten am Telefon nachzudenken. Außerdem lösen Margit und ich unser Versprechen ein und statten den Menschen im Dorf einen zweiten Besuch ab.
„Em dispela tupela Missis i bagarap motoka bilong em long rot, kama!", ruft ein Junge aufgeregt, als wir aus dem Auto steigen. („Die beiden Frauen, deren Auto auf der Straße liegengeblieben ist, sind wieder da!") Im Nu sind wir von Kindern umringt, die uns die Pakete ins Dorf tragen. „Gude Missis, im lukim tasol yu kamap long wonem taim", begrüßt uns der Leader. (Guten Tag, Missis, ich habe schon die ganze Zeit Ausschau nach euch gehalten.")
„Mi karim Krismas presents long olgeta", („Ich bringe Weihnachtsgeschenke für euch"), sage ich, und zeige auf die Pakete. Wir verteilen Tabak und Betelnüsse an die Erwachsenen, Fußbälle an die Jungs und Püppchen an die Mädchen. Und alle Kinder bekommen noch ein T-Shirt obendrauf. Einem zahnlosen alten Mütterchen haben wir einen neuen Lapp Lapp mitgebracht, begeistert streicht sie über den Stoff. Die Freude ist überall groß; auch bei uns, denn es macht Margit und mich einfach glücklich, in die strahlenden Gesichter zu sehen.

Ich telefoniere hin und wieder mit Hendrik, und so langsam finden wir einen entspannteren Ton am Telefon. Mein Herz pocht jedes Mal wie wild. Wir reden über tausend unwichtige Dinge, nur nicht über uns. Es wird Zeit, dass wir uns wieder sehen.

Gerade eben habe ich den Hörer aufgelegt; Petra hat angerufen, sie ist gut in Port Moresby gelandet, Hendrik hat sie abgeholt, und bis zum Anschlussflug am nächsten Tag ist sie sein Gast. Hoffentlich verstehen die beiden sich gut. Fröhliches Lachen reißt mich aus meinen Gedanken. In der Küche ist Margit mit den Mädchen am Plätzchen backen. Verführerischer Duft strömt durch das ganze Haus, und irgendwie passt er so gar nicht zu Sonne und blühenden Bäumen. Trotzdem weckt der Geruch von Zimt und Lebkuchengewürz Erinnerungen an die Kindheit.

Ich decke den Kaffeetisch auf der Terrasse. Vicky, Erika, Margit und ich sitzen kurz darauf im Schatten der Bäume und lassen uns die noch ofenwarmen Vanillekipferl und Butterplätzchen auf der Zunge zergehen. Ein kurzer, harter Hupton lässt mich und die Mädchen hochspringen. Wolfgang steht mit dem Auto auf der Straße und wartet, dass wir ihm das Tor öffnen. „Da sieht man mal wieder, wie ungerecht es auf der Welt zugeht. Ihr macht euch ein schönes Leben, während ich die Kohle dafür verdienen muss!", bemerkt er säuerlich, als er an uns vorbei ins Haus geht. Mir schießen die Tränen in die Augen, und ich flüchte in den Garten, weil ich allein sein möchte. Warum gelingt es diesem Mann, jeden Zauber eines Augenblicks allein mit seinem Erscheinen zunichte zu machen? Erschöpft und müde lasse ich mich ins Gras fallen. Ich weine, und es tut mir in diesem Moment einfach gut.

Ich ziehe mich früh zurück und gehe schlafen. Mitten in der Nacht wache ich auf. Ich höre ein Schluchzen neben mir. Schlaftrunken taste ich nach dem Schalter der Lampe. Margit wird von heftigen Weinkrämpfen geschüttelt und hat ihr Gesicht in die Kissen vergraben. Schlagartig meldet sich mein schlechtes Gewissen. Die ganze Zeit ging es nur um mich und meine Probleme. Nie habe ich in den letzten Wochen die Freundin gefragt, wie sie sich fühlt. Ich streiche über ihr Haar, flüstere: „Was ist los mit dir?"
Es bricht nur so aus ihr heraus: „Wien ist so weit weg von hier… der Vulkan wird ausbrechen… wir werden alle sterben", stammelt sie.

„Niemand wird hier sterben!", versuche ich sie zu beruhigen. Margit hebt den Kopf. Mit tränenüberströmtem Gesicht sieht sie mich an: „Wenn Petra nach den Feiertagen zurück nach Deutschland fliegt, werde ich mitgehen!", sagt sie bestimmt. Ich verstehe sie so gut. Und trotzdem versuche ich sie davon zu überzeugen, hier zu bleiben. Draußen bricht der neue Tag an. Trotz der Hitze im Zimmer friere ich. Irgendwann wird Margits Schluchzen leiser und verstummt. Ich kann nicht mehr einschlafen. Meine Freundin ist mir so kostbar. Ich möchte sie nicht verlieren und wünsche mir nichts sehnlicher, als dass sie noch etwas bleibt.

Zwei Wochen lang gebe ich mein Bestes, um Margit davon zu überzeugen, dass es in Papua noch viel zu entdecken gibt. Was mir mit vielen Worten nicht gelingt, schafft Lady Stella mit einem einzigen Satz, denn Margits Rede, ein halbes Jahr von zu Hause weg sei zu lange, lässt sie nicht gelten: „What is a half year in a whole life?", argumentiert sie. Und Margit stimmt ihr zu.

Nach den Weihnachtsfeiertagen tritt Petra allein die Rückreise an; allerdings wünscht sie sich, dass ich sie bis Port Moresby begleite. Wolfgang ist das gar nicht recht, doch als seine Tochter ihn mit ihren blauen Augen anschaut und meint: „Ich möchte Mutti so lange wie möglich noch bei mir haben!", schmilzt er wie Schnee in der Sonne und ist einverstanden. Ich freue mich über Petras neue Offenheit – sie war für mich schon immer schwerer zugänglich als Thorsten –, und die Stunden, die wir als Mutter und Tochter noch gemeinsam verbringen können. Außerdem möchte ich die Reise nach Port Moresby nutzen, um mir endlich über meine Gefühle für Hendrik Klarheit zu verschaffen. Und dazu muss ich ihn sehen.

Nach zweistündigem Flug landen wir in Papuas Hauptstadt. Ich entdecke Hendrik zwischen all den Menschen in der Empfangshalle. Er hat Blumen in der Hand. Dort steht der Mann, mit dem ich so wundervolle Stunden verbrachte. Doch wo sind die Schmetterlinge im Bauch? Wo ist das Herzklopfen geblieben?

Wir gehen zu dritt zum Lunch. Für Petra ist Port Moresby nur ein Zwischenstopp; die Maschine nach Manila hebt in wenigen Stunden ab. Es bricht mir fast das Herz, meine Tochter wieder gehen zu lassen. Ich halte sie in meinen Armen und möchte sie nicht mehr loslassen. Doch irgendwann müssen wir Abschied nehmen – wie immer.
Als ich mit Hendrik allein bin, schlägt er vor: „Komm steig ein, wir fahren zu mir!" Während der Fahrt versucht er, ein Gespräch anzufangen, doch ich hänge meinen Gedanken nach. Hendrik schließt die Tür auf und wir treten ein in eine sehr geschmackvoll eingerichtete Wohnung. Ich bewundere Kunstgegenstände, die er aus der ganzen Welt zusammengetragen hat. Jedes Teil hat seine eigene Geschichte, und Hendrik erzählt so fesselnd, dass ich begeistert zuhöre und von meinem Abschiedsschmerz etwas abgelenkt werde. Wir lachen, und langsam entspannt sich die Situation. Hendrik hat Garnelen in Currysauce vorbereitet, dazu einen australischen Rosé. Bei Kerzenschein reden wir über Gott und die Welt und über uns. Es ist wie zwischen alten Freunden – harmonisch und schön, aber ohne das berühmte Kribbeln im Bauch. Wir hüpfen in den Pool, bespritzen uns mit Wasser, veranstalten ein Wettschwimmen. Später kuscheln wir uns im Bett aneinander, halten uns im Arm, geben uns gegenseitig den Halt, den jeder von uns auf seine Weise braucht. Ich weiß, dass ich einen Liebhaber verloren, aber einen guten Freund gefunden habe. Und ich kann sehr gut damit leben.

Seit einigen Tagen fühle ich mich miserabel. Ein dumpfer Schmerz hämmert unaufhörlich gegen meine Schläfen, und ich liege mit hohem Fieber schweißgebadet im Bett. Eine dreifache Menge Malariatabletten bringt keine Linderung. Schließlich rufe ich Schwester Maria. „Sie haben keine Malaria sondern Denguefieber", stellt sie sehr schnell fest. „Man sieht es an den Pusteln, die sich auf der Haut bilden. Trinken Sie viel frische Säfte, sonst kann man nichts dagegen tun." Ich befolge den Rat der Schwester, und wenige Tage später geht es mir besser.

Ich möchte Margit noch einiges von Papua Neuguinea zeigen und habe eine Reise ins Hochland geplant. Um das Hochland ranken sich die meisten Mythen und Märchen dieses Landes, und spätestens hier empfängt den Reisenden die Atmosphäre von Abenteuer und Entdeckertum. In den Western Highlands, der Chimbu Provinz oder den Southern und Eastern Highlands – letztere sind unser Ziel – stößt man noch heute auf kriegerische, steinzeitlich lebende Bergstämme; urzeitlich anmutende Gebirgspanoramen, reißende Wildbäche und rauschende Wasserfälle rauben Besuchern den Atem. Gerade das Hochland eröffnet eine Fülle an Lebensweisen und Sozialformen, die nach wie vor Sprachkundler, Ethnologen und Verhaltensforscher aus aller Welt dorthin lockt. Ich möchte meiner Freundin, die die weite Reise um den Erdball gemacht hat, einen kleinen Eindruck dieser faszinierenden Farbenpracht und Ursprünglichkeit vermitteln.

An einem Mittwoch Morgen brechen wir auf. Diesmal nehmen wir nicht das Flugzeug, sondern das Schiff, um von East Britain zum Festland zu kommen. Da wir die Ersten an Bord sind, haben wir noch die freie Wahl der Betten. Allerdings sind die Lager sehr schmutzig, und wir sind froh, in kluger Voraussicht unsere eigenen Laken eingepackt zu haben. Von Rabaul aus steuern wir zunächst Kimbe auf West New Britain an. In der Nacht ist es so stürmisch, dass ich die meiste Zeit seekrank über der Reeling hänge und die Fische unfreiwillig füttere. Meine Zunge klebt mir am Gaumen, und dummerweise haben wir nichts zu Trinken dabei. Als wir morgens um zehn im Hafen von Kimbe einlaufen, bin ich unendlich dankbar, das Schiff für einige Zeit verlassen zu können, denn hier wird neue Fracht geladen, und wir werden erst am Abend Richtung Kilenke weiterfahren. Wir nutzen den Tag, um uns mit Coca Cola einzudecken und einen Pater zu besuchen, den ich noch aus Vunapope kenne. Trotz des hohen Seegangs geht es mir in dieser Nacht besser. Vier Stunden zu früh erreichen wir am nächsten Tag Lae, mit 90.000 Einwohnern nach Port Moresby die zweitgrößte Stadt Papua Neuguineas. Gegen zehn Uhr sollen wir hier eigentlich von Herrn Welter, einem Mitarbeiter der Gesellschaft für Technische Zusammenarbeit, abgeholt werden. Etwas verloren sitzen Margit und ich folglich am Straßenrand – ein ungewöhnlicher Anblick auch für die Polizei, die in der Morgendämmerung Streife fährt. Ich erkläre den Beamten unser Missgeschick, und sie fordern uns freundlich auf, einzusteigen. Es gelingt ihnen, herauszufinden, wo Herr Welter wohnt, und wir klingeln ihn aus dem Bett. Gelassen nimmt er unser verfrühtes Auftauchen hin, lädt uns zum Frühstück ein und fährt uns gegen 12.00 Uhr in die Stadt, wo wir mit Rosemarie verabredet sind.

Rosemarie lernte ich vor einiger Zeit bei einem Abendessen in Rabaul kennen. Sie bewirtschaftet etwa 200 km von Lae entfernt eine in der Nähe von Kainatu gelegene, gleichnamige Lodge. Damals lud sie uns spontan ein, bei ihr zu übernachten, sollten wir jemals eine Reise ins Hochland planen. Mehrmals im Monat fährt sie die 200 km lange Strecke mit dem Geländewagen in die Stadt, um hier einzukaufen. Margit und ich rücken auf dem Beifahrersitz ihres Jeeps zusammen und genießen die Fahrt durch das Markham Valley. Von nun an geht es nur noch bergauf.

Wir erreichen den Kassam Pass, der 1700 Meter über dem Meeresspiegel liegt. Vom Plateau aus haben wir einen herrlichen Blick in die Berge, und es weht ein angenehm kühles Lüftchen. Ich erinnere mich daran, dass es im Hochland ganz schön kühl werden kann; zehn Grad minus sind angeblich keine Seltenheit. Bei einem kurzen Streifzug entdecke ich die Runddächer von Hütten, die durch das Buschwerk schimmern, und möchte einige Fotos machen. Doch Rosemarie hält mich zurück, als ich Richtung Dorf gehen will: „Die Leute hier sind unberechenbar. Man weiß nie, wie sie reagieren."

Auf der Weiterreise fahren wir durch große Kaffeeplantagen, bis wir kurz nach 15 Uhr den Ort Kainatu erreichen, das Tor zum Hochland.

Drei Kilometer später kommen wir in der Kainatu Lodge an. Sie liegt herrlich eingebettet in einem Park mit einer Vielfalt an exotischen Blumen und Pflanzen. Wir helfen Rosemarie beim Ausladen der Lebensmittel und betreten vollbepackt die geräumige Eingangshalle.

Die Wände sind mit fratzenhaften Masken dekoriert, und ein am ganzen Körper tätowierter, Furcht einflößender Eingeborener begrüßt uns in einer uns völlig unverständlichen Sprache. Unsere irritierten Blicke deutet er aber schnell richtig und meint dann freundlich: „Welcome in our lodge, your nice ladys. Name long me is Meth!" Meth entpuppt sich als liebenswürdiger Kavalier. Er bringt unser Gepäck ins Zimmer, wünscht uns einen angenehmen Aufenthalt und entfernt sich diskret. Von unserer Unterkunft sind wir angenehm überrascht. Der Raum ist groß, über dem Doppelbett hängt ein Bild mit lila Orchideen. Zwei alte Masken blicken auf uns herab. Dazu ist es angenehm kühl im Zimmer; weder das Brummen der Aircondition noch das Surren eines Ventilators stören die himmlische Ruhe.

Nachdem wir uns frisch gemacht haben, setzen wir uns an die Bar und genehmigen uns ein Bier. Ein intensiver Duft von Jasmin und Franchipani strömt durch die offene Tür. Handteller große Schmetterlinge begleiten uns auf unserem anschließenden Spaziergang durch den Garten. Margit entdeckt in einer Astgabel ein Baumkänguruh, aus dessen Beutel mit großen, neugierigen Augen das Baby lugt. Ein Stückchen weiter schimmert das bunte Federkleid des Raggiana, auch als Bird of Paradise bekannt, durch die Blätter. Der Vogel ziert als Wappentier die Nationalflagge von Papua Neuguinea. Außerhalb des Parks sehen wir einige Krokodile, die an einem Wasserloch in der Sonne dösen. Als wir zurückschlendern, steigt uns schon der Duft von Curry in die Nase, und wir merken, wie hungrig wir sind. Rosemarie serviert uns persönlich Curryhuhn mit Reis und Gemüse, und nach dem Essen sitzen wir am knisternden Kamin und laden Meth auf ein Bier ein. Nachdem er das dritte Glas getrunken hat, wird er gesprächig.
„Ich bin ein Huli und komme aus dem Süden des Hochlandes", erzählt er stolz. „Vor 40 Jahren war hier alles noch ganz anders. Etwa 450 Großfamilien besiedelten die Berge und Täler. Unsere Frauen bewirtschafteten die Gärten, bauten Gemüse und Früchte an und die Männer gingen auf die Jagd. Wir hatten alles, was wir brauchten,

und waren zufrieden. Jede Familie besaß genügend Schweine, die wir an Festtagen schlachteten. Und niemand von uns war je über die Berge hinaus gekommen, deshalb gingen wir davon aus, dass wir die einzigen Menschen auf dieser Welt seien. Dass zwölf Monate ein Jahr bilden, davon hatten wir keine Ahnung." Wir lauschen aufmerksam Meths Erzählungen; wie oft bekommt man schon Informationen aus erster Hand? „Wir glaubten, dass sich die Hautfarbe eines Menschen ändert, wenn er stirbt. Waren die Lebenden schwarz, so wurden sie nach ihrem Tod weiß. Als dann die ersten Weißen mit einem riesigen Vogel über die Gipfel der Berge zu uns herabschwebten, sagten wir zueinander, nachdem sich unsere anfängliche Furcht gelegt hatte: „Ah, diese Männer sind nicht von dieser Welt!" Wir glaubten, es seien unsere verstorbenen Vorfahren, die im Jenseits die Farbe gewechselt hätten, und nun zurück auf die Erde kämen." Mit einem lauten Knall fällt Meths Kopf in diesem Moment nach vorn auf die Tischplatte. Das letzte Bier war zuviel für ihn. Er schläft tief und fest. Leise ziehen auch wir uns in unser Zimmer zurück.

Am nächsten Tag hat Rosemarie uns eine Mitfahrgelegenheit nach Goroka oganisiert: Ein holländischer Pfarrer kann uns in seinem alten Landrover mitnehmen. Geschickt umfährt er die zahlreichen Schlaglöcher; für die 80 Kilometer brauchen wir letztlich über zwei Stunden. Dann setzt uns der Geistliche in einem lutheranischen Gästehaus ab, das von einer Holländerin bewirtschaftet wird.
Das Zimmer ist spärlich eingerichtet, aber sehr sauber. Zum Mittagessen gibt es Blumenkohl mit Kartoffeln. Als sie unsere erstaunten Gesichter sieht, lacht Irene, die Wirtin: „Das wird hier alles angebaut", erklärt sie uns. Zum Essen findet sich ein buntes Volk ein: Ein holländisches Ehepaar macht hier Station; es wird im Chimbu-Gebiet an einer Missionsschule unterrichten. Sechs abenteuerlustige Australier wollen an den Sepik-River weiterreisen, zwei deutsche Studenten einen Priester in Lae besuchen. Ich bin immer wieder überrascht, wieviele Menschen es dann doch in diese verlassenen Gegenden verschlägt. Wir sind so ins Gespräch vertieft, dass es schon fast dunkel wird, als

die Gruppe sich auflöst. Margit und ich wollen noch einen kleinen Spaziergang machen, stellen dann aber enttäuscht fest, dass es nur eine einzige begehbare Straße gibt. „Wenn das alles sein soll", sagt Margit verärgert, „hätten wir uns den weiten Weg von Rabaul bis hierher sparen können."

In der Nacht zieht ein schweres Unwetter auf. Es wird bitterkalt. Vier Tage und Nächte regnet es ununterbrochen. Wir frieren uns fast zu Tode und verkriechen uns unter unsere Decken. Mittlerweile haben wir vom Hochland die Nase voll und beschließen, nach Rabaul zurückzufliegen. Allerdings erfahren wir, dass ein Erdbeben das Rollfeld zerstört hat und bis auf weiteres kein Flugzeug landen kann. Es bleibt uns also nichts anderes übrig, als uns damit abzufinden und die Situation so hinzunehmen, wie sie nun einmal ist.

Nach vier Tagen reißt die graue Wolkendecke endlich auf und die Sonne taucht die Natur in goldenes Licht. In Goroka ist Markttag, und dankbar für jede Abwechslung gehen wir nach dem Frühstück los. Der gesamte Platz steht unter Wasser. Schlamm umspült unsere Schuhe. Die Einheimischen stört das nicht, sie gehen sowieso barfuss. Margit und ich schauen uns ratlos an. Schließlich machen wir es wie die Eingeborenen und ziehen unsere Schuhe kurzerhand aus. Trotzdem ist es nicht ganz einfach, vorwärts zu kommen. Auf dem glitschigen Lehmboden rutschen wir immer wieder aus, deshalb stützen wir uns gegenseitig mit der einen Hand, während wir in der anderen Hand unsere Schuhe balancieren.
Die Mühe lohnt sich. Auf dem Marktplatz tummeln sich Angehörige unterschiedlichster Stämme und Kulturen. Staunend betrachten wir die exotisch anmutende Szenerie und lassen uns von den fremden Gerüchen und den intensiven Farben betören. Besonders die Männer haben sich herausgeputzt, geschmückt und angemalt. Die Frauen tragen meist den traditionellen Lapp Lapp, andere sind lediglich mit einem Grasrock bekleidet. Die meisten Frauen haben ein Baby dabei; wenn es nicht an ihrem ausgemergelten Busen saugt, liegt es friedlich

schlafend in einem großen Bilum, das sie mit einem Knoten befestigt um die Stirn tragen.

Mitten in einer Pfütze steht ein Hochländer und verkauft Gemüse und Früchte. Er ist völlig nackt, nur seinen Penis verdecken ein paar Grasbüschel. Sein Oberkörper ist bunt angemalt, um den Hals trägt er Ketten aus Muscheln und Schweinezähnen. Das Gesicht ist völlig tätowiert. Seine Nase durchbohrt ein großer Holzstab. Ich zücke die Kamera: So eine stolze Erscheinung möchte ich im Bild festhalten. Doch plötzlich geht der Eingeborene mit erhobenen Fäusten auf uns los. Instinktiv ducken wir uns und verschränken schützend die Arme über dem Kopf. Der Mann fuchtelt wild in der Luft herum und brüllt unverständliche Worte. Mir zittern vor Schreck die Knie, und mein Herz pocht wie wild. Ich habe Angst, dass seine riesigen Fäuste jeden Moment auf uns niedersausen könnten. Aus dem Augenwinkel beobachte ich, dass die Freundin kreidebleich neben mir kauert. Später werden wir erfahren, dass ältere Männer sich nicht ablichten lassen. Sie glauben, mit einem Bild werde ihre Seele gestohlen.

Mit drohenden Gebärden deutet der Mann uns schließlich an, von hier zu verschwinden. Diese Chance nutzen wir dankbar. Hals über Kopf ergreifen wir die Flucht, ohne auf unseren Weg zu achten. Ich komme ins Schlittern und rutsche aus. Margit versucht noch, mich mit beiden Händen festzuhalten. Dabei verliert sie beide Schuhe, die auch sofort im Schlamm versinken. Was bleibt uns anderes übrig, als uns auf den Boden zu begeben, und Margits Schuhe wieder aus dem Matsch herauszuwühlen?

Wir geben sicherlich ein komisches Bild ab. Als jede von uns einen Schuh herausgefischt hat, richten wir uns wieder auf – und lassen die Schuhe vor Schreck gleich wieder fallen. Denn in voller Lebensgröße steht urplötzlich ein Huli Wickmann vor uns. Vom Kinn bis zu den Ohren ist er behaart, was ihn recht wild erscheinen lässt. Um die Augen herum hat er dicke rote Kreise gemalt. Der Rest des Gesichtes ist ocker eingefärbt. Von der Stirnmitte bis zur Nasenspitze verläuft ein dicker roter Strich. Die überdimensionierten Metallringe, die an einem langgezogenen Ohrläppchen baumeln, vermitteln den Eindruck, als käme er aus einer anderen Welt. Dazu kommt der perückenartige Kopfschmuck, der ihn als Huli Wickmann kennzeichnet: Er ist aus echtem Menschenhaar gefertigt und mit Federn des Paradiesvogels, Blättern und bunten Blumen geschmückt; die Form erinnert mich an Napoleons Hut. Selten in meinem Leben bin ich so erschrocken. Wir versuchen erst gar nicht, diese Erscheinung abzulichten – zu tief steckt die Reaktion des Hochländers in unseren Gliedern.

Um die Mittagszeit strömen immer mehr Menschen auf den Marktplatz. Wir werden in der Menschenmasse mitgeschoben und können uns kaum noch auf den Füßen halten. Das heillose Durcheinander der verschiedenen Sprachen und Dialekte flößt uns Angst ein. Verzweifelt versuchen wir, uns aus der Masse zu befreien und zur Lodge zurück zu kehren.

Von Goroka haben wir genug gesehen. Wir beschließen, noch einen Abstecher nach Mount Hagen zu machen und versuchen über die Missionsstationen eine Mitfahrgelegenheit zu organisieren.
Gute Straßenverbindungen sind nicht nur im Archipel, sondern auch auf dem Festland spärlich. Hier im Hochland sind die Straßen nur mit Geländefahrzeugen zu bewältigen; öffentliche Verkehrsmittel wie wir Europäer sie kennen, gibt es nicht. Man ist auf private Mitfahrgelegenheiten angewiesen, und sollte gut aufpassen, bei wem man in den Wagen steigt, denn Übergriffe sind in Papua Neuguinea an der Tagesordnung. Diesmal haben wir Pech; wir finden weder bei den katholischen Priestern, noch bei den evangelischen Pfarrern jemanden, der uns die nächsten Tage mitnehmen könnte. Frustriert gehen wir schließlich zum Flughafen und fliegen von Goroka über Port Moresby nach Rabaul zurück.
Wolfgang erwartet uns schon: „Schön, euch wohlbehalten wieder zu sehen", meint er schmunzelnd, „ich dachte schon, ihr seid in irgendeinem Kochtopf gelandet!"
Zwei Tage nach unserer Rückkehr ruft das Auswärtige Amt bei uns an: Ministerpräsident Somare kommt Anfang April zum Staatsbesuch

mit einigen Ministern nach Deutschland. Am 10. April erwartet man uns zum Empfang der hohen Gäste in München. Damit ist unser diesjähriger Heimaturlaub und auch der Termin für Margits Rückkehr nach Wien schon festgelegt, und je näher unsere Abreise rückt, desto ekelhafter ist Wolfgang zu mir. Als er heute nach Hause kommt, rieche ich schon an der Tür seine Alkoholfahne. Ich ignoriere es und frage stattdessen: „Wie war dein Tag?" Er greift nach einem Glas, füllt es mit Whisky und prostet mir mit einem arroganten Lächeln zu. Dann packt er mich barsch am Arm und schreit mich an: „Wer ist der Kerl, mit dem du ein Verhältnis hast?" „Es ist vorbei und daher nicht mehr relevant", sage ich ruhig.
„Im Grunde interessiert es mich nicht", entgegnet er süffisant, „ich möchte nur gern wissen, ob dich ein Kerl unter deinem Niveau gevögelt hat." „Ich heiße doch nicht Wolfgang", entgegne ich kalt und drehe ihm den Rücken zu, damit er meine Tränen nicht sieht.

Die ganze Nacht hindurch hat es geregnet, und jetzt ist die Luft angenehm frisch und klar. Zusammen mit Margit nehme ich das Frühstück auf der Terrasse ein. Torawas kommt die Treppe hoch und legt mir die Tageszeitung auf den Tisch. „Jau save Missis, Archbishop To Paivu is ded pinis now? Katholik Mission get bigpella trouble now." („Wissen Sie schon, dass Erzbischof To Paivu gestorben ist? Die katholische Mission steckt jetzt ziemlich in Schwierigkeiten.")
Ich nehme interessiert die Zeitung zur Hand. Ein mehrseitiger Bericht widmet sich dem Leben und Wirken des Kirchenmannes, denn Erzbischof To Paivu war der ranghöchste Würdenträger der Katholischen Kirche Papua Neuguineas. Er wurde um 1915 herum – das genaue Geburtsdatum kannte nicht einmal er selbst – in einem kleinen Dorf in der Nähe von Rabaul geboren; sein Vater kam aus dem Stamm der Tolais und war mächtigster Mann im Dorf und Mitglied des Tubuan Geheimbundes. To Paivu wurde deshalb schon als kleiner Junge in die Tubuan Secret Society eingeführt. Dort erhielt er auch seinen Namen: „To" bedeutet „Mann", „Paivu" soviel wie „riesig". 1923 erlebte To Paivu als etwa achtjähriger Schüler in Vunapope das von

der katholischen Kirche feierlich inszenierte Begräbnis des damaligen Erzbischofs Couppe mit. Couppe starb in Australien, wurde nach Rabaul überführt und in Vunapope mit allen Ehren beigesetzt: Tausende von Menschen aus aller Welt gaben ihm das letzte Geleit, das feierliche Requiem wurde von zahlreichen Priestern und Bischöfen zelebriert. Die ganze Zeremonie hinterließ bei dem Jungen solch tiefe Eindrücke, dass dieser nur noch einen Wunsch verspürte: Priester zu werden. Dieses Ziel verfolgte er die kommenden Jahre mit Beharrlichkeit und Ausdauer.

Nach dem Vulkanausbruch im Jahr 1938 gründeten die Patres von Vunapope ein Priesterseminar, an dem To Paivu sein Studium aufnahm. Während des Zweiten Weltkriegs besetzten die Japaner Vunapope und nahmen alle Missionare und deren Schüler gefangen. Unter großen Entbehrungen und Widrigkeiten setzte To Paivu im Gefangenenlager sein Studium fort und ließ seinen Traum Wirklichkeit werden: Er wurde Priester. 1974 wurde er zum Bischof von Port Moresby ernannt, bereits 1975 wurde er Erzbischof. Er war bei den Einheimischen dank seiner Herzlichkeit und offenen Gesinnung außerordentlich beliebt und wurde als Kirchenmann in aller Welt geschätzt. Nun soll auch ihm ein prunkvolles Begräbnis bereitet werden; neben den Würdenträgern der Kirche und führenden Politikern werden sogar Vertreter des Vatikans erwartet.
Während allerdings die katholische Kirche eine pompöse und ehrenvolle Trauerfeier plant, fordern die Tolais nachdrücklich die Herausgabe des Leichnams, um To Paivu gemäß den hiesigen Sitten und Gebräuchen zu bestatten. Ein großer Mann, der schon als Kind der Tubuan Secret Society angehörte, muss von den Männern seines Dorfes zu Grabe getragen werden, um die Geister der Ahnen bei guter Laune zu halten.

In den folgenden Tagen gibt es ein regelrechtes Tauziehen um den Leichnam To Paivus. Die Kirche lässt den verstorbenen Erzbischof an einem geheimen Ort streng bewachen, bleibt kompromisslos und argumentiert, ein großer Kirchenmann müsse ein christliches Begräbnis bekommen und dürfe nicht nach heidnischen Bräuchen in der Erde verscharrt werden. Die Tolais halten dagegen, To Paivu sei immer noch ein Angehöriger ihres Stammes und müsse in seinem Geburtsort die letzte Ruhe finden, damit seine Seele im Reich der Toten endlich Frieden habe.

Drei Tage später titelt die Zeitung: „To Paivus Leichnam gestohlen". Zum Entsetzen der Kirche scheint es den Tolais tatsächlich gelungen zu sein, den Leichnam des Erzbischofs zu entwenden. Und trotz intensiver Suche bleibt er zunächst verschwunden. In To Paivus Geburtsdorf beginnen inzwischen die Feierlichkeiten mit Duk Duk-Tänzen und Gesängen. Zweifellos nimmt man hier Abschied von To Paivu. Schließlich kommen auch einige Priester aus Vunapope dazu, um dem Erzbischof die letzte Ehre zu erweisen. Für die katholische Kirche ist das Geschehen ein Albtraum, den sie zähneknirschend hinnehmen muss. Bei Tagesanbruch versammeln sich die Männer des Dorfes, um den Toten nach alter Sitte für sechs Wochen in den Busch zu begleiten.

Am Tag unserer Abreise nach Deutschland hat Margit Tränen in den Augen. Sie verabschiedet sich von den Mädchen, von Torawas und Joyce. Sie haben uns alle zum Flughafen begleitet, und der Abschied fällt meiner Freundin nun doch sichtlich schwer. Als wir am Gate noch einmal zurückwinken, sind ihre Augen vom vielen Weinen gerötet.
Unser erster Stopp ist Port Moresby. Dort empfangen uns der deutsche Botschafter und seine Frau – und Hendrik steht lächelnd neben ihnen. Ich bekomme sofort weiche Knie, als ich ihn sehe. Ich hatte nicht damit gerechnet, dass er hier sein würde, und ich ihm unter Wolfgangs Augen entgegentreten muss. Als er mich begrüßt, sind meine Hände feucht. Ich hoffe, dass niemand meine Nervosität bemerkt. „Ich nehme an, das ist Ihre Freundin aus Wien!", sagt Hendrik galant und geht auf Margit zu. „Schön, Sie auch einmal kennen zu lernen!" Ich hätte es nie für möglich gehalten, dass er ein so perfekter Schauspieler ist. Margit, die die Konstellation bislang nicht durchschaut hat,

reicht ihm die Hand. In diesem Moment fällt auch bei ihr der Groschen. Sie kannte Hendrik bislang ja nur aus meinen Erzählungen. „Ganz meinerseits", stammelt sie verlegen und wird rot bis hinter die Ohren. Wir gehen zusammen essen, und Hendrik sitzt mir am Tisch gegenüber. Krampfhaft versuche ich, seinem Blick auszuweichen. Was für eine unsägliche Situation! Ich entspanne mich erst, als wir auf der Terrasse noch eine Tasse Kaffee trinken.
Hendrik fährt uns zum Flughafen zurück. Höflich nimmt er mir den Koffer ab. Als sich unsere Hände dabei flüchtig berühren, ist es, als würde mich ein Stromschlag treffen. Erschrocken weiche ich einen Schritt zurück. Als wir uns verabschieden, flüstert er mir ein „Kopf hoch!" ins Ohr. Da Wolfgang damit beschäftigt ist, unser Gepäck einzuchecken, merkt er zum Glück nicht, dass mir die Tränen in die Augen steigen. „Ich wünsche euch einen guten Flug. Und grüßt mir die Heimat!", ruft Hendrik uns noch nach, als wir die Passkontrolle passieren.

Von Port Moresby aus geht es weiter Richtung Manila. Beim Betreten der Maschine herrscht das übliche Gedränge, und es dauert, bis alle Passagiere ihre Plätze eingenommen haben und das Handgepäck verstaut ist. Da Wolfgang drei leere Plätze in der Economy erspäht hat, und sich sogleich zum Schlafen niederlegt, sitzt Margit in der ersten Klasse neben mir. Gut gelaunt bestellen wir beiden Frauen nach dem Start eine Bloody Mary, stoßen auf unsere langjährige Freundschaft an und lassen das ungeplante Zusammentreffen mit Hendrik Revue passieren.
Plötzlich entsteht ein Tumult vor der ersten Klasse. Wir hören Schreie, Menschen rufen durcheinander, die Stewardessen eilen hinzu. „Eine Entführung", ist mein erster Gedanke, und ich drehe mich um. Um so erstaunter bin ich, als ich bemerke, dass es Wolfgang ist, der aus der Rolle fällt. Zwei Männer versuchen, ihn festzuhalten, doch er drängt sich durch den Gang auf mich zu: „Sag mir sofort, welcher Kerl dich in Deutschland erwartet!", schreit er mich an. Ich kann gar nichts sagen, so verdutzt bin ich. „Ich zähle bis drei. Wenn du es dann nicht

sagst, springe ich aus dem Flugzeug!", warnt er mich. Um seine Drohung zu unterstreichen, wankt er auf den Notausgang zu. Ich versuche erst gar nicht, ihn daran zu hindern; das übernehmen die beiden Männer, die ihn schon vorher in Schach zu halten versuchten. Sie bugsieren ihn auf seinen Sitz zurück und legen ihm den Sicherheitsgurt um. Wolfgang tobt derweil weiter.
Margit findet als erste die Sprache wieder. „Oh Gott", sagt sie mit ernster Miene, „stell dir vor, es wäre Wolfgang tatsächlich gelungen, die Tür zu öffnen. Dann wärst du jetzt auch Witwe." Bei dieser Vorstellung müssen wir beide lachen, obwohl uns dieser Zwischenfall natürlich unendlich peinlich ist.

Ohne weitere Zwischenfälle landen wir schließlich in Manila. Jedes Mal, wenn ich diese Stadt betrete, kommt die Erinnerung an meinen Selbstmordversuch wieder in mir hoch und schnürt mir vor Angst die Luft ab. Doch diesmal ist meine Sorge unbegründet. Wolfgang zeigt kein Interesse, sich allein ins Nachtleben zu stürzen. Stattdessen sitzen wir noch spät am Abend mit Freunden zusammen und plaudern. In dieser Nacht kommt Wolfgang zu mir ins Bett. Obwohl ich keinerlei Lust habe, schlafe ich mit ihm; ich versuche einfach, jedem Konflikt aus dem Weg zu gehen.

Über Hongkong und Neu Delhi fliegen wir nach Frankfurt. Dort muss ich von Margit Abschied nehmen. Es tut weh. Das letzte halbe Jahr hat uns beide eng zusammengeschweißt, und als ich mich in der Abflughalle noch einmal umdrehe, sitzt Margit so verloren auf ihrem Koffer, dass es mir einen Stich ins Herz versetzt. Ich laufe zurück und nehme die Freundin weinend in die Arme. „Falls dir die Decke auf den Kopf fällt, weißt du, dass du immer und jederzeit bei uns willkommen bist", sage ich zu ihr. Dann müssen wir uns beeilen, um unseren Anschlussflug nach München zu erreichen.

Wir landen pünktlich, und ich freue mich unbändig auf Thorsten, der uns abholen soll. Doch vor der Schranke steht nicht unser Sohn, sondern Kurt, ein Freund meines Mannes. Als wir uns begrüßen, schlägt mir seine Alkoholfahne entgegen. Ich überlege kurz, ob ich überhaupt zu einem Betrunkenen ins Auto steigen soll. Da ich keinen Streit provozieren möchte, schlucke ich meinen Ärger hinunter und mache gute Miene. Gott sei Dank verläuft die Fahrt nach Hause ohne nennenswerte Zwischenfälle.

Zuhause erwartet uns Thorsten. Voller Stolz schaue ich ihn an: Der schlaksige Teenager hat sich zu einem gut aussehenden jungen Mann entwickelt. Überglücklich nehme ich ihn in die Arme. Wir haben uns sofort viel zu erzählen, und deshalb ist es mir nur Recht, dass sich Wolfgang und Kurt in die Küche zurückziehen.

Petra ruft zwischendurch an und entschuldigt sich, dass sie vorerst nicht kommen kann. Es tut mir weh, aber ich verstehe auch, dass sie von ihrem letzten Besuch bei uns noch genug hat.

Als ich später in die Küche gehe, finde ich Wolfgang und Kurt volltrunken mit einer leeren Whiskyflasche vor. „Was gibt's?", lallt mein Mann. „Ich denke, es ist Zeit, dass Kurt nach Hause und wir zum Essen gehen!", schlage ich vor. „Kurt hat Zoff mit seiner Frau und wird heute Nacht hier bleiben!", erklärt Wolfgang. „Mach dir keine Umstände, ich bin mit dem Sofa zufrieden", sagt Kurt mit schwerer Zunge. Wütend ziehe ich meine Jacke an. Mir ist der Appetit vergangen, ich habe keine Lust, mit zwei betrunkenen Männern ins Restaurant zu gehen. Aber Thorsten ist auch noch da, deshalb schlucke ich meinen Ärger hinunter und schließe mich an. Die beiden Herren bestellen im Lokal sogleich weiteren Whisky und lassen sich lautstark über Kurts Frau Eva aus. „Wenn du zum Weibe gehst, vergiss' die Peitsche nicht", zitiert Wolfgang lautstark Nietzsche. Thorsten und mir ist ihr Gebaren derart peinlich, dass wir die Pizza stehen lassen und nach Hause gehen.

Als Kurt am nächsten Morgen seinen Rausch ausgeschlafen hat, plagt auch ihn das schlechte Gewissen. Mit einem großen Blumenstrauß kehrt er zu seiner Frau zurück.

Unser Heimaturlaub scheint von Anfang an unter einem schlechten Stern zu stehen. Die Atmosphäre zwischen Wolfgang und mir ist derart vergiftet, dass Thorsten die Flucht ergreift und einige Tage später nach Salem zurückkehrt. Es tut mir in der Seele weh. Weshalb können wir kein normales Familienleben führen?

Am Wochenende sind Wolfgang und ich bei Eva und Kurt am Chiemsee eingeladen. Ich habe eigentlich keine Lust hinzufahren; wider Erwarten wird es aber dann doch sehr schön. Das Wetter ist traumhaft, kein Wölkchen trübt den strahlend blauen Himmel über uns, und Eva hat den Kaffeetisch im Garten gedeckt. Die Zeit vergeht wie im Flug, wir unterhalten uns angeregt, und auch Wolfgang genießt den Nachmittag. Mit keinem Wort wird der Ehekrach vom vergangenen Wochenende erwähnt.
Als die Sonne untergegangen ist, wird es empfindlich kühl; wir flüchten ins Haus und lassen den Abend bei einer deftigen Brotzeit und vor dem prasselnden Kaminfeuer ausklingen.
Am nächsten Morgen lockt uns die warme Frühlingssonne in die Berge. Wir wandern hoch zu einer Alm und kommen dabei ganz schön ins Schwitzen. Ich genieße den Blick hinauf zu den majestätischen Gipfeln, zu unseren Füßen der Chiemsee, um uns herum blühende Wiesen und das vertraute Gebimmel der Kuhglocken. Inmitten der Natur gelingt es mir, Abstand zu gewinnen und meinen inneren Frieden zu finden. Während Wolfgang, Eva und Kurt die nächste Hütte ansteuern, bitte ich um eine kurze Auszeit. Ich folge einem verschlungenen Pfad, der mich auf eine bunte Blumenwiese führt. Dort lege ich mich ins Gras und schließe die Augen. Im Tal läuten die Glocken der Kirche. Ich fühle mich eins mit der Natur, atme die reine und klare Bergluft. Es tut gut, allein zu sein.
Eva reißt mich wenig später aus meinen Träumen: „Wo bleibst du denn, wir haben bereits das Essen bestellt!", sagt sie mit einem vorwurfsvollen Ton in der Stimme. Ich erhebe mich. „Dann lass uns gehen", stimme ich zu, und folge ihr zur Hütte. Kaum sitzen wir am Tisch, kommt auch schon das Essen. Wolfgang hat netterweise für mich mit bestellt. Wir lachen viel an diesem Nachmittag, und kehren zu später Stunde gut gelaunt ins Tal zurück.

Eilig verabschieden wir uns von den Freunden; wir wollen noch vor Einbruch der Dunkelheit zurück sein. Auf dem Nachhauseweg lege ich Wolfgang die Hand aufs Knie. „Es war ein traumhaftes Wochenende", sage ich zärtlich. Wolfgang fährt auf den nächsten Parkplatz und hält an. Er wendet sich mir zu und sieht mir tief in die Augen: „Bitte sag' mir doch endlich, wer dein Liebhaber ist", sagt er verzweifelt. „War", korrlgiere ich.
„War es etwa doch der Herr Wengler?", fragt er mich plötzlich direkt. Diese Frage trifft mich völlig unvorbereitet, deshalb nicke ich verstört mit dem Kopf. Wolfgang holt aus und schlägt mir mit der flachen Hand ins Gesicht. „Mich betrügt man nicht!", schreit er böse, „schreib' dir das für die Zukunft hinter die Ohren!" Dann gibt er Gas und fährt zurück auf die Autobahn.

Ich fühle mich erbärmlich, gedemütigt, hilflos und ausgeliefert. In den kommenden Tagen gehe ich Wolfgang, wann immer es möglich ist, aus dem Weg. Wir wechseln kein Wort miteinander.

Am darauf folgenden Wochenende muss ich mein Schneckenhaus verlassen, denn wir sind vom deutschen Botschafter zum Dinner eingeladen. Lustlos mache ich mich zurecht, schweigend sitze ich neben Wolfgang im Auto. Dann atme ich erleichtert auf, als ich feststelle, dass nicht Wolfgang, sondern der papuanische Botschafter Sir Ilinome Tanua mein Tischnachbar ist; er ist eigens wegen des Staatsbesuches von Ministerpräsident Somare aus London angereist.
Der anfangs wortkarge Mann taut nach dem zweiten Glas Wein richtig auf und entpuppt sich als charmanter Gesprächspartner.
„You won't believe it, but I tell you the truth", beginnt er zu erzählen und grinst dabei über das ganze Gesicht. Vor vier Wochen, so schildert er, war er zu einer Brauereieröffnung auf East New Britain eingeladen. Zu diesem besonderen Ereignis waren Stammesfürsten aus allen Provinzen des Landes angereist. Das Bier floss in Strömen. Vor Sir Ilinome saß ein wild aussehender Eingeborener auf dem Boden; er war fast nackt und nur mit einem Grasrock bekleidet. Nach jedem

Schluck des leckeren Gerstensaftes fuhr er sich mit der Hand genüsslich über den Mund. „I asked him: You likim dispella Beer?", erzählt Sir Ilinome. „Mi likim dispella Beer too much", lallte der angetrunkene Eingeborene zufrieden, „but mi no likim dispella something Biskuit!", erklärte er dann und zog einen aufgeweichten Bierdeckel aus dem Mund. Bei der Vorstellung muss ich so herzhaft lachen, dass die anderen Gäste sich nach uns umdrehen.

An der Seite des Botschafters amüsiere ich mich an diesem Abend köstlich. Gegen 23 Uhr löst sich die Gesellschaft auf, und Wolfgang steuert die Bar an. Dort warten bereits einige Kollegen, und auch Sir Ilinome gesellt sich dazu. Als er mich entdeckt, freut er sich aufrichtig und lädt mich ein, neben ihm Platz zu nehmen. Auf meinen Wunsch hin bestellt er eine Bloody Mary. „Do you like it here in Germany?", frage ich ihn. „With such a charming lady beside me, I certainly enjoy it very much!", erklärt er. „It was a great evening!" Wie gut dieses Kompliment meiner angeschlagenen Seele tut!

Weit nach Mitternacht machen wir uns auf den Heimweg. Wolfgang überlässt mir die Autoschlüssel, obwohl ich eigentlich auch nicht mehr ganz fahrtüchtig bin. Aber wir kommen gut zuhause an. Kaum habe ich die Wohnungstür aufgeschlossen, fasst Wolfgang mich grob am Arm: „Ich habe Lust auf dich!", flüstert er mir heiser ins Ohr. Dabei rieche ich seine Alkoholfahne. „Ich mache mich nur ein bisschen frisch und bin in fünf Minuten bei dir!", erkläre ich bestimmt. Nach 20 Minuten dringt sein gleichmäßiges Schnarchen an mein Ohr. Ich bin froh, dass dieser Kelch an mir vorübergegangen ist, nehme noch zwei Aspirin und lege mich in Thorstens Bett. Morgen früh um zehn müssen wir am Flughafen bereit stehen, um den Papuanischen Ministerpräsidenten mit Familie in Empfang zu nehmen.

Am nächsten Tag sieht man Wolfgang – ganz im Gegenteil zu mir – die durchzechte Nacht nicht an. Mit den honorigen Gästen vom Vorabend warten wir gemeinsam am Rande des Rollfelds auf die Maschine aus Frankfurt. Als Ministerpräsident Michael Somare, gefolgt von einer 15köpfigen Delegation, mit seiner Frau und seinen beiden Kindern die Maschine verlässt, sind wir alle etwas nervös. Nach der Begrüßung verteilen wir uns – streng nach Protokoll – auf die bereitstehenden Limousinen. Ich sitze zusammen mit der Frau des Außenministers und Somares Sohn im zweiten Wagen, vor uns Somares Frau mit Tochter und die Frau des deutschen Botschafters, hinter uns im Wagen der Ministerpräsident und der deutsche Botschafter. Im vierten Wagen sitzt Wolfgang zusammen mit dem Botschafter und dem Außen- und Handelsminister.

Nach einer knappen Stunde Fahrt erreichen wir den Tegernsee. Das Wasser glitzert silbern im Sonnenschein, um uns herum erheben sich die schneebedeckten Gipfel. „How beautiful!", rufen unsere Gäste bei diesem wirklich märchenhaften Anblick begeistert.

Die nächsten Tage werden Somare und seine Familie hier in der Nähe untergebracht sein, und wir begleiten sie beim offiziellen Programm und allen Empfängen.

Am dritten Tag sind die Herren in Augsburg eingeladen, und ich bin für die Unterhaltung der Damen zuständig. „Jumi likim going shopping!", erklären mir Somares Frau und Tochter mit ihrem Gefolge. Draußen regnet es und es ist ungemütlich kalt, deshalb beschließe ich, mit der ganzen Gesellschaft ins Olympia-Einkaufszentrum zu fahren. Die Damen steuern sofort auf die großen Kaufhäuser zu und probieren mit ausdauernder Leidenschaft Kleider, Mäntel, Blusen und Röcke an, während ich vor den Kabinen auf einem Sessel sitze und über die Handtaschen wache. „You are looking smart!" oder „This looks nice!", berate ich hin und wieder, und freue mich darüber, wieviel Spaß meine Gäste mit dem europäischen Kleidungsstil haben.

Plötzlich steht Frau Somare vor mir und bittet: „Mi likim going lik lik house, Inge!" Fragend schaue ich sie an. "Mi likim going lik lik house!", wiederholt sie eindringlich. „Lik lik house", überlege ich fieberhaft, „was könnte das ein?" Mit verzweifeltem Gesichtsausdruck schaut mich die Arme an und tritt nervös von einem Fuß auf den anderen. Ich habe keine Ahnung, was sie möchte, aber ihrem Benehmen nach muss es etwas sehr Wichtiges sein. „Mi likim going lik lik house now!", betont sie noch einmal. Schweißperlen sammeln sich auf meiner Stirn. Wie kann ich ihr nur helfen? „Lik lik" bedeutet klein, fällt mir in diesem Moment ein. Vielleicht sind ihr die Kaufhäuser zu groß, und sie möchte lieber in einem kleinen Laden einkaufen? Aber dann diese dringliche Beharrlichkeit? Ich schaue sie an, und plötzlich fällt es mir ein: Die Dame möchte zur Toilette! Ich nehme sie bei der Hand und wir sausen los, gerade noch rechtzeitig, wie mir scheint.

Die Tage sind angefüllt mit Terminen, ein Empfang folgt dem Nächsten. Während die Herren heute beim Bayerischen Ministerpräsidenten vorsprechen – Wolfgang trägt zu diesem Anlass einen dunklen Nadelstreifenanzug, der dem Sekretär Somares soviel Respekt einflößt, dass ihn dieser nur noch mit „Your Excellenci" anspricht –, machen sich die Damen für das Nationaltheater schick. Dort wird am Abend Schwanensee gegeben; ich halte das für eine weniger gute Idee, aber die Frau des deutschen Botschafters legt großen Wert auf diesen Programmpunkt. Vorher wollen wir allerdings noch die Sehenswürdigkeiten Münchens begutachten und einen Spaziergang durch die Innenstadt machen.

Durch das Laufen in ungewohntem Schuhwerk sind die Papuas nach unserem Stadtrundgang müde, zudem haben sich an ihren Füßen schmerzhafte Blasen gebildet. Besonders zu leiden hat die schwergewichtige Protokollchefin Somares, Lorna Brown. Sie bewegt sich nur noch hinkend vorwärts. Ich kann sehr gut nachempfinden, dass die Damen das abendliche Ballett herbeisehnen, um endlich sitzen zu dürfen.
Die Freude ist groß, als uns ein zuvorkommender Herr zu unseren Plätzen in der Ehrenloge geleitet. Erschöpft lässt sich Lorna Brown in den weichgepolsterten Sessel fallen, dann zieht sie sofort die Schuhe aus und legt die Füße hoch – unglücklicherweise auf die Lehne des Vordermannes. Ich erkenne in ihm ein Mitglied des englischen Königshauses, wage aber nicht, einzuschreiten. Während die Tänzer

die Bühne betreten, packen Papuas vornehme Damen die Weintrauben aus, die sie an einem Obststand erworben haben, und verspeisen diese genüsslich. Die weniger schmackhaften Kerne geruhen sie geräuschvoll auszuspucken. Begeistert spenden sie immer wieder Applaus, ohne jedes Mal den richtigen Zeitpunkt abzuwarten. Und es dauert auch nicht sehr lange, da nicken zwei unserer Gäste vor Erschöpfung ein und tun dies durch lautes Schnarchen den restlichen Theaterbesuchern kund.

Wütend kommt der kürzlich noch so zuvorkommende Platzanweiser auf mich zu und bittet mich nach draußen. „Was sind das nur für ungehobelte Wilde?", legt er los. „Moment bitte, bei mir sind Sie an der falschen Adresse", stoppe ich seine Rede und verweise ihn an Frau von Sänger, denn schließlich war der Theaterbesuch ihre Idee. Die Frau des Botschafters kehrt nach wenigen Minuten in die Loge zurück, redet kurz auf Lorna ein und verlässt dann mit ihr im Schlepptau diesen vornehmen Ort; man hat auf dem obersten Rang noch ein Plätzchen für sie gefunden.

Nach der Vorstellung ernten die Darsteller tosenden Beifall, und Berta Somare mag sich gar nicht vom Theater loseisen. Gut gelaunt fahren wir zurück an den Tegernsee, wo uns die Männer bereits erwarten. An diesem Abend nimmt mich Lorna zur Seite. „Warum musste ich eigentlich die Loge verlassen?", fragt sie mich. „Es gefiel mir dort eigentlich recht gut!" - „Bei uns in Deutschland ist es unüblich, im Theater die Schuhe auszuziehen", erkläre ich ihr. „Es ist vor allem unverzeihlich, wenn man anschließend die Füße über die Stuhllehne des Vordermannes legt, und dieser ein Angehöriger des englischen Königshauses ist." – „Ich befürchtete schon, ich hätte etwas Schlimmes angestellt!", lacht Lorna erleichtert. „Da sieht man mal wieder, wie humorlos die Engländer sind!"

Eine Woche später fahren Wolfgang und ich zur Beerdigung meines Schwiegervaters nach Siegen. Zu Lebzeiten tyrannisierte dieser Mann die ganze Familie, deshalb überrascht es mich nicht, dass die Trauerfeier eher einem fröhlichen Beisammensein der Familie gleicht.

„Jetzt möchte ich 100 Jahre alt werden", verkündet meine Schwiegermutter gut gelaunt.

Wenige Tage darauf fahren wir zu Thorstens Abiturfeier an den Bodensee; er hat seine Reifeprüfung mit der Note 2 bestanden. Als ich ihm helfe, seine Sachen einzupacken, bin ich aber vor allem froh, dass er diese Zeit gut hinter sich gebracht hat. Nun stehen ihm 18 Monate Bundeswehr bevor, aber Thorsten lacht darüber: „Mutti, mach dir keine Sorgen", tröstet er mich. „Ich habe so viele Jahre Salem überlebt, mir macht das Militär keine Angst!"

Am Abend vor unserer Abreise nach Papua Neuguinea haben wir Freunde zum Essen eingeladen. Pünktlich um 19 Uhr treffen die Gäste ein, nur Wolfgang ist noch unterwegs. Ich wundere mich, wo er wohl bleiben mag. Im Ofen brutzelt der Braten vor sich hin, die Knödel sind fertig, das Gemüse schön bissfest. Eigentlich könnten wir essen, wenn nur der Gastgeber endlich erscheinen würde.
Ich versuche, gute Miene zu machen, bitte unsere Gäste ins Wohnzimmer und reiche zur Begrüßung einen Cocktail. Es wird halb acht, ohne dass Wolfgang von sich hören lässt. Die Situation ist mir unendlich peinlich. „Wir fangen mit dem Essen an, bevor es völlig verkocht ist", schlage ich schließlich vor, und bitte alle zu Tisch. Wir sitzen noch nicht lange, als sich jemand draußen an der Tür zu schaffen macht. Wolfgang versucht vergeblich, den Schlüssel ins Türschloss zu stecken. Ich fühle die mitleidigen Blicke der Anwesenden auf mir und werde feuerrot. Schließlich stehe ich auf und lasse meinen Mann herein. „Entschuldigt bitte meine Verspätung", lallt er mit schwerer Zunge. „Ich hatte meine Aktentasche im Büro vergessen und musste auf halbem Weg umkehren." An seinem Hemd leuchten Spuren von knallrotem Lippenstift. „Der Reißverschluss deiner Hose steht offen", bemerkt sein Freund trocken. „Wo rohe Kräfte sinnlos walten, da kann kein Knopf die Hose halten", antwortet Wolfgang mit einem Grinsen. Die Situation ist mir unendlich peinlich, aber ich möchte ihm im Beisein unserer Gäste keine Szene machen.

Wir sind zurück in Rabaul. Draußen prasselt der Regen aufs Vordach, und ich bin gerade dabei, den Tisch zu decken. Heute Abend erwarten wir Gäste; Sam Piniau, Wolfgangs engster Mitarbeiter, hat während unserer Abwesenheit geheiratet und möchte uns seine junge Frau vorstellen.

Doris ist mir auf Anhieb sympathisch. Allerdings wirkt sie den ganzen Abend sehr bedrückt; sie beteiligt sich kaum an unserer angeregten Unterhaltung und stochert appetitlos im Essen herum. Als sich die Männer mit einer Flasche Whisky zurückziehen, lasse ich eine Flasche Wein und Knabbereien ins House Wind bringen und setze mich mit Doris in den Pavillon. Beim Schein von Kerzen nehme ich meinen ganzen Mut zusammen: „Du siehst nicht gerade wie eine glückliche Braut aus; willst du mir nicht erzählen, was dich bedrückt?", frage ich sie ganz direkt. Doris bricht sofort in Tränen aus. „Was ich dir erzähle, muss unter uns bleiben", bittet sie mich. Ich nehme sie spontan in den Arm. Sie wirkt wie ein Häufchen Elend. „Ich habe panische Angst", gesteht sie mir, „aber ich kann nicht mit Sam darüber reden. Ich liebe ihn, an seiner Seite fühle ich mich sehr wohl. Alles könnte perfekt sein, wenn ich eine Tolai wäre." Ich stutze und sehe Doris fragend an. „Wo ist das Problem? Aus welchen Stamm kommst du?"

„Ich bin eine Baining", erklärt sie mir. „Und eigentlich hielt ich mich immer für weltoffen und selbstbewusst genug, um mit jeder Situation fertig zu werden", fährt sie fort. „Ich habe in Australien meine Ausbildung zur Krankenschwester gemacht und dort anschließend drei Jahre in meinem Beruf gearbeitet. Anschließend ging ich nach Rabaul, wo ich seit einem Jahr im hiesigen Krankenhaus arbeite und Sam kennen lernte. Aus Liebe zu ihm zog ich nach unserer Hochzeit in sein Dorf. Aber für die Einheimischen bin ich eine unheimliche Fremde, mit der man besser nichts zu tun hat. Die einen beäugen mich argwöhnisch, die anderen gehen mir aus dem Weg, wo sie nur können oder ignorieren mich, wenn ich irgendwo auftauche und schweigen, wenn ich grüße oder eine Frage stelle. Sam ahnt nichts von meinen Problemen. Dabei spitzt sich die Lage von Tag zu Tag mehr zu. Vor einigen Tagen verletzte sich ein Dorfbewohner mit dem Beil am Bein.

Er wäre verblutet, hätte ich nicht das Bein abgebunden und verarztet. Jetzt redet man hinter meinem Rücken, ich würde mit dem Teufel im Bunde stehen und Gott ins Handwerk pfuschen. Ich habe Angst", schließt sie traurig.

„Du musst mit Sam sprechen, unbedingt!", rede ich Doris ins Gewissen. „Sam ist einer von ihnen, nur er kann hier etwas ausrichten." Ich bearbeite Doris so lange, bis sie mir in die Hand verspricht, mit ihrem Mann darüber zu reden.

Doris' Geschichte lässt mir keine Ruhe. Ich liege lange wach und denke über ihr Schicksal nach; am nächsten Morgen rede ich mit Wolfgang darüber, weil ich mir von ihm Hilfe oder einen Rat erhoffe.

„Halte dich da raus!", empfiehlt er mir. „Sam ist schließlich der Leader des Dorfes, er wird wissen, wie er Doris beschützen kann." Damit ist die Sache für Wolfgang erledigt. Ich aber kann mich mit diesem Gedanken nicht zufrieden geben. Zu gut kenne ich die Einheimischen. Wenn sie jemanden nicht in ihre Dorfgemeinschaft integrieren wollen, können sie unberechenbar sein. Ich denke an Semi und an den Mann, der auf New Ireland verzaubert auf der Krankenstation lag und innerhalb einer Woche verstarb. Ich werde Doris am Wochenende in ihrem Dorf besuchen. Mein Gefühl sagt mir, dass sie meine Hilfe braucht.

Ich komme zu spät. Als ich das Dorf erreiche, ist Doris nicht mehr am Leben. Hinter vorgehaltener Hand tuschelt man über den plötzlichen Tod der jungen Frau. Das Wort „Magic" fällt immer wieder, „someone made magic", flüstern die Kanaken. „Meine Frau ist gestorben", sagt Sam fassungslos. Mehr ist aus ihm nicht herauszubekommen. Mit dem Gefühl der Ohnmacht und Verzweiflung fahre ich zurück nach Rabaul.

Doris' Tod nimmt mich sehr mit. Tagelang streife ich ziellos durchs Haus, und die Gedanken an die junge Frau lassen mich nicht los. Obwohl wir uns nur wenige Stunden kannten, waren wir uns sehr nahe gekommen. Ich hatte sie schnell ins Herz geschlossen und kam doch zu spät, um ihr zu helfen.

Um mich abzulenken, fahre ich ans Meer zum Schnorcheln. Vor einer herrlichen Lagune liegt ein ausgedehntes Riff. Es ist einer meiner Lieblingsplätze; hierher komme ich immer dann, wenn mich negative Gedanken plagen oder mich etwas sehr bedrückt.
Wieder einmal lasse ich mich von der Farbenvielfalt und Pracht der Unterwasserwelt faszinieren. Nach einiger Zeit tauche ich auf und schwimme zu einem Felsen, der mitten im Wasser steht. Ich klettere hoch und genieße die Stille um mich herum, die hin und wieder nur von einem für mich undefinierbaren Piepen unterbrochen wird. Und plötzlich sehe ich ihn: Ein Delphin schwimmt direkt auf mich zu. Kaum wage ich zu atmen. Mit seinen kleinen Augen schaut er mich neugierig an. Dann stupst er mich mit seiner Nase am Fuß, so als wolle er sagen: „Komm spiel mit mir!" Langsam zieht er seine Kreise im Wasser und irgendwann schwimmt er davon. Meine Aggressionen sind wie weggeblasen. Es gibt auch zauberhafte Momente, die ich in diesem Land erleben darf.

Ein großes Ereignis naht: Papua Neuguinea feiert zehn Jahre Unabhängigkeit, und die ganze Nation scheint Kopf zu stehen. Politiker und Botschafter aus aller Herren Länder sind zu diesem Fest geladen, die Feierlichkeiten sollen vier Tage andauern. Auch wir haben eine Einladung als Staatsgäste der Regierung in Port Moresby erhalten und sind mit Vorbereitungen beschäftigt, denn Wolfgang organisiert im Rahmen der Feierlichkeiten ein Symposium zum Thema „Independence Achivements – Past, Presence and Future". Als Gastredner konnte er Ministerpräsident Michael Somare gewinnen. Ich kümmere mich um die organisatorischen Dinge und bin von früh bis spät im Büro beschäftigt. Während ich an die dreihundert Einladungen eintüte, klingelt das Telefon. Die Vorsitzende unseres Golfclubs ist dran und hat scheinbar Lust auf ein kleines Pläuschchen. Ich aber bin mit Gedanken mitten in meiner Arbeit und möchte die noch vor mir liegenden Aufgaben endlich zu einem Abschluss bringen. „Inge, komm doch morgen früh um elf im Clubhaus vorbei!", lädt sie mich schließlich ein. „Sei mir nicht böse, aber das passt mir im Moment überhaupt nicht in den Kram! Ein andermal gerne", gebe ich ihr zu verstehen. „Es dauert bestimmt nicht lange, bitte komm doch, wir brauchen dich! Also dann bis Morgen!", sagt sie, und bevor ich noch etwas einwenden kann, hat sie schon den Hörer aufgelegt.

Ich habe keine Lust auf diese Zusammenkunft, deren tieferer Sinn mir verschlossen bleibt. Hat Stefanie am Telefon eigentlich erwähnt, warum wir uns treffen? „Wir brauchen dich!", hat sie gesagt, und deshalb fahre ich hin, wenn auch unlustig.

Auf dem Parkplatz stehen für einen gewöhnlichen Donnerstag Vormittag erstaunlich viele Autos. Als ich Richtung Clubhaus gehe, dringt trotzdem kein Laut an mein Ohr. Ich drücke die Tür auf. „Surprise, surprise", ruft plötzlich die ganze versammelte Damenriege, und irgend jemand drückt mir, die ich verdutzt stehen bleibe, ein Glas Sekt in die Hand. Mitten in der Menge entdecke ich Lady Stella, die ihr Glas erhebt und um Ruhe bittet.

„Dear Inge, we are very proud of you!", sagt sie ernst. Ich bin völlig verblüfft. Was geht hier vor sich? Kann es sein, dass es sich um ein Versehen handelt? Mein Geburtstag ist erst im April, und ein Golfturnier habe ich auch nicht gewonnen. Trotzdem applaudieren mir alle, und ich sehe in strahlende Gesichter. Schließlich drückt mir Lady Stella eine Sonderausgabe der hiesigen Zeitung in die Hand. Ich starre auf die Buchstaben, und es dauert eine ganze Weile, bis ich deren Sinn ganz erfassen kann. Ich mag es kaum glauben, aber hier steht es schwarz auf weiß:

The Medal issued to commemorate
the Tenth Anniversary of Independence of Papua New Guinea
16. September 1975 – 16. September 1985
Kingsford Oibela Governor
General of Papua New Guinea
has decided to reward the persons who stood up for our country with the above mentioned distinction. The decorated persons are:

Dann folgt eine Reihe von Namen, und, ich kann es kaum fassen, auch mein Name steht dort. Ich soll tatsächlich für meine Verdienste um das Land Papua Neuguinea die Unabhängigkeitsmedaille erhalten. Es ist unglaublich. Lady Stella hält eine kleine Ansprache, allerdings bin ich so aufgeregt, dass ich ihr inhaltlich gar nicht folgen kann. Nur ein Satz bleibt mir im Gedächtnis: „Inge macht keinen Unterschied zwischen Arm und Reich; für sie zählt nur der Mensch."

Vier Wochen später fliegen wir zu den Feierlichkeiten nach Port Moresby. Ich freue mich wie ein kleines Kind über die Ehre, die mir mit der Verleihung der Medaille zuteil wird. Da wir Staatsgäste sind, werden wir von Mitarbeitern des Ministerpräsidenten abgeholt und in unser Hotel gebracht. Dort wimmelt es nur so von Sicherheitsbeamten, selbst vor unserer Zimmertür hat man einen postiert.
Am Freitag holen Wolfgang und ich die deutsche Delegation persönlich vom Flughafen ab. Mit der gleichen Maschine kommt auch der papuanische Botschafter, Sir Illionome, aus London. Er freut sich aufrichtig, mich zu sehen.
Am Abend hat der deutsche Botschafter zu einem großen Dinner in seine Residenz geladen. Die nächsten Tage sind angefüllt mit Empfängen im Präsidentenpalast, Staatsakten auf öffentlichen Plätzen und Feierlichkeiten im Stadion. Ein Höhepunkt jagt den Nächsten, und ich werde von allen Seiten hofiert. Es tut gut, soviel Aufmerksamkeit geschenkt zu bekommen, und selbst Wolfgang scheint stolz auf mich zu sein. Dass mir einmal eine so hohe Auszeichnung zuteil wird, hätte ich nicht einmal im Traum für möglich gehalten.

Als wir am Dienstag zurück nach Rabaul fliegen, begleiten uns die Vertreter der deutschen Regierung. Sie wollen sich vor Ort über den Stand der laufenden Projekte erkundigen. Wolfgang ist sichtlich aufgeregt; zum Empfang der hohen Herren hat er eine Kapelle zum Flughafen bestellt, die die deutsche Nationalhymne spielen soll. Alles klappt wie am Schnürchen, aber leider haben die papuanischen Musiker die ostdeutsche Hymne gewählt. Wir nehmen es mit Humor.

Jeden Abend hatten wir Gäste im Haus. Ohne die beiden Mädchen hätte ich das alles unmöglich geschafft. Zum Dank habe ich sie gestern Abend ins Hamamas Hotel zum Essen eingeladen. Die beiden hatten sich richtig schick gemacht, sogar die Lippen waren geschminkt. Ich genoss ihre Gesellschaft, wir haben uns glänzend unterhalten. Wir tranken eine Flasche Wein und schwelgten in Erinnerungen. „Was war euer schönstes Erlebnis in Rabaul?", fragte ich sie. Wie aus der Pistole geschossen kam: „Als das bigpella Boot anlegte!" Ich erinnerte mich:
Vor etwa drei Jahren ging ein Luxusliner im Hafen von Rabaul vor Anker. Bei solchen Gelegenheiten engagierte man mich des öfteren als Reiseführerin für die Passagiere. Und auch diesmal erhielt ich einen Anruf, und man fragte, ob ich bereit wäre, den Gästen die Stadt zu zeigen. Allerdings hatten diesmal so viele Passagiere den Landausflug gebucht, dass man drei Reisebusse chartern musste, und folglich auch drei Reiseführer brauchte. „Könnten Sie noch zwei Kolleginnen oder Kollegen auftreiben?", wurde ich gefragt. Obwohl ich mich gleich ans Telefon setzte, konnte ich aus meinem Bekanntenkreis auf die Schnelle niemanden finden, der dazu bereit gewesen wäre. Doch dann kam mir die zündende Idee: Ich rief Vicky und Erika, erklärte ihnen die Situation, erteilte ihnen einen Schnellkursus in Sachen Tourismus und erzählte Wissenswertes zu den Sehenswürdigkeiten Rabauls. Die Mädchen waren zunächst skeptisch und natürlich auch etwas verunsichert, auch mir klopfte, zugegebenermaßen, das Herz, trotzdem fuhren wir gemeinsam zum Hafen. Wir wurden bereits erwartet, die Busse standen bereit und jede von uns stieg in einen Bus. Wir absolvierten eine dreistündige Sightseeing-Tour durch Rabaul und Kokopo und trafen uns dann zum Mittagessen in der Kulau-Lodge wieder. Aufgekratzt kamen Vicky und Erika auf mich zu. Für sie war es ein beeindruckendes Erlebnis gewesen, und ich als ich merkte, wie professionell sie sich mit den Passagieren des Kreuzfahrtschiffes unterhielten, ahnte ich bereits, dass sie ihre Aufgabe mit Bravour gemeistert hatten.
Als wir am späten Nachmittag nach Hause zurück kehrten, legten sie

Eine Woche lang fliegen wir mit dem Hubschrauber in die entlegenen Gebiete, um der deutschen Delegation unsere Projekte vorzustellen. Am letzten Abend erwartet uns noch eine Überraschung: Wolfgang wird zum Repräsentanten des gesamten Südpazifischen Raumes und Asiens befördert. Unsere nächste Anlaufstelle wird Fiji sein. Und das bereits in wenigen Wochen.

Abschied vom Paradies

Vicky müht sich vergeblich, einen vollgepackten Koffer zu schließen. Erika sieht ihr eine Weile dabei zu und eilt dann zu Hilfe, indem sie sich einfach auf den Kofferdeckel setzt. Mit vereinten Kräften gelingt es den beiden schließlich, den Koffer zuzuklappen. „Em Nau, Missis!", sagen sie voller Stolz. Nachdem die Arbeit getan ist, ziehen sich die Mädchen in ihr Häuschen zurück. Auch sie müssen ihre Sachen packen denn morgen früh bringe ich die beiden zum Flughafen. Sie werden zurück in ihre Dörfer gehen. Ich weiß, dass es ein tränenreicher Abschied werden wird, denn die beiden sind mir ans Herz gewachsen, als wären sie meine eigenen Töchter.

Traurig und verloren stehe ich zwischen den gepackten Koffern und Kisten. Dann mache ich noch einen Rundgang durch Haus und Garten. Alles erscheint mir seltsam leer und irgendwie tot – gerade so, als hätte es seine Seele verloren. Morgen sind wir noch zu einem Fest, das die Regierung uns zu Ehren veranstaltet, eingeladen. Dann heißt es, Abschied von Papua Neuguinea zu nehmen, von einem Land, das facettenreicher nicht sein kann. Adieu zu sagen zu lieben Freunden und Bekannten, die ich in den vergangenen acht Jahren lieb gewonnen habe. Und dann sind auch noch unsere Tiere da, die ich hier zurücklassen muss, denn auf Fiji gilt ein strenges Einfuhrverbot. Vo‌ allem bei Koki fällt es mir unglaublich schwer. Aber selbst großzügig Bestechungsgelder konnten diesmal bei den Behören nichts ausrichte‌ Ich fühle mich unendlich müde und ausgelaugt. Die letzten beid‌ Wochen waren angefüllt mit Hektik, Arbeit und Vorbereitung mir stolz das Trinkgeld auf den Tisch. Nach der Summe zu urteilen, hatten sie exzellente Arbeit geleistet. „Das Geld gehört mir nicht. Ihr habt es euch redlich verdient", erklärte ich ihnen. „Und außerdem sind wir heute Abend zum Dinner auf das Kreuzfahrtschiff eingeladen", konnte ich sie überraschen.

Zwei Stunden später fuhr ich mit zwei aufgeregten Mädchen zum Schiff. Mit großen Augen standen sie vor dem beeindruckenden Ozeanriesen, der im Licht der untergehenden Sonne golden leuchtete. Auf der Gangway empfing uns ein netter Offizier und geleitete uns in die Lounge, wo ein Cocktail serviert wurde.

Später wurden wir zum Buffet gebeten. Staunend standen die Mädchen vor den aufgetürmten Köstlichkeiten, und es dauerte, bis sie sich entschließen konnten, auch etwas auf ihre Teller zu laden.

Nach dem Essen machten wir noch einen Rundgang durch das schwimmende Hotel. Unter anderem kamen wir ins Casino. Nachdem ich den Mädchen erklärt hatte, dass man hier viel Geld gewinnen könnte, wollten sie ihr Erarbeitetes sogleich investieren; als ich dann hinzufügte, dass man das Geld auch verlieren könnte, nahmen sie doch Abstand von dieser Idee.

Das Schiff hatte insgesamt neun Decks. Ohne weiter nachzudenken, stieg ich in den Aufzug und forderte Vicky und Erika auf, mit mir zu kommen. Unentschlossen blieben sie stehen, erst als ich drängte, folgten sie mir. Doch als sich die Tür automatisch schloss, brachen sie in Panik aus. Sie begannen lauthals zu schreien, und ich wusste mir keinen Rat. Mit besänftigenden Worten versuchte ich, sie zu beruhigen. Gott sei Dank öffnete sich die Aufzugtür dann wieder und ich stieg aus. Doch Vicky und Erika blieben wie angewurzelt stehen und starrten nach draußen. Sie zitterten am ganzen Körper. Sie schauten so verdutzt, als würden sie vor einer Fata Morgana stehen. Und plötzlich verstand ich sie: Natürlich, die Mädchen hatten noch nie von einem Aufzug gehört, geschweige denn einen gesehen oder erlebt. Dort, wo vor wenigen Augenblicken für die beiden noch eine Bar stand, erstreckte sich plötzlich ein hellerleuchteter, türkis schimmernder Swimmingpool, in dem sich die Urlauber tummelten. In

Windeseile versuchte ich, Vicky und Erika die Funktionsweise eines Aufzugs zu erklären. Mit viel Überredungskunst gelang es mir schließlich, die beiden von einer „Sonderfahrt" zu überzeugen. Ich stieg also wieder ein, drückte auf den Knopf, und wir fuhren ein Deck nach unten. Als sich die Aufzugstüren öffneten, sahen wir den Speisesaal vor uns. Dann drückte ich wieder einen Knopf, und wir fuhren auf das Kabinendeck. Dieses Spiel machte den Mädchen so viel Spaß, dass wir sicher zehn Minuten damit beschäftigt waren, auf und ab zu fahren. Schließlich fuhren wir ans Oberdeck und genossen noch einige Zeit den Sternenhimmel über uns. Ein ereignisreicher Tag ging hier für meine Mädchen zu Ende.

Wenn ich heute darüber nachdenke, erstaunt es mich noch immer, wie sich die beiden zu ihrem Vorteil verändert haben. Aus den scheuen Teenagern, die vor ein paar Jahren nach Rabaul kamen, sind zwei selbstbewusste junge Frauen geworden, die neue Herausforderungen gerne angehen.

Koki zupft mich mit seinem Schnabel am Ohr und reißt mich aus meinen Träumereien. Ich werde seine kleinen Neckereien schmerzlich vermissen. Übermorgen werden ihn Toni und Dorothee abholen, um ihn in ihren Privatzoo in den Baininger Bergen mitzunehmen. Ich hoffe sehr, dass er sich dort eingewöhnen kann.

Draußen bricht die Dämmerung herein. Langsam werde ich doch etwas nervös, denn Wolfgang sollte schon längst zurück sein. Hoffentlich ist ihm nichts zugestoßen. In den letzten Monaten steigerte er seinen Alkohol- und Tablettenkonsum beträchtlich. Es verging kaum ein Tag, an dem er nicht betrunken nach Hause kam. Zusehends verändert sich seine Persönlichkeit. Er wird mir gegenüber immer aggressiver, und auch im Umgang mit seinen Mitarbeitern zunehmend ungeduldiger und ausfallender. Fast täglich vergreift er sich im Ton. Natürlich habe ich ihn darauf angesprochen. „Bis du von allen guten Geistern verlassen? Das bisschen, was ich trinke! Mach' dich nicht lächerlich!", hielt er mir beleidigt entgegen.

Ich warte. Wie so viele Abende zuvor warte ich auf meinen Mann. Er kommt nicht. Gegen zehn Uhr beschließe ich, ins Bett zu gehen. Für den morgigen Tag hat sich der deutsche Botschafter mit seiner Frau zum Frühstück angekündigt. Anschließend wird die hiesige Regierung ein großes Abschiedsfest für uns geben. Wir sollten beide fit sein.

Ich lege mich ins Bett, aber ich finde mal wieder keinen Schlaf. Unruhig wälze ich mich von einer Seite auf die andere. Zu viele Gedanken schwirren mir im Kopf herum. Es ist bereits weit nach Mitternacht, und ich liege noch immer wach. Schließlich stehe ich auf und trete hinaus auf den Gang. Als ich das Ohr an Wolfgangs Tür lege, kann ich sein lautes Schnarchen hören. Er ist zuhause. Jetzt bin ich beruhigt.

Auf der Veranda ist es angenehm kühl. Ich nehme Koki aus dem Käfig und setze ihn auf meinen Schoß. Zum letzten Mal kraule ich sein Köpfchen, was er sichtlich genießt. Mir laufen die Tränen über die Wangen. Ich weiß nicht, wie ich die nächsten Wochen und Monate überstehen soll. Ich habe nicht die Kraft für einen Neuanfang.

Die Sonne brennt von einem wolkenlosen Himmel. Nach einem ausgiebigen Frühstück mit dem Botschafter und Frau von Sänger fahren wir zum Festplatz nach Rabaul. Er liegt direkt am Meer, das Wasser glitzert verheißungsvoll, die Palmen wiegen sich im Wind. Es ist wie im Märchen.
Lauter Trommelwirbel empfängt uns, der Premierminister heißt uns herzlich willkommen. Die Freunde bilden ein Spalier, und unter Hochrufen geleitet man uns zu einem mit Blumengirlanden geschmückten Tisch.
Plötzlich und völlig unerwartet stürzen zwei wild aussehende Duk Duks aus dem Gebüsch. Sie stürzen sich auf Wolfgang und zerren ihn unter dem wilden Geschrei der übrigen Gäste in die Mitte des Festplatzes. Dort muss er seinen Kopf nach vorne beugen, dann wird er mit einer Rute geschlagen und anschließend in das nächstliegende Gebüsch gezerrt. Ich bin sprachlos. Alles ging so blitzschnell über

die Bühne, dass wir gar nicht zum Nachdenken kamen. „Na, hoffentlich bekommst du deinen Mann heil zurück", necken mich die Freunde.

Etwa zwanzig Minuten später taucht Wolfgang wieder auf. Äußerlich scheint er unversehrt. Doch bevor er mir erklären kann, was während seiner Abwesenheit vorgefallen ist, fordert das weitere Programm schon unsere Aufmerksamkeit. Zunächst spricht der Premierminister von East New Britain. Er lobt unsere Arbeit und unseren Einsatz in seinem Land und wartet am Ende mit einer Überraschung auf: Wolfgang wird als erster Weißer Mitglied des Tubuan Duk Duk Geheimbundes. Diese Gesellschaft gehört durch ihren Cargo-Kult zu den stärksten politischen Kräften im Land. Als rechtskräftiges Mitglied erhält Wolfgang den Leaderstab, der symbolisch mit Muschelgeld umwickelt ist, und er darf sich To Reder nennen.

Nach dem Premier spricht der deutsche Botschafter. Auch er dankt uns für unseren Einsatz und unsere Loyalität.
Dann erhebt sich Wolfgang von seinem Platz. Und was jetzt folgt, ist unglaublich peinlich. Wolfgang liest die Rede, die ein Mitarbeiter für ihn geschrieben hat, vom ersten bis zum letzten Buchstaben vom Papier ab. Seiner stockenden Stimme nach zu urteilen, hat er sich nicht einmal die Mühe gemacht, das ganze wenigstens einmal vorher durchzulesen. Wolfgang spricht von unseren anfänglichen Schwierigkeiten. Dann folgen die üblichen Danksagungen: An den Ministerpräsidenten Sir Julius Chan, an den Premier von East New Britain, an den deutschen Botschafter, an alle Mitarbeiter und Angestellten. „Last but not least möchte ich meiner Frau Inge danken. Ohne ihre Arbeit und engagierte Mithilfe hätte ich diesen Job nie geschafft", höre ich ihn sagen. Ich hoffe, dass außer mir niemandem auffällt, dass Wolfgang betrunken ist. Nachdem alle Reden gehalten sind und mit Applaus bedacht wurden, können wir uns dem Mu Mu widmen. Einheimische Frauen halten mit Palmwedeln die Fliegen vom Essen ab. Im Licht der untergehenden Sonne sitzen wir ein letztes Mal am Strand und atmen Papua pur. So hatte ich mir das Paradies immer erträumt.

Rehabilitation - Zurück ins Leben

„Bad Wildungen 1 km" steht auf dem blauen Schild am Straßenrand. Nach fünfstündiger Fahrt biege ich von der Autobahn ab. Es hat zu schneien begonnen. Ich finde die Kurklinik nicht auf Anhieb; zweimal muss ich Passanten nach dem Weg fragen. Dann biege ich in den Parkplatz ein, stelle den Motor ab. Aber ich zögere auszusteigen. Geistesabwesend starre ich aus dem Fenster und hänge meinen Gedanken nach. „Die Kur wird Ihnen gut tun", hatte mein Arzt mir empfohlen, als ich ihn nach meiner Rückkehr aus Papua Neuguinea aufgesucht hatte. „Sie brauchen Abstand, müssen wieder neue Kraft schöpfen." Ich würde am liebsten sofort wieder umdrehen. Noch steckt der Schlüssel im Zündschloss. Aber will ich so weitermachen wie bisher?

Nur wenige Wochen nach der Verleihung der Medaille und der anschließenden Beförderung meines Mannes war das Glücksgefühl einer lähmenden Lethargie gewichen. Ich saß mal wieder vor einem Scherbenhaufen. Denn Wolfgang, der sich einen Überblick über die Situation in Fiji verschaffen und nach einem geeigneten Haus Ausschau halten wollte, war ohne mich geflogen – vergeblich hatte ich darum gebettelt, mitkommen zu dürfen. Ich ahnte, weshalb. Als ich versuchte, ihn telefonisch in Fiji zu erreichen, erfuhr ich, dass mein Mann bereits wieder abgereist und nach Melbourne weitergeflogen war. Er hatte vor etwa einem halben Jahr eine Frau aus Melbourne kennengelernt und mit ihr ein Verhältnis angefangen. Anscheinend wollte er das weiter pflegen.

Ich hatte keine Kraft mehr, so weiterzumachen wie bisher. Es würde sich auch zukünftig nichts ändern, an keinem Ort dieser Welt.
Weihnachten hatte ich mit den Kindern alleine verbracht. Wolfgang hatte es vorgezogen, auf Kur zu fahren. Aber selbst als die Zeit abgelaufen war, kam er nicht nach Hause. Er rief nicht an, er hinterließ uns keine Nachricht. Als er zwei Tage später durch die Tür polterte, klingelte

das Telefon; eine Frauenstimme verlangte nach meinem Mann. „Es ist besser, du gehst dahin zurück, wo du hergekommen bist", schlug ich vor und hielt ihm die Tür auf. Doch Wolfgang weigerte sich und wurde zudringlich. Panik erfasste mich. Ich riss mich los, flüchtete ins Schlafzimmer und schloss die Tür hinter mir ab. Kurze Zeit darauf erlitt ich einen Nervenzusammenbruch. Der Arzt überwies mich in die Nervenklinik nach Bad Wildungen. Und nun stehe ich hier auf dem Parkplatz.

Ich denke an Papua, wo wir für immer unsere Zelte abgebrochen haben. Es war ein tränenreicher Abschied von diesem Land und von seinen Menschen. In meiner Handtasche steckt der Brief, den Lady Stella mir am Flughafen noch zusteckte. Ich krame ihn hervor und lese noch einmal die Zeilen:

My dearest friend Inge,
first of all, I want to thank you for being such a good friend to me. I truly be assure your friendship; may we be friends until we die. God bless you, my good friend, and watch over you always. Thanks for being a special someone in my life. Your friend Stella.

Wieder einmal treibt es mir die Tränen in die Augen. Die letzten Monate habe ich nah am Wasser gebaut. Mit einem Taschentuch wische ich mir die dunklen Spuren, die die Wimperntusche hinterlassen hat, von der Wange. Ein letzter Blick in den Spiegel, dann raffe ich mich auf und steige aus. Mein Gepäck lasse ich vorerst im Wagen.

Hinter der Glasscheibe am Empfang sitzt eine Frau mittleren Alters. Sie mustert mich kritisch. Oder bilde ich mir das nur ein? Als ich meinen Namen nenne, sucht sie ihn auf einer Liste. Dann lächelt sie. Nach einem kurzen Telefonat deutet sie Richtung Aufzug: „Fahren Sie in den dritten Stock und melden Sie sich bei Schwester Ruth, der Stationsschwester. Sie wird Sie aufs Zimmer begleiten."

Ich nehme den Aufzug. Als sich die Tür öffnet, fällt mein Blick zuerst auf ein großes Bild an der Wand. Darauf ist eine Meisenmutter zu

sehen, die ihre Jungen füttert. Darunter hängt ein Schild, auf dem steht: „Meisenstation". „Das klingt wie Klapsmühle", schießt es mir durch den Kopf.
Schwester Ruth ist eine freundliche Person, die offensichtlich mit ihrem Gewicht zu kämpfen hat. „Herzlich willkommen in unserer Klinik", begrüßt sie mich. „Ich zeige Ihnen Ihr Zimmer. Nach der langen Fahrt möchten Sie sich sicher erst einmal frisch machen."
Wir gehen einen langen Flur entlang. Rechts und links Türen. Das letzte Zimmer am Ende des Ganges ist für mich reserviert. Es ist nicht sehr groß und nur mit dem Nötigsten eingerichtet: Ein schmales Bett, ein Tisch, zwei Stühle, ein zweiteiliger Kleiderschrank. Vor dem Fenster hängen grüne Vorhänge. Eine schmale Tür führt ins Badezimmer. Hier soll ich die nächsten vier Wochen verbringen?
„Um zwölf Uhr gibt es Mittagessen", informiert mich Schwester Ruth. Als sie die Tür hinter sich zuzieht, schießen mir sofort wieder Tränen in die Augen. Erschöpft lasse ich mich aufs Bett fallen und weine. Ich will keinen Menschen sehen. Selbst meine Kinder hatte ich in den letzten Wochen mit meinem ständigen Weinen und meinen Gefühlsausbrüchen überfordert. Immer wieder versuchten sie mich zu beruhigen und zu trösten. „Mutti, die Kur wird dir gut tun!", rieten sie mir beide zu.
Ich mag nichts essen. Um viertel nach Zwölf, als ich sicher sein kann, dass alle im Speisesaal sind, schleiche ich mich aus dem Zimmer, um meinen Koffer aus dem Auto zu holen. Als ich zurückkomme, werfe ich einen ungewollten Blick in den Spiegel. Ich sehe eine verhärmte Frau mit tiefen Falten im Gesicht und roten, verquollenen Augen. Lethargisch lege ich mich aufs Bett und starre an die Decke. Irgendwann muss ich eingeschlafen sein, denn ich werde von einem Klopfen geweckt. „Entschuldigen Sie, ich habe schon mehrfach geklopft. Sie waren nicht beim Essen, und um drei Uhr erwartet Sie die Therapeutin zu einem Gespräch", informiert mich eine junge Schwester.
Wie in Trance stelle ich mich unter die Dusche und lasse das warme Wasser über den Körper laufen. Lustlos ziehe ich mich an: Rock,

Pullover, Schuhe. Die Haare binde ich zu einem Pferdeschwanz zusammen.

Ich habe keine Lust auf ein Therapiegespräch. Mit hängenden Schultern schlurfe ich den Gang entlang und suche Zimmer 325. Zaghaft klopfe ich an. Vielleicht ist ja niemand da. „Herein!", ruft eine weibliche Stimme. „Sie sind sicherlich Frau Reder." Ich nicke. Frau Koch reicht mir die Hand. Ich schätze sie auf etwa 35. Ihre blond gefärbten Haare trägt sie offen, sie fallen auf einen dunkelblauen Blazer. Die Nase ist etwas zu groß geraten, aber ansonsten ist sie ganz hübsch. „Bitte nehmen Sie Platz!", fordert sie mich auf. „Mein Name ist Koch, ich bin während Ihres Aufenthaltes in der Klinik Ihre Therapeutin", stellt sie sich vor. Schweigend sitzen wir uns gegenüber. Ich weiß, dass mir sofort wieder die Tränen in die Augen steigen, sollte ich auch nur versuchen, einen Ton herauszubringen. „Frau Reder, erzählen Sie mir, warum Sie hier sind", fordert Frau Koch mich schließlich auf. Ich fange an zu schluchzen und bringe kein klares Wort zustande. Sie reicht mir ein Papiertaschentuch. Ich weine minutenlang, immer wieder schüttelt es meinen Körper. Dann wird mir übel. „Lassen wir es für heute gut sein", meint Frau Koch und führt mich zur Tür.
Ich stürze den Gang entlang. Schwestern und Patienten kommen mir entgegen, aber ich vermeide jeden Blickkontakt. Kurz vor meiner Zimmertür sagt eine angenehme Stimme laut und vernehmlich „Grüß Gott!" Ich hebe den Kopf wegen des bayerischen Grußes. Vor mir steht eine Frau in den 50ern. „Hedi Pecht", stellt sie sich vor, „kann ich helfen?" Obwohl sie sehr sympathisch wirkt, schüttle ich den Kopf. Hedi zögert. Dann unternimmt sie einen zweiten Anlauf: „Ich komme später vorbei und zeige Ihnen die Klinik, wenn es Ihnen Recht ist." Jetzt wage ich nicht mehr zu widersprechen. Ich nicke.

Hedi holt mich tatsächlich eine Stunde später ab und führt mich durchs Haus. Unser Rundgang endet auf dem sogenannten „Dorfplatz". Er ist der Mittelpunkt der Klinik, der Ort, an dem die Patienten zusammenkommen. Aus ihrem Kreis wird alle vier Wochen ein „Bürgermeister"

gewählt. Er macht die Neuzugänge mit den bereits anwesenden Patienten bekannt. Außerdem muss er dafür Sorge tragen, dass alle abends um neun Uhr den Dorfplatz verlassen und Ruhe einkehrt.
Der designierte Bürgermeister kommt auf uns zu. Er ist etwa 35 Jahre alt, dichte Bartstoppeln überziehen sein Gesicht. Die schmuddelige Trainingshose spannt über seinem Bauch. Das schmuddelige T-Shirt ist von undefinierbarer dunkler Farbe. Er scheint es genießen, im Mittelpunkt zu stehen. „Ich bin der Hans", beginnt er seine Ansprache. „Da Sie meinen Namen jetzt kennen, bitte ich alle Neuen, sich ebenfalls mit ihrem Vornamen vorzustellen. Weder Titel noch Familiennamen sind hier in der Klinik gefragt. Mach du doch gleich den Anfang", sagt er dann, und wendet sich der Frau zu, die direkt neben ihm sitzt. „Und dann bitte hübsch der Reihe nach."
Nur widerwillig höre ich zu, was die anderen Patienten zu erzählen haben. Die einzelnen Namen versuche ich erst gar nicht, mir zu merken. Nur Hedi zuliebe höre ich zu.
Da ist Helga, eine Frau aus Düsseldorf, die ihr Alkoholproblem in den Griff bekommen möchte. Anette aus Erfurt kämpft mit Magersucht. Sie ist erschreckend dünn. Abwesend und am ganzen Körper zitternd sitzt Dieter aus Dortmund in der Ecke. Er ist tablettenabhängig und unfähig, für sich selbst zu sprechen. „Gestern war eine Freundin hier und hat ihm trotz eines Verbotes Nachschub gebracht", erklärt Hans. „Die Schwester hat es leider viel zu spät bemerkt." Ein Mann schnäuzt sich verlegen in ein Taschentuch, während er seinen Namen nennt. Sein Gestammel kann niemand verstehen. Ilse aus Regensburg leidet unter Angstpsychosen.
Dann öffnet sich die Tür und eine Schwester schiebt ein junges Mädchen im Rollstuhl herein. Ihr Gesicht hat sie hinter beiden Händen verborgen, ihr Oberkörper wiegt sich langsam hin und her. Als ich sie sehe, bin ich erschüttert. Ihr Schicksal berührt mich an diesem Nachmittag. „Das ist Claudia", beginnt Hans zögerlich seine Erklärung. „Sie ist sicher der traurigste Fall in der ganzen Klinik. „Claudia kann weder laufen noch sprechen. Vor sechs Monaten fand man sie in einem dreckigen Kellerverlies, an ein Bett gekettet, abgemagert und

missbraucht. Niemand weiß, wie lange sie dort weggeschlossen war. Seit zehn Wochen ist sie hier in der Klinik, und es wird alles Menschenmögliche versucht, um ihr zu helfen. Ihre Peiniger sitzen mittlerweile im Gefängnis." Als ich sie anschaue, hebt sie den Kopf. Unsere Blicke treffen sich. Ein Anflug von einem Lächeln huscht über ihr Gesicht. Dieses Lächeln gibt mir ein gutes Gefühl. Ich werde hier bleiben.

Zum Abendessen gehen Hedi und ich gemeinsam. Aber leider sitzen wir nicht zusammen an einem Tisch. Ein junges Mädchen führt mich an meinen Platz. Ich wünsche meinen Tischnachbarn guten Appetit und bitte, sich nicht stören zu lassen. Trotzdem erhebt sich der Mann, der neben mir sitzt, sofort, um sich vorzustellen: „Erwin Schneider", sagt er lächelnd, und reicht mir die Hand. „Rainer Vogt", stellt sich ein anderer vor. Die Damen sind zurückhaltender. Eine stellt sich als Ute Teske, die zweite als Rita Schuster vor.
Ohne großen Appetit löffle ich die Tomatensuppe. Versonnen schaue ich aus dem Fenster. Feine Schneeflocken wirbeln im Schein der Laternen. Plötzlich fragt mich Ute Teske: „Aus welchem Grund sind Sie hier?" Ich zucke zusammen. Auf diese Frage bin ich nicht vorbereitet. Doch alle Augenpaare starren mich sofort interessiert an. Man wartet auf meine Antwort. Nur zögerlich wollen mir die Worte einfallen. „Es sind schwer wiegende familiäre Gründe", erkläre ich dann. „Ich möchte nicht weiter darüber sprechen." Man gibt sich damit zufrieden.
Meine Tischnachbarn sind weitaus redseliger. Ob ich will oder nicht, ich muss mir ihre Krankengeschichte anhören. Erwin Schneider ist 55 Jahre alt und erholt sich von einem Herzinfarkt. Rainer Vogt ist 63 und hat eine Darmkrebsoperation hinter sich. Rita Schuster ist mit 33 Jahren die Jüngste am Tisch. Diagnose: Brustkrebs. Nach der Chemotherapie fielen ihr die Haare aus, die jetzt langsam wieder nachwachsen. Aber ihr Gesicht strahlt, als sie von ihrem Mann und ihren zwei kleinen Mädchen erzählt, die sie sehnsüchtig zuhause erwarten. Ute Teske musste sich mit 53 Jahren einer Nierentransplantation

unterziehen. Zu jeder Mahlzeit schluckt sie eine Unmenge von Tabletten, die das Abstoßen des neuen Organs verhindern sollen.
Nach all diesen Erklärungen fühle ich mich müde und erschöpft. Ich will nicht mehr zuhören und habe nur den Wunsch, so schnell wie möglich in mein Zimmer zurück zu kehren, mich in mein Bett zu legen und elend fühlen zu dürfen. Ich murmele eine Entschuldigung und verlasse eilig den Speisesaal.
Auf dem Gang laufe ich Hedi in die Arme. „Na, schon fertig?", fragt sie mich. „Sie haben aber nicht viel gegessen." „Wenn ich Kummer habe, bekomme ich keinen Bissen ‚runter", erwidere ich. „Komm, wir setzen uns dort drüben ans Fenster", schlägt sie vor. Gemeinsam schauen wir eine Weile schweigend den tanzenden Schneeflocken zu. „Manchmal hilft es, wenn man seinen Kummer mit jemandem teilt", meint Hedi irgendwann, und schaut mich abwartend an. Und plötzlich sprudelt der ganze Frust der letzten Wochen und Monate aus mir heraus. Hedi lässt mich ohne Unterbrechung reden.

Als ich ihr von der Geliebten meines Mannes erzähle, hakt sie ein. „Überlasse dieser Frau nicht einfach das Feld, sondern kämpfe um deine Ehe!", empfiehlt sie mir. „Ich bin des Kämpfens müde. Wie viele Schlachten habe ich schon geschlagen – und unendlich dabei gelitten", schluchze ich. „Jetzt stehe ich endgültig vor den Trümmern einer 30-jährigen Ehe." Hedi legt tröstend den Arm um meine Schultern.
Später liege ich im Bett und kann nicht einschlafen. Der Mensch fühlt sich tot, wenn sein Glück tot ist. Und auch ich fühle mich tot. Nur mein Gehirn arbeitet noch in einem scheinbar leblosen Körper. Könnte ich doch einfach meine Gedanken abstellen. Ich habe große Angst vor der Zukunft. Ich weiß, wenn ich nicht untergehen will, muss ich schwimmen. Aber ich habe keine Kraft mehr dazu. Hedis Mann, so hat sie mir erzählt, starb vor wenigen Monaten. Sie führte eine glückliche Ehe, voller Liebe und gegenseitigem Respekt. Jetzt erträgt sie ihr Schicksal, ja, sie versucht sogar, mich in ihrem Leid zu trösten.
Claudia, das Mädchen im Rollstuhl will mir auch nicht aus dem Kopf

gehen. Schließlich stehe ich auf und versuche, in meinen Taschen noch eine Schlaftablette zu finden. Aber ich habe keine mehr. Alle Tabletten musste ich abgeben. Wie lange kann eine Nacht sein, wenn die Gedanken peinigen?
Nach einer schlaflosen Ewigkeit höre ich Motorengeräusch. Langsam kriecht ein Lichtstrahl über die Decke, um dann wieder zu verschwinden. Fremde Geräusche draußen auf dem Gang. Vermutlich die Schwester, die ihrem Dienst nachgeht. Ich knipse das Licht an und schaue auf die Uhr. Es ist sechs Uhr morgens. Mein Kopf schmerzt, der Atem geht schwer. Ich stehe auf, gehe ins Bad und stelle die Dusche an. Dann lasse ich das eiskalte Wasser so lange über meinen Kopf und den Körper laufen, bis meine Zähne klappernd aufeinander schlagen. Anschließend trete ich ans Fenster und öffne es weit. Während ich in die Dunkelheit starre, zittere ich erbärmlich, doch ich spüre die Kälte nicht. Ich wünsche mir, eine Lungenentzündung zu bekommen. Sie könnte tödlich sein und mich erlösen. Aber ich bekomme nur eine schwere Erkältung, die ich wochenlang nicht loswerden soll.

Zwei Tage später steht Wolfgang vor mir. Er ist gekommen, um das Auto abzuholen. Die Augen zusammengekniffen, die Hände vor dem Bauch verschränkt, ein gemeines Grinsen um den Mund. „Leider habe ich keine Zeit", informiert er mich. „Meine Mutter wartet auf mich." Ich weiß, dass er lügt, öffne die Lippen, um ihm zu antworten, aber meine Stimme versagt. Ich bleibe stumm und händige ihm den Autoschlüssel aus.

In der ersten Woche meines Aufenthalts fühle ich mich leblos wie eine Puppe, die nur auf Knopfdruck reagiert. Emotionslos beginne ich meinen Tag, halte pünktlich die Essenszeiten ein und bekomme regelmäßig kaum einen Bissen hinunter. Abends gehe ich mit Hedi – sie schleppt mich mehr oder weniger mit – in die nächste Kneipe und genehmige mir zwei verbotene Pils. Hedi, die sich irgendwie für mich verantwortlich fühlt, schüttelt regelmäßig missbilligend den Kopf:

„Alkohol ist doch keine Lösung. Das weißt du!", ermahnt sie mich. Dank meiner Freundin Renate kann ich nachts wenigstens wieder schlafen. Auf mein Bitten und Betteln hin schickt sie mir ein Rezept für Schlaftabletten. Ich verstecke sie unter meiner Wäsche im Schrank. Wie tief bin ich bereits gesunken? Morgens erwache ich aus unnatürlichem Schlaf, und dann überfällt mich mit aller Wucht das Elend meiner verfahrenen Situation. In meiner Krankenakte steht: „Schwerer depressiver Zusammenbruch. In höchstem Maße selbstmordgefährdet."

Zum zweiten Mal sitze ich Frau Koch, meiner Therapeutin, in ihrem Zimmer gegenüber. Es gelingt mir nicht, ihrem Blick standzuhalten. Verschämt senke ich die Augen. Sie hat ihre schönen Beine unter dem Tisch übereinander geschlagen. Ihre Schuhe sind nicht gerade die Billigsten, geht es mir durch den Kopf.
„Haben Sie mir nichts zu sagen?", unterbricht sie meine Gedanken.
„Mein Mann hat eine andere Frau", erkläre ich ihr. Meine Stimme klingt heiser, ich fühle, wie mir wieder die Tränen in die Augen schießen. „Ist es das erste Mal, dass Sie mit so einer Situation konfrontiert werden?", hakt sie nach und sieht mich abwartend an. „Nein, ist es nicht", antworte ich wahrheitsgemäß. In den 30 Jahren unserer Ehe hat er mich ständig betrogen. Ich fühle mich gedemütigt."
„Wollen Sie das Leben an der Seite dieses Mannes denn so weiterführen?", fragt sie jetzt. Ihre Stimme ist leiser geworden. Auch die Tonlage hat sich verändert. Sie spricht mit mir, als wäre ich ein kleines Kind. Jetzt schaue ich ihr ins Gesicht. Ihre Wimpern sind zu stark getuscht, fällt mir auf. „So ein Leben, wie sie es derzeit führen, ist doch auf Dauer kein Zustand", fährt sie fort. „Haben Sie schon einmal an Scheidung gedacht?"
„Ja. Aber ich habe den Gedanken immer wieder verworfen", antworte ich leise.
„Haben Sie Kinder?"
„Ja. Meine Tochter ist 27 Jahre alt und studiert in Bonn. Mein Sohn ist 23 und studiert in Köln", erzähle ich stolz.

„Ja, aber dann sind ihre Kinder doch erwachsen und brauchen Sie nicht mehr."
„…und brauchen Sie nicht mehr… und brauchen Sie nicht mehr…", hallt es in meinen Ohren nach. Was soll das heißen? Und brauchen Sie nicht mehr. Will sie damit sagen, dass ich meine Schuldigkeit getan habe? Plötzlich nimmt mir ein noch nie empfundener Schmerz in der Brust die Luft zum Atmen. Instinktiv krümme ich mich zusammen. Frau Koch springt sofort auf: „Was ist los? Frau Reder, hören Sie mich? Sie haben doch hoffentlich keinen Infarkt?" Sofort ruft sie nach dem Arzt und fühlt mir den Puls. Dann führt sie mich zu einer Liege, schiebt mir ein Kissen unter den Kopf und hält meine Hand fest, bis der Arzt erscheint. Er untersucht mich, gibt mir dann eine Beruhigungsspritze und ordnet an: „Sie braucht Ruhe."
Man bringt mich auf mein Zimmer. Ich lege mich ins Bett und verschlafe den ganzen Tag. Als ich endlich wieder aufwache, ist es bereits dunkel. Trotzdem raffe ich mich auf und gehe hinunter auf den Dorfplatz. Dort kommt Hedi auf mich zu: „Ich wollte dich heute zum Mittagessen abholen, doch die Schwester meinte, ich solle dich in Ruhe lassen. Schlaf sei die beste Medizin." Ich mag nichts erwidern. Ich mag gar nicht mehr über das reden, was mich belastet. Wie jeden Abend melden wir uns zu einem Spaziergang ab, gehen aber schnurstracks in unsere Stammkneipe. Ich trinke zwei Pils, wie immer. Nicht mehr, nicht weniger. Als wir das Lokal wieder verlassen, schlägt uns klare, eiskalte Nachtluft entgegen. Über uns funkeln die Sterne an einem schwarzen, wolkenlosen Himmel. Wann werde ich bei einem solchen Anblick endlich wieder echte Freude empfinden? Werde ich überhaupt wieder zu aufrichtigen Gefühlen fähig sein?
Auf dem Dorfplatz herrscht immer noch Trubel. Viele Patienten fühlen sich in der Menge wohler als allein auf ihrem Zimmer. Auch Claudia sitzt auf einer Bank an der Seite. Ihre Augen sind klarer geworden, sie beginnt allmählich, am Geschehen um sie herum wieder Anteil zu nehmen. Ich setze mich neben sie. Zum ersten Mal versucht sie, mir etwas zu erzählen. Ich verstehe sie kaum, aber aus den völlig unkontrollierten Lauten ist jetzt einigermaßen verständliches Gestammel

geworden. Ich drücke ihre Hand, um ihr zu zeigen, dass ich bei ihr bin. Sie lächelt mich an. Gemeinsam beobachten wir die anderen Patienten. Irgendwann kommt die Schwester und beendet unsere Zusammenkunft. „Es ist Zeit, ins Bett zu gehen", ordnet sie an. Einige protestieren, doch sie löscht das Lischt.

Wieder einmal liege ich grübelnd im Bett. Trotz einer Tablette finde ich keinen Schlaf. Schließlich stehe ich wieder auf und trete ans Fenster. Der Mond verschwindet soeben hinter einer dunklen Wolke. Plötzlich höre ich ein Geräusch vor meiner Tür. Ich zucke zusammen. Angst schnürt mir die Kehle zu. Was ist nur los mit mir? Früher hatte ich meine Gefühle stets unter Kontrolle. Jetzt macht mich jedes noch so kleine ungewohnte Geräusch fix und fertig. Trotzdem nehme ich all meinen Mut zusammen und öffne leise die Tür einen Spalt. Voller Entsetzen bemerke ich einen Mann unmittelbar vor mir. Schon will ich schreien, da sehe ich meine Zimmernachbarin heranhuschen. Sie zwinkert mir zu, packt den Mann am Arm und zieht ihn in ihr Zimmer. Es ist still, und ich höre das Geflüster der Liebenden durch die dünne Wand. Das Knarren der Matratze, ihr lustvolles Stöhnen. Wolfgang kommt mir in den Sinn. Ob er sich in diesem Moment ebenso vergnügt, wie meine Zimmernachbarin neben mir? Die anfängliche Erregung verwandelt sich urplötzlich in tiefen Schmerz. Ich weine in mein Kissen und warte darauf, dass diese Nacht endlich ein Ende finden möge.

Unmotiviert gehe ich zu meinen Therapiestunden. Es gibt Einzel- und Gruppentherapiestunden, und durch alle fühle ich mich genervt. In den Gruppentherapien sitzen zehn Patienten zusammen. Ich erfahre, warum Anette magersüchtig ist. Ihre Eltern sind Alkoholiker, und bereits als zehnjähriges Mädchen musste sie die volle Verantwortung für sich, ihre jüngeren Geschwister und die ständig betrunkenen Eltern übernehmen.
Renate, eine kleine stämmige Frau, erzählt, dass sie mit sieben Jahren von ihrem Vater missbraucht wurde. Inzwischen ist sie 52, sie ist verheiratet und hat eigene Kinder. Trotzdem zittert sie noch immer, wenn

sie ihrem Vater gegenüber steht. Und er besucht sie jede Woche. Am Sonntag kommt er wieder.
Ilse wurde jahrelang von ihrem Mann geschlagen.
Werner leidet unter der Trennung von seiner jungen, hübschen Frau. Er ist bisexuell, und wurde von seiner Frau, die ihn eines Tages mit einem Kerl im Ehebett erwischte, verlassen. Ich fühle mich unwohl, wenn ich die Probleme anderer mitanhören muss. Trotzdem werde ich von einer Therapiestunde in die nächste geschickt.

In der Maltherapie erkläre ich von Anfang an: „Ich kann nicht malen!" Aber die Therapeutin besteht darauf, dass ich mitmache. Es liegen große und kleine Malblöcke herum, Leinwände, Wasserfarben, Kohlestifte, Pastellkreiden und Acrylfarben. Untätig schaue ich den anderen zu, die sich geschwind mit Farben und Papier eingedeckt haben und munter drauflosmalen. Frau Koch ermahnt mich, endlich mitzumachen. Widerwillig nehme ich ein Blatt Papier und einen Bleistift und kritzele ein Haus darauf. „Mehr ist nicht drin!", erkläre ich der Therapeutin.
Am Ende sind einige schöne Bilder entstanden, und Frau Koch hätte guten Grund, diese zu besprechen. Aber sie nimmt mein Gekritzel und heftet es an die Wand. „Sie haben nur einen dunklen Stift benutzt und keine Farben verwendet", erklärt sie vor allen Leuten. „Ihr Haus hat keine Fenster, die Licht in Ihr Heim lassen könnten. Es gibt keine Tür und kein Weg führt zu Ihnen. Ihr Bild ist düster und hoffnungslos und zeigt, wie zerrissen Sie sind, wie Sie sich in sich selbst zurückgezogen haben." Ich bin empört und verlasse die Maltherapie.
Auch die Meditationstherapie besuche ich nur einmal. Wir stehen in einem Zimmer und sollen mit geschlossenen Augen im Kreis laufen. Dabei sollen wir ein „omm" von uns geben. Ich habe mich noch nie für Meditation interessiert, öffne die Augen und komme mir wie ein Idiot vor.
Zur Musiktherapie hätte ich mich am liebsten krank gemeldet. Dann bin ich doch neugierig. Im Geiste höre ich das Klagen der Geigen,

die sich mit dem Klang der Flöten und dem Zupfen der Harfe vermischen. Das Largo von Händel, Beethovens Neunte oder Mozarts Kleine Nachtmusik wäre mein Geschmack gewesen.
Pünktlich stehe ich mit den anderen vor der noch geschlossenen Tür. Als die Therapeutin öffnet, drängen sich alle in das Musikzimmer und stürzen sich auf die bereit stehenden Instrumente. Ich würde mich gerne an das Klavier setzen, aber das hat schon eine Frau in Beschlag genommen. Als die Therapeutin ein Zeichen gibt, fängt jeder an, sein Instrument zu spielen. Es klingt grausam in meinen Ohren und erinnert mich an das jämmerliche Jaulen gepeinigter Hunde und Katzen. In einer Ecke entdecke ich eine große chinesische Trommel. Ein dicker Klöppel liegt daneben. Ich greife beides und schlage den Klöppel mit aller Kraft auf die Trommel, immer und immer wieder. Dabei stelle ich mir vor, es sei Wolfgangs Kopf, den ich so malträtiere. Jahrelang aufgestaute Wut und Enttäuschung schlage ich in diesem Moment aus mir heraus. Irgendwann komme ich zurück in die Wirklichkeit. Alle Augen starren mich entgeistert an. Der letzte dumpfe Ton hallt noch lange im Raum. Dann fragt die Therapeutin, was wir dabei empfunden haben.
Ilse kann ich gerade noch verstehen. Sie sagt, sie habe sich gefühlt, als sei sie in tiefer Trauer hinter einem Leichenwagen hergegangen. Karin will aus diesem Krach Vogelgezwitscher gehört haben. Und Werner behauptet gar, er habe das Plätschern eines Gebirgsbaches gehört. Jetzt weiß ich, warum unsere Station die „Meisenstation" genannt wird. Ich will zu keiner Therapie mehr gehen.

Nach vier Wochen geht es mir trotzdem etwas besser. Allmählich kehrt der Lebenswille zurück. Petra und Thorsten besuchen mich regelmäßig, aber über ihren Vater hüllen sie sich in Schweigen.
Eigentlich wäre mein Klinikaufenthalt zu Ende. Da aber meine Therapeutin der Meinung ist, ich bräuchte noch etwas Zeit, wird mein Aufenthalt auf unbestimmte Zeit verlängert.
In den folgenden Wochen finde ich langsam zu mir selbst zurück. Hedi hilft mir sehr dabei; sie hört mir zu, wenn ich ihr von meinem

Kummer berichte, nimmt mich in den Arm, wenn ich es brauche. Und ich erfahre mehr von ihrem Schicksal, kann sie trösten, wenn die Tränen sie übermannen. Gemeinsam schließen wir uns einer Wandergruppe an, gehen zum Bummeln und in die Stadt zum Einkaufen oder Kaffee trinken. Doch in der Nacht überfällt mich jedes Mal große Traurigkeit. Schlaflos liege ich im Bett und sehne mich nach Liebe und Geborgenheit. Verehrer habe ich zwar genug, aber ein Verhältnis mit einem der Herren hier kann ich mir beim besten Willen nicht vorstellen.

An einem Samstag Nachmittag gehe ich zusammen mit Hedi ins Café Klein. Edeltraud, meine Zimmernachbarin, sitzt bereits in Begleitung eines Herrn an einem Tisch und winkt uns zu sich. Erst vorgestern hat sie sich tränenreich von ihrem Kurschatten verabschiedet. Jetzt tröstet sie sich mit Manfred, der erst seit wenige Tagen in der Klinik ist. Manfred ist ein glänzender Unterhalter; mit seinen Geschichten bringt er mich an diesem Nachmittag immer wieder zum Lachen.

Mittlerweile ist es Anfang März. Hedi und ich kommen mit Paketen beladen aus der Stadt zurück. Ich probiere den neu erstandenen Rock und Blazer vor dem Spiegel an und bin mit meinem Aussehen recht zufrieden. Da unterbricht das Telefon meine Modenschau. „Frau Reder, Besuch erwartet Sie in der Halle", sagt die Dame von der Rezeption. „Wolfgang" ist mein erster Gedanke. Mein Herz beginnt zu rasen. Hat er doch noch den Mut gefunden, mich um Verzeihung zu bitten? Meine Hände zittern so stark, dass ich Mühe habe, die Bluse zuzuknöpfen. In Windeseile greife ich zum Lippenstift, dann haste ich hinunter in die Halle. Doch vor mir steht nicht Wolfgang sondern eine Frau. Ich ahne Schlimmes. „Was wollen Sie von mir?", frage ich ungehalten. „Setzen wir uns doch", antwortet sie und zeigt auf eine Sesselgruppe am Fenster. Als wir Platz genommen haben, zieht sie einen Stapel Fotos aus der Tasche und legt sie vor mich auf den Tisch. „Sie müssen wissen, ich habe einige sehr schöne Tage mit Ihrem Mann verbracht", beginnt sie. Mit zitternden Fingern nehme ich die Bilder hoch. Das erste Foto zeigt diese Frau mit meinem Fahrrad vor der Kapelle in Maria Eich. Auf dem Nächsten sitzt sie in aufreizender Pose auf meinem Bett. Das ist zuviel für mich. Mich packt eine unbändige Wut. Ich stehe auf und öffne das Fenster. Draußen regnet es in Strömen. Blitzschnell zerfetze ich die Fotos in meiner Hand zu kleinen Schnipseln und werfe sie hinaus in den Regen. „Wenn Sie nicht sofort verschwinden, fliegen Sie hinterher!", sage ich. Meine Stimme klingt heiser. Dann drehe ich mich um und gehe zum Aufzug. In meinem Zimmer angekommen, werfe ich mich aufs Bett. Verzweifelt kämpfe ich dagegen an, wieder in ein tiefes Loch zu fallen.

Als ich Abends zum Essen gehe, fehlt Dieter an unserem Tisch. Schnell spricht es sich herum, dass er eine Überdosis Tabletten geschluckt hat. Ob er es überlebt, ist noch nicht sicher. Ich wünsche mir, dass dieser schwarze Tag endlich zu Ende geht. Aber so traurig er auch war: Mir wird in diesen Stunden bewusst, dass ich mein Leben endlich wieder selbst in die Hand nehmen muss.

Am nächsten Tag wird Claudia entlassen. Die „Meisenstation" sammelte Geld für sie, und es kam ein beträchtliches Sümmchen zusammen. Zum Abschied schmücken wir den Dorfplatz mit Blumen, Girlanden und Kerzen. Claudia strahlt. Ich durfte miterleben, wie sie sich Schritt für Schritt ins Leben zurück tastete. Den Rollstuhl benutzt sie nur noch selten, und sie lernt wieder sprechen. Zwar noch nicht fließend, aber immerhin schafft sie es, sich zu verständigen. Es ist wie ein Wunder. „Wenn Claudia es geschafft hat, schaffe ich es auch", denke ich. Noch am gleichen Abend spreche ich mit Frau Koch. In 14 Tagen kann ich wieder nach Hause.

In mir erwacht ein neues Lebensgefühl. Ich verabrede sofort einen Friseurtermin für die kommende Woche. „Sind Sie zufrieden?", fragt der Meister am Ende und reicht mir den Spiegel. Ich bin verblüfft. Kurze Locken umspielen weich mein Gesicht, die hellblonden Strähnchen geben der Frisur einen besonderen Reiz. Die äußere

Verwandlung ist vollzogen. Und bei der inneren Regeneration erhalte ich unerwartet Unterstützung.

Als ich vom Friseurtermin zurück in die Klinik komme, klingelt das Telefon. Es ist Petra. Sie erwähnt ganz nebenbei, dass Wolfgang aus der gemeinsamen Wohnung ausgezogen ist. Diese Nachricht schmettert mich wieder nieder, hatte ich doch noch insgeheim gehofft, dass alles gut werden wird. Gedankenverloren sitze ich eine halbe Stunde später in der Gruppentherapie. „Ob er wohl zu dieser schrecklichen Frau gezogen ist?", frage ich mich. Allein der Gedanke daran treibt mir die Tränen in die Augen. Heulend verlasse ich den Raum.
„Entschuldige bitte." Eine Stimme lässt mich zusammenfahren. Erschrocken hebe ich den Kopf. Manfred steht vor mir. „Es tut mir leid, was ich vorhin gesagt habe", entschuldigt er sich noch einmal. Verwirrt schaue ich ihn an. „Hast du etwas gesagt?"
„Dann war es nicht meine Äußerung, die dich zum Weinen gebracht hat?", fragt er erleichtert.
„Nein. Ich weiß nicht, wovon du sprichst", antworte ich. Er lächelt.
„Komm, lass und die Therapie schwänzen und einen Spaziergang machen", schlägt er vor. „Ich will schon seit langem mit dir reden."
Wir gehen durch den Kurpark. „Was bedrückt dich denn so sehr?", fragt er mich. „Mein Mann ist zuhause ausgezogen", erkläre ich mit belegter Stimme. „Sei doch froh, dann kannst du wenigstens dort wohnen bleiben!", sagt er pragmatisch.
Ich habe den Blick gesenkt. Dabei entdecke ich ein Veilchen, den ersten Frühlingsboten, der vorwitzig den Kopf zwischen dem schmelzenden Schnee vorsteckt. Ich zeige es Manfred. Er lächelt. „Es wird alles gut", tröstet er mich. „Du bist eine ganz besondere Frau, Inge. Wenn dein Mann das nicht sieht, ist er ein Idiot."
Ich muss lachen. „Es ist besser, wir gehen zurück, sonst schicken sie in der Klinik noch einen Suchtrupp los", schlage ich vor.

Am nächsten Tag finde ich vor meiner Zimmertür ein Körbchen mit Veilchen und einen Brief dazu. Beides ist von Manfred. „Liebe Inge,

unseren Spaziergang habe ich sehr genossen. Den ganzen Morgen suchte ich den Wald nach Veilchen ab. Aber leider vergebens. Letztendlich wurde ich in der Gärtnerei fündig. Wäre es unverschämt, wenn ich dich bitte, heute Abend mit mir auszugehen? Es würde mich sehr freuen, eine positive Antwort von dir zu bekommen. Viele Grüße, Manfred."
Anfangs zögere ich, denn Manfred ist verheiratet. Ich möchte ihm keine Probleme bereiten. Dann wische ich die Zweifel weg und freue mich auf den Abend.
Manfred hat einen ruhigen Tisch in einem romantischen Restaurant reserviert. Wir reden über Gott und die Welt, tanzen, lachen. Ich genieße die Zeit, und es gelingt mir tatsächlich, das Geschehen um mich herum für einige Stunden zu vergessen.
Manfred überzeugt mich, dass ich für einen Neuanfang unbedingt ein Auto brauche. Deshalb fahren wir gemeinsam eine Woche vor meiner Abreise nach Kassel. Nach langer Suche finde ich das Richtige: Einen gut erhaltenen knallroten Peugeot 205, der für mich erschwinglich ist. An meinem Geburtstag kann ich ihn abholen.

Am Ostersonntag werde ich vom Läuten der Kirchenglocken geweckt. Mit offenen Augen liege ich im Bett und denke nach. Die Bedeutung dieses Festes nehme ich als persönliche Zusage: Auferstehung, Neuanfang. Der Spruch „Every long journey starts with a single step", kommt mir in den Sinn. Den ersten Schritt habe ich getan. Es liegt noch eine weite Reise vor mir.

Heute ist der dritte April, mein Geburtstag. Kurz nach Mitternacht weckt mich lautes Klopfen an der Tür. Im Nachthemd, zerzaust und verschlafen, öffne ich. Draußen steht Manfred, einen Blumenstrauß in der Hand und ein Lächeln im Gesicht. „Ich wollte der erste sein, der dir heute gratuliert", erklärt er. „Darf ich reinkommen?"
„Aber nur für einen kurzen Augenblick", flüstere ich bestimmt. Im Zimmer stehen wir uns verlegen gegenüber. Keiner sagt ein Wort. Dann schaut er mir tief in die Augen und nimmt mich in den Arm. Ich

spüre seine Lippen. Eine Anwandlung von Sehnsucht überkommt mich. Wie gern würde ich seinem Drängen nachgeben. Aber ich möchte mich auf nichts einlassen, das ich später bereuen muss. Sanft befreie ich mich aus seiner Umarmung. „Es ist besser, du gehst jetzt", entscheide ich. Als sich die Tür hinter ihm schließt, stehe ich mit weichen Knien im Zimmer. War es die richtige Entscheidung? Schließlich lege ich mich wieder ins Bett. Es dauert nicht lange, und ich bin eingeschlafen.

Um acht Uhr stehe ich auf und packe meinen Koffer. Meine Blicke schweifen durch das Zimmer. Zehn Wochen lang war es mein Zuhause. Als ich eine Stunde später in den Frühstücksraum komme, werde ich mit einem Geburtstagsständchen empfangen. Auf meinem Platz liegen liebevoll verpackte Geschenke. Ich fühle mich geschmeichelt und bin gerührt; jetzt werde ich doch etwas wehmütig, dass ich die Klinik verlassen muss und mir lieb gewordene Menschen nicht mehr sehen werde.

Die Sonne spitzt durch die Wolken, als ich mit Manfred nach Kassel fahre, um mein Auto abzuholen. Frisch gewaschen und mit rotem Nummernschild versehen steht es abholbereit da. Den Abschiedsschmerz überspiele ich mit belanglosen Worten. Die Stunden mit Manfred waren ein Geschenk des Himmels. Der gute Freund und Gesprächspartner wird mir fehlen – ebenso wie Hedi, die mir eng ans Herz gewachsen ist. Sie hatte ich am Vorabend zum Essen eingeladen. Traurig gingen wir auseinander.
Ein letzter Blick zurück, dann fahre ich los. Meine Zukunft ist ungewiss, aber was immer auch geschehen wird, ich habe mir vorgenommen, mich der Herausforderung zu stellen.

Mittlerweile strahlt die Sonne vom Himmel. Ich öffne das Schiebedach, lasse mir das Haar vom Fahrtwind zerzausen und höre laut Musik.

Fünf Stunden später bin ich zuhause. Mit zitternden Händen schließe ich die Tür auf. Muffiger Geruch schlägt mir entgegen. Was mich erwartet, ist der reinste Albtraum. In der Küche stapelt sich schmutziges Geschirr, an dem schimmelnde Essensreste kleben. Das Wohnzimmer ist fast leergeräumt. Sämtliche Bilder, Teppiche und einige Möbel sind verschwunden. Am schlimmsten sieht das Schlafzimmer aus. Die Betten sind zerwühlt und schmutzig. Ein dumpfer Schmerz durchfährt mich. Dann stürze ich ins Bad, um mich zu übergeben. Danach sinke ich auf den Boden, stütze den Kopf in die Hände und heule mir die Seele aus dem Leib. Selten zuvor fühlte ich mich so verletzt und hilflos.

Mechanisch räume ich auf, überziehe mein Bett frisch und nehme zwei Beruhigungstabletten. Ich brauche zwei Tage und zwei Nächte, dann wache ich aus meiner Lethargie auf. Für Wolfgang ist kein Platz mehr in meinem Leben. Am 7. April, es ist Wolfgangs Geburtstag, gehe ich zum Anwalt und reiche die Scheidung ein.

Ein Jahr später

Unter meinen Schuhen knirscht der Schnee. Tief atme ich die klare, eisige Luft ein. Während ich langsam auf meinen Wagen zustapfe, muss ich an Torawas, unseren Hausboy aus Papua Neuguinea, denken. Ich sehe sein Gesicht vor mir, wie er unablässig auf seiner Betelnuss kaut und sie von einem Mundwinkel in den anderen schiebt. Lächelnd hebt er den Kopf, sodass seine lang gedehnten Ohren hin und her schaukeln: „Em Nau, Missi!", sagt er, und strahlt dabei übers ganze Gesicht.

„Hiermit erkläre ich die Ehe von Wolfgang und Inge Reder, die im August 1969 vor dem Standesamt in Siegen geschlossen wurde, heute, am 20. Januar 2001, für geschieden", hatte der Richter soeben mit lauter und fester Stimme verkündet. Nach mehr als dreißig Jahren habe ich es endlich geschafft, meinen Mann zu verlassen. Meine Hand zitterte, als ich mich von meinem Anwalt verabschiedete.

Ich steuere den Wagen über die Landstraße. An einem freien Feld stoppe ich, steige aus. Noch einmal hole ich tief Luft, und merke, wie die Anspannung, die sich über Jahre in mir aufgestaut hat, abfällt. Plötzlich fühle ich mich leicht und frei, am liebsten würde ich laut losjubeln, tanzen. Ich recke mein Gesicht zum Himmel, spüre die wirbelnden Schneeflocken, wie sie meine vor Aufregung heißen Wangen treffen, und schreie, so laut ich kann: „Em Nau!", immer und immer wieder „Em Nau!", so lange, bis sich die Schneeflocken mit meinen Tränen vermischen und Schluchzen mir Erleichterung verschafft: Ich habe es geschafft!

Besuch meiner Zwillingsschwester Hilde in Papua Neuguinea

Zubereitung eines „mumu" (Festessen)

Männer aus den Star Mountains

Tolai-Frauen auf dem Markt

Besuch beim
Stamm
der Bainings

Kinder vom
Stamm
der Bainings

Gottesdienst
in der Kirche
der Bainings

Ankunft auf den
Tonga-Inseln

Nonnenbesuch
auf den
Tonga-Inseln

Empfangskomitee
auf New Ireland

Thorsten zieht das
Boot auf die Insel

Männer mit
Betelnuss-Utensilien

Tanz der Kinder

Junge mit
Feuerholz

„sing-sing" –
Tanz der Bainings

Urwaldriesen

Begrüßung
„Missis is coming"

Neugierige Kinder

Dorfkinder aus der Nachbarschaft

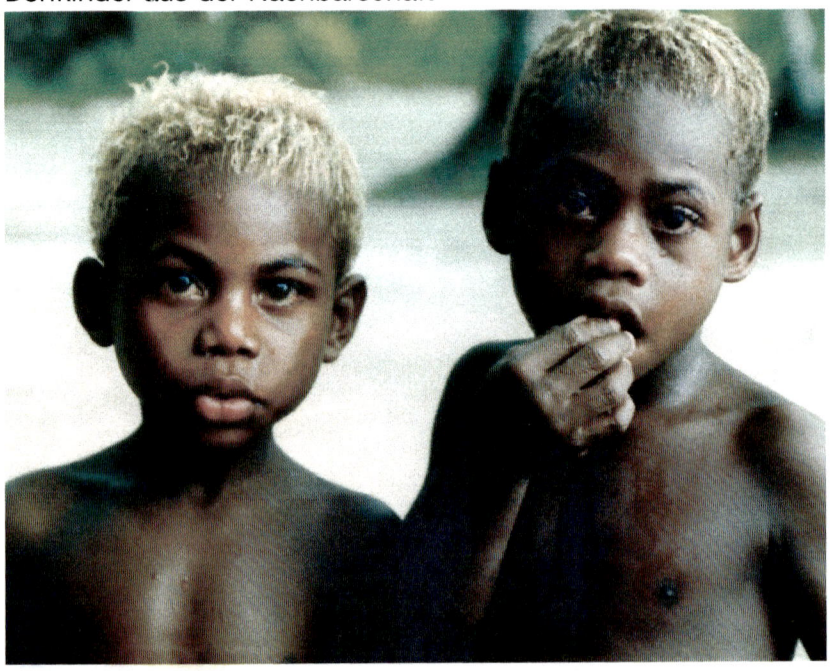

Muschelgeld auf Reifen – Reichtum der Tolais

Aufmarsch der Tänzer

„Buschkapelle"

„Der wilde Mann"   Medizinmann mit Begleiter

Begrüßung durch die Dorfkinder in New Ireland

Kirchgang bei den Bainings

Schulkinder in Ulagunan